PIERRE F. WALTER

Françoise Dolto
and language

Book Reviews, Quotes and Comments

Contains Original French Quotes

"Great Minds Series"

Published by Sirius-C Media Galaxy LLC

http://sirius-c-publishing.com

http://siriuscmedia.com

http://ipublica.com

ISBN 978-1-453775-12-7

Contact Information Pierre F. Walter

publisher@sirius-c-publishing.com

About Pierre F. Walter

http://drpfw.info

Quotation Suggestion

Pierre F. Walter, *Françoise Dolto and Language: Book Reviews, Quotes and Comments,* Newark: Sirius-C Media Galaxy LLC, 2010

About the Author

Pierre F. Walter is an author, international lawyer, researcher, corporate trainer, and lecturer. After finalizing studies in German Law, International Law and *European integration* with diplomas obtained in 1981 through 1983, he graduated in December 1987 at the Law Faculty of the University of Geneva as *Docteur en Droit* in international law.

The doctorate was funded by scholarships from the *Swiss Institute of Comparative Law*, Lausanne, and from the *University of Geneva*, as well as a Fulbright Travel Grant for an assistantship with Professor Louis B. Sohn at *UGA Law School Department of International Law*, Athens, Georgia, USA, in 1985. Pierre F. Walter also served as a research assistant to *Freshfields, Bruckhaus, Deringer*, Cologne, Germany in 1983 and to *Lalive Lawyers*, Geneva, in 1987.

Pierre F. Walter writes and lectures in English, German and French languages; he has written *more than ten thousand pages* embracing all literary genres, including *novels, short stories, film scripts, essays, selfhelp books, monographs* and extended *book reviews*. Also a pianist and composer, he has realized 40 CDs with *jazz, newage* and *relaxation music*.

Pierre F. Walter's professional publications span the domains *International Law, Criminal Law, Holistic Science, Psychology, Education, Shamanism, Ecology, Spirituality, Quantum Physics, Systems Theory, Natural Healing, Peace Research, Personal Growth, Selfhelp* and *Consciousness Research*. 110 Book Reviews, thirty-eight audio books and more than hundred video lectures were realized in the years 2005-2010. Besides, Pierre F. Walter is author and editor of *Great Minds Series*, which features scientists, artists and authors of genius from Leonardo to Fritjof Capra.

Pierre F. Walter publishes via his Delaware firm *Sirius-C Media Galaxy LLC* and the imprints IPUBLICA and Sirius-C Media (SCM).

Dedicated to the late Françoise Dolto who so far was the one and only professional to correctly understand my activism for the cause of the child, without malevolently confusing it and messing it up with the cause of pedophilia

CONTENTS

Published by Sirius-C Media Galaxy LLC, 2010

BIBLIOGRAPHY 266
General Bibliography

FROM THE SAME AUTHOR 373
A Bibliography

SYNOPSIS 387
Emotional Flow, Audio Book, 2010

Emonics, Audio Book, 2010

Patterns of Perception, Audio Book, 2010

A Psychological Revolution?, Audio Book, 2010

Eight Dynamic Patterns of Living, Audio Book, 2010

Consciousness and Shamanism, Audio Book, 2010

The Lunar Bull, Audio Book, 2010

Processed Reality, Audio Book, 2010

Notes on Consciousness, Audio Book, 2010

Minotaur Unveiled, Audio Book, 2010

Oedipal Hero, Audio Book, 2010

Consciousness and Shamanism, Audio Book, 2010

Eight Dynamic Patterns of Living, Audio Book, 2010

The Lunar Bull, Audio Book, 2010

Creative Prayer, Audio Book, 2010

The Star Script, Audio Book, 2010

The Drug Trap, Audio Book, 2010

Child Play, Audio Book, 2010

Reich's Greatest Discoveries, Audio Book, 2010

Orgonomy and Schizophrenia, Audio Book, 2010

Wilhelm Reich und Orgonomie, Audio Buch, 2010

Consciousness and Shamanism, Audio Book, 2010

Eight Dynamic Patterns of Living, Audio Book, 2010

The Lunar Bull, Audio Book, 2010

Le jardin infâme, Livre Audio, 2010

Notes on Consciousness, Audio Book, 2010

NOTES   453

Published by Sirius-C Media Galaxy LLC, 2010

I don't think we can do psychoanalysis without bestowing castrations upon drives in a field of cultural communication.
– Françoise Dolto, *Séminaire de Psychanalyse d'Enfants*, 2 (1985)

DOLTO BOOKS REVIEWED

Overview

Reviewed Dolto Books

La Cause des Enfants (1985)
Psychanalyse et Pédiatrie (1971)
Séminaire de Psychanalyse d'Enfants, Tome 1 (1982)
Séminaire de Psychanalyse d'Enfants, Tome 2 (1985)
Séminaire de Psychanalyse d'Enfants, Tome 3 (1988)

Françoise Marette Dolto (1908-1988) was one of the greatest psychoanalysts of France and one of the most intuitive and successful, and renowned, child therapists worldwide.

She originated from an upper class family from Paris and was raised in family of the 'haute bourgeoisie', with a Catholic background. Her psychological lucidity and mission manifested early in life. In her book *La Cause des Enfants (1985)*, she reveals that already at the age of five she could fluently read and write, and told her parents, after having read a number of books about medicine, that she wanted to become 'une doctoresse pour les enfants' (a child doctor). After she studied medicine and worked as a nurse, she developed a strong intellectual and practical interest for Freud and does a psychoanalysis with *René Laforgue (1894-1962),* upon which she begins to work with children. She participates in seminars with Spitz, Nacht and Lowenstein and begins a private practice, next to her continuing work as a hospital psychiatrist.

More and more, her psychoanalytic approach focuses on language, influenced by the powerful ideas of *Jacques Lacan (1901-1981),* and based upon the power of the spoken word. From that time, Dolto develops a *personal therapy style* that puts the *stress on words and syntax,* a style that is her own creation and gives her creative freedom and space in her psychotherapeutic work with highly disturbed children. And it was in this area, the complete and spontaneous healing of psychotic children, children who had been abandoned as incurable by other psychoanalysts and psychiatrists, that Dolto gained fame in France and later worldwide; she was in her later years constantly present on radio and TV. In fact, Françoise Dolto, at the height of her career, was so famous in France that every schoolboy would know her name, and there was almost no weekend where she did not talk either in TV or in the radio. She had become a sort of 'national guru' on child psychoanalysis and child therapy and her fame was certainly no bluff. The contribution she has given to our understanding of children is unique in world history.

I interviewed Françoise Dolto in 1986, after having visited *La Maison Verte* in Paris, a center she had created for parents and children, that mainly served to prepare children for greater lapses of time away from their parents and the early kindergarten experience. From there I went to her apartment at 260, rue Saint-Jacques, near the Panthéon, Paris. After a short introduction of myself, I told Françoise Dolto about my work with children, and also my *emotional predilection* for children, and the educational work in general. And she replied that she found it very beneficial for children to be able to project their 'Oedipal desires' on other adults than their parents, and parents should be thankful to educators or generally other adults who are willing to accept *children's erotic love transfer* upon them; this would greatly reduce the abhorrent incestuous tensions within the modern nuclear urban family.

An interesting correspondence followed-up to our meeting which was published, after her death, with my express permission, by Gallimard Publishers. In her book *La Cause des Enfants (1985)*, Françoise Dolto writes:

Françoise Dolto

In the nuclear family of today, especially in the town, the tensions and conflicts are much more explosive if they remain under the surface. Today, the number of

Published by Sirius-C Media Galaxy LLC, 2010

persons the child is in contact with is more restricted than before. In the 17th and 18th centuries, the child could transfer his or her incestuous desires on other women who found it funny to play sexual games with small boys and young people that they were not the mother of.[1]

And further, Françoise Dolto, writes in *Psychanalyse et Pédiatrie (1971):*

Françoise Dolto

All those who study behavior problems, functional organic troubles, the educators, the doctors in the true sense of the term, must have notions about the role of libidinal life and know that sexual education is the grain for the social adaptation of the individual.[2]

No other mental health professional was ever so outspoken about the function of the educator as a target for the Oedipal child's sexual wishes. While she, as a strictly Catholic believer and defendant of the Freudian mainstream 'cultural' psychoanalysis of course ruled out *sexual interaction between educator and student* as forbidden and damaging to the child's healthy sexual growth, she encouraged educators to talk desire *(parler désir)* with the children they care for, so that desire becomes verbalized and thus coded.

And she found the projection of the child's gerontophilic desires upon educators something natural and healthy, and even necessary in today's highly Oedipal consumer culture. In her first seminar on child psychoanalysis, *Séminaire de Psychanalyse d'Enfants*, Tome 1, she told her participants that children constitute their 'cultural self' through a *homosexual love transfer* upon their same-sex teachers, who are, other than their parents, representatives of the 'cultural map':

Françoise Dolto

Children constitute themselves finally in a homosexual relationship. Archaic drives continue to be heterosexual or homosexual, with the father or with the mother depending on the sex of the child, but the genital drives are lived only with teachers because only with them the child can bring about a fruit within a relationship of culture and knowledge.[3]

LA CAUSE DES ENFANTS

Paris: Laffont, 1985

By Françoise Dolto

Review

La Cause des Enfants is perhaps Dolto's best book. I am quoting here from the French version, and intently so. I have had a glimpse of English translations, and was appalled. The quotes in my review are translated by myself from the French original. No English translation that I found so far accurately translates the original, and this for reasons that are obvious.

If the present trend to blackwash knowledge that is politically not correct is going to continue in Britain and the United States of America, the books of Françoise Dolto will probably be on the *index of forbidden books* within a few years from now!

In this book review, I shall focus on the topic of *child sexuality* for the simple reason that Dolto is today among very few authors and child therapy professionals who are *not following the mainstream educational paradigm* which clearly tends to blind out or even suppress the emosexual nature of the child.

It was for this very reason that I contacted Dolto in 1986 and interviewed her in Paris, as in my research on the roots of violence, I had found a clear correlation between the repression of the child's emotional and sexual life and structural, social and domestic violence against children; a letter exchange with Dolto was to follow on the topic of violence against children and methods of social prevention. To begin with, Françoise Dolto writes:

Françoise Dolto

Sexuality is of very high importance since our birth; it does not cease to be expressed by the child, day by day, through the vocabulary of the body. The genital drives enter in inter-psychic communication which is permanent between human beings since the beginnings of their life. They are projected in a language which is the language at the level of our development./25

While affirming child sexuality, Dolto, as I will point out more in detail below and in the other reviews of her books, was not in favor of giving the child the right of real love affairs with peers and adults outside of the family. Logically, from her point of departure, she would have had to acknowledge the child's full sexual freedom, such as for example Wilhelm Reich claimed it in public, many years before her. But she followed the example of Sigmund Freud who said that *psychiatry had to respect the basic setup of society* and as ours is one that *prohibits the free sexual life of children,* health care professionals had to limit themselves to giving support to children who become neurotic or schizophrenic through society's love prohibition.

But interestingly, despite the academic and paradigmatic clash between Dolto and Reich, on the question of *sex education*, their views coincided. Both thought that any sex education comes too late and should not be a matter of intellectual or school-based learning, but if ever had to be learnt experientially, in the first years of life. According to Dolto, the fact that so many people reject child sexuality has a simple and quite surprising reason: it's a loss of memory of events before the *Oedipus Complex* set in.

Published by Sirius-C Media Galaxy LLC, 2010

Françoise Dolto

> Memory in adults erases all that belongs to the pre-oedipal period. That is why our society has so much difficulty to accept infantile sexuality. In past centuries there were the nurses who knew it. Parents, however, ignored it./29-30

This means, in clear text, that the Oedipal experience is *traumatic* for the child, because otherwise there would not be loss of memory! For one of the fundamental insights of psychoanalysis in the true cause of *childhood amnesia* is that amnesia is caused by child trauma.

While strictly Freudian psychoanalysis pretends that all but auto-erotic sexuality brings about child trauma, the truth is that the very situation of the child within the life-denying structure of our consumer culture is the *trigger of child trauma*, and not the rather liberating experience of sexual exchange with people outside of the nuclear family prison.

But note that Dolto has not said this, and she could possibly not see it because she was *paradigmatically fixated* in the Freudian analytic system, and never really went beyond.

While she developed her own approach to child psychoanalysis, and questioned some assumptions of Freud's genitality theory with regard to female sexuality, she never questioned the basic assumptions of Freud, and the real angular stone among them is the theory of the *Oedipus Complex*.

However, she was well conscious that the repressive attitude of today's modern society toward restricting the child's social and erotic life is a *negative factor* in the healthy upbringing of children. She writes:

Françoise Dolto

In the nuclear family of today, especially in urban areas, the tensions and conflicts are much more explosive, and this is so because they are underlying. Today, the number of persons a child is in touch with is more restrained than formerly. In the 17th and 18th centuries, the child could transfer their incestuous feelings toward other women than their mothers who enjoyed to play little funny sex games with little boys or young people of whom they were not the mother./29

Dolto also emphasized in the interview and our subsequent correspondence that educators should be conscious of their erotic attraction to children, and not repress it, as this very attraction could function as a *positive trigger* of the child's Oedipal development. This is important to know as there are children who refuse 'to enter the Oedipus'. These children, in most cases girls, are known to develop a *narcissistic fixation*, which can potentially cause an emosexual attraction to females later on, that is, they might become Lesbians.

Dolto said that in the eroticized educational relation, the child could project their incestuous longings on the educator instead of the parent. Thus, *erotic love transfer in the relationship educator-child* was clearly judged positively by Françoise Dolto, while she was vehemently against a factual acting out of sexual longings involved in any kind of tutelary relationship.

Dolto, as most psychoanalysts, was convinced that the child constitutes himself or herself in a fantasy love relation, and that the erotic transfer is allowed only on the level of the unconscious, not in real life. This is how psychoanalysis has forged our lives; we are allowed to constitute ourselves in fan-

Published by Sirius-C Media Galaxy LLC, 2010

tasy relations, and *remain basic masturbators in real relations*, emotionally and sometimes even sexually.

Emotional masturbation is one of the greatest individual and collective plagues in today's consumer culture; it is called *narcissism*. We are namely conditioned for it from the cradle, through the societal *denial of the child-child genital embrace*, and its replacement by the modern society's generous permissiveness for us to become prime masturbators.

Dolto reports that still back in the 18th century in France women of higher social classes were seen to have erotic relationships with young boys. She further relates in this book that many women were considered attractive and charming exactly because they could proudly small-talk about their sex adventures with young boys, a fact that nobody at that time found immoral or indecent. This is further corroborated by descriptions of the habits of the Royal Family in France, as reported by the doctor of Louis XIII, Héroard.[4]

In general, the repression of intergenerational sexuality and high anxiety regarding adult-child sexual contact is typically a problem only in our modern industrialized nations.

It is a matter of much wider acceptance in a large range of other cultures, and thus most of the cultures in the world.

It is therefore not at all taken for granted that the majority of the world population would deny the existence of children's sexuality in the same way as this is the case within the Anglo-Saxon world, a fact that many British, Australian or American childhood researchers forget to consider.

Dolto wrote that if parents are, because of their religious upbringing, not in state to *actively encourage the child* for their healthy sexual development, they should at least tell the child clearly, in explicit terms. The verbal exchange greatly helps the child, then, to sublimate the desire. In Freudian terms, this means that the child will have greater ease to cope with their *Oedipus Complex*. To repeat it, Dolto called *talking desire (parler désir)* such constructive talk about sexual feelings, which she considered being a condition for humanizing desire and for integrating sexual feelings that our society bans from being lived out.

The identity that is said to be the only possible one according to Western mainstream psychiatry is a *derived identity*. It is derived from the parents' identities. For a boy, for example, the process will be identification with the father, as a *pri-*

mary homosexual identification, during the anal phase and identification with the mother, as a secondary heterosexual identification during the Oedipal phase. True identity is built, according to this system, when the boy has successfully liquidated the *Oedipus Complex* by having developed enough aggressiveness toward the father and enough castration of his incestuous desire toward the mother at the same time. Dolto said in her first workshop on child psychoanalysis:

Françoise Dolto

Q: Why do many French parents never care about the performance of their children in school? How can these children constitute themselves?
A: Children constitute themselves regularly in homosexual relationships. Archaic drives continue to be heterosexual or homosexual, with the father or with the mother depending on the sex of the child, but the genital drives are lived only with teachers because only with them the child can bring about a fruit within a relationship of culture and knowledge.[5]

That this system is *built upon the grave of child-sexuality, in the sense of child-child sexual activity,* is clear from the start. It was clear to Freud but later on was occulted. Freud simply commented: *Culture primes!*

It goes without saying that Freud meant Judeo-Christian culture. He was convinced that Western culture, by overtaking the concept of free child sexuality as it is typically part of matriarchal cultures, would be thrown into chaos.

Thus, what Freud's system has put forward is *Oedipal Culture*, which an incest-culture, by discarding out of accepted reality the sexual activeness of the child. The sexually active child does certainly not fit in the socioeconomic reality of a technology-based society.[6]

The child needed in industrial culture is the child that is subservient to an eroticized relationship with his or her parents. Freud certainly did not intend to 'institutionalize incest', but he made *cultural neurosis the norm* that primes over nature, thereby actively engaging the framework of the fascist and neurotic paradigm of *Oedipal Culture.*

Among the few psychoanalysts who have admitted this pitfall of the Freudian system and explanation of culture were Wilhelm Reich, Erich Fromm and partly also Françoise Dolto; however, she remained, perhaps because of her Christian faith, firmly convinced that children, while being sexual from birth, should *not* be allowed to live their sexuality freely with peers or other adults. She saw and admitted the traumatic effect that this denial has upon children, but, similar to Freud, argued that our culture was setup in this way by our tradition and that we had to respect this – or else change and live in another culture, for example Latin America. She went

Published by Sirius-C Media Galaxy LLC, 2010

there often and admired especially what she saw forbidden in our culture: children's free sexual play from early age. And she was really *affirmative* about it, but only, to repeat it, when the cultural setting is favorable to it.

In the past, in rural society, roles were much more tightly defined but on the other hand, social exchanges were by far more various. It was for example normal that even smaller children played freely and unobserved in the streets, in huge plains or even forests. And, as we can learn from the literature of our poets, encounters between strangers and little girls were very common, not only in the country, but also in the major towns like London or Paris. This was still so at the beginning of the industrialization in London, and in Paris at the time of Napoleon III. Children were also much more with adults other than their parents, who assisted the parents in educating them, as this is the case today.

As an example of different roles and behavior models of past societies regarding child sexuality, Dolto references Jean Héroard and Philippe Ariès and explicates:

Françoise Dolto

Until the age of six, adults behaved with the prince in a perverse manner: they played with his penis, allowed him to play with their genitals and to come in adults' beds for teasing them. All this was allowed. But suddenly, when he was six, they dressed him like an adult and he had to behave according to the etiquette. Despite the trauma that this could have caused, there was something essential he could keep from these years because he had lived his sexuality with other people than his mother and his father./28-29

But we are not so far away from free child sexuality that we have to jump almost two centuries back; in fact, we got valid alternative lifestyle models during the 1960s and 70s for children being able to live their sexual desires freely within

communes, even in such a highly *child-protective* culture as the United States. There was high consciousness about the need for children to exteriorize their emotions and sexual feelings, and within communes, the tight nuclear structure of the modern urban family was *alleviated* and a sort of extended family structure was re-created that allowed the child to be parented by a range of adults who felt and acted like the parents toward the child.

Besides, child-child sexual interaction was actively encouraged during these years in early child care in countries like Norway and Sweden, as it is amply documented.

Published by Sirius-C Media Galaxy LLC, 2010

In my conversations with Françoise Dolto, the main topic was if a child caretaker could *positively value his or her erotic feelings for the child*, and if these erotic feelings could bring about a positive transfer toward the child.

Dolto affirmed the legitimacy of such feelings, provided the *caretaker had been psychoanalyzed*, and affirmed their positive impact on the child's psychosexual development as they would virtually draw the child into the Oedipus, thus triggering the *Oedipal challenge* in the life of the child, thereby counteracting to the rampant narcissism that the unhealthy co-dependent clinging to the parent of the same sex typically brings about in most consumer children today.

Despite her psychoanalytic bias that did not allow Dolto to actively campaign for the sexual freedom of children, and despite the fact that she openly said that she liked to watch, study and analyze sexually active children in Latin American cultures, Dolto went farther than most child therapists today in admitting that our today's culture and society is among the most repressive ever in human history regarding the sexual freedom of the child. She writes:

Françoise Dolto

In order to live the feelings that accompany relationships, the child is much more restrained today than in olden times; they are much more around their fathers and mothers, who are caretakers and educators. In earlier centuries, parents were neither caretakers nor educators, but colleagues in work rites or rites of social representation. Children behaved like their parents in relation to the world, to space, and there were many more adults around who replaced the parents at times, and children could project their incestuous feelings upon them./29-30

There is certainly stronger repression in our society than in earlier cultures. Also on the level of the child. In olden times, there were not the same prohibitions for children's sexual play in place, except between siblings, and for sexual play between children and adults, except their parents./30

I have found about the best explanation of *narcissism* in this book by Françoise Dolto, and I would say that contrary to the definitions of narcissism by Alice Miller and Alexander Lowen, it's a functional and bioenergetic definition of narcissism. Miller and Lowen define narcissism as the denial of the true self, but mystery remains about how this denial comes about. Dolto explains the why and how, and from her explanation it becomes clear that narcissism is the very denial to master the Oedipal challenge and develop a heterosexual identity:

Published by Sirius-C Media Galaxy LLC, 2010

Françoise Dolto

Narcissism, in the beginning, is always to avoid something new that would go in the sense of growing-out the narcissistic development of the child, depending on his or her gender. The narcissistic child denies this desire to grow along the lines of their gender, boy or girl, toward the Oedipus. This is what we always find in child psychoanalysis. It's perhaps an obsessional tick I have; I would like you to say that. What we found clinically, until now, was that obsessional behavior always is an avoidance of growing toward the Oedipus, or because the child overly focuses on one element of the Oedipus without wanting to pass to the next. For it's also obsessional to cling to one's mother, no? I believe that a child cannot live his or her Oedipus by clinging to their mother. It's an obsessional symptom with one of the components of the Oedipus - homosexuality or narcissism, including the necessity to be a partial object of the mother instead of being castrated from being such an object and becoming a subject, be it a subject that carries a penis, or not. If the child does not possess the possibilities or models of authorization, because of lateral prohibitions, to direct himself or herself toward a specific genital option - receptor agent for the girl and emitting agent for the boy - the child enters an obsessional pattern: 'Before all, I will cling to mother'. You all know this day-to-day obsessional symptom that appears between four and seven years with the child who asks their mother for the permission to go to the toilet, while the child has already gained sufficient autonomy. What we have to study here is not the behavior of the child, but the triangulation, as it appears in the discourse, and the role played by the person who is the pole of identification of the child in this triangular situation: to know if this third person invites the child to go beyond his or her pre-genital attitude and invest his or her genital drives in culture./23-35

Quotes

▸ Les parents éduquent les enfants comme les princes gouvernent les peuples. /13

▸ C'est un scandale pour l'adulte que l'être humain à l'état d'enfance soit son égal. /13

▸ Dans la société d'avant 1789, l'apprentissage reste le rite de passage: la naissance de l'enfant-individu. Il est reconnu comme sujet du verbe 'faire' à partir du moment où il est placé chez les autres, comme étant capable de faire du travail utile. Mais il est alors traité comme une machine à produire, puisqu'on peut le battre jusqu'à le casser; le mettre au rebut, le faire mourir (la correction paternelle peut aller jusqu'à la mort). /17-18

▸ Il est significatif que sur certains chapiteaux des cathédrales, les paysans sont représentés selon la morphologie d'un corps d'enfant, la proportion de la tête étant de 1 à 4. Ici l'artiste sert le dessein du prince. L'inverse, serfs, pauvres, enfants, même portrait, même combat. /18

▸ On se sert de son corps pour la décoration religieuse, il est le bibelot tutélaire, le petit génie qui escorte les saintes et saints. L'enfant prête son masque joufflu, ses bras potelés et ses fesses dodues à l'angelot qui se multiplie en farandole céleste. L'Église a tant prévenu les esprits contre le petit immature, qui ne peut être que le siège des puissance maléfiques, qu'on l'oblige à faire l'ange pour n'être pas la bête. Mais derrière ce masque confit en dévotion perce vite le sourire narquois de l'Éros. Les poupons baroques ont des petites gueules d'amour. Une vénus de Cranach coiffée d'un incroyable chapeau à fleurs accorde à l'un de ces angelots coquins la faveur de tenir sa ceinture. /18-19.

Published by Sirius-C Media Galaxy LLC, 2010

▸ Personne ne résout jamais l'angoisse de castration. C'est ce qui nourrit notre sentiment de la mort. De partition en partition, c'est le démembrement pour l'ultime annulation charnelle, support de notre existence qui a le nom mort. En parler est rassurant. /23

▸ Chez les Noirs, il n'y pas un adulte qui ne dise à un garçon - avant l'initiation: 'Je vais te prendre ton zizi et te le couper.' Cela fait partie des rites de bonne convivialité. Et l'enfant ne le croit pas du tout. Mais il est content qu'on lui parle de son sexe.

▸ Chez nous, on se récrie: 'Surtout, il ne fait pas dire ça, c'est traumatisant!' Ça dépend de la manière de le dire'. 'C'est pour de rire'. Mettre les mots sur une angoisse qui existe chez tout jeune garçon est salutaire. /23

▸ Le non-dit prolonge dangereusement l'équivoque de l'inceste. L'important est de dire à un jeune garçon qu'il ne peut prendre la place du père et qu'il y a des relations de couple entre ses parents auxquelles il ne peut prétendre et qu'il connaîtra à son tour avec une autre femme que sa mère. /24

▸ [Sur l'information sexuelle dans les écoles]

▸ De toute façon, cette information intervient beaucoup trop tard. Car la sexualité est d'une importance très grande depuis notre venu au monde; elle ne cesse de s'exprimer chez l'enfant, au jour le jour, par le vocabulaire du corps. Les pulsions génitales entraînent une communication interpsychique qui est permanente entre les êtres humains depuis le début de leur vie. Elles sont projetées dans un langage, mais un langage au niveau de notre développement. Au moment de la puberté, où se dégage le sentiment de la responsabilité, le psychisme, qui est une métaphore du physique, serait mûr pour la responsabilité d'un acte sexuel qui comporte des résonances émotionnelles affectives, sociales et psychologiques. Mais pour en être à ce stade, il faudrait, depuis l'enfance, ni l'avoir considéré que comme un fait, ni bien ni mal, où à la physiologie des humains, puis comme une relation à but fécondateur. Ce jeu créateur change tout à fait de style avec le sentiment de la responsabilité réciproque des êtres sexués ... Et il faut que ceci ait été préparé de longue date par le sentiment de la responsabilité de ses actes ... ce qui n'est pas fait du tout: il n'y a au sens d'une éthique structurée du désir pas du tout d'éducation morale; il y toujours une éducation-masque pour autrui de désirs innommés, cachés si ressentis. En quoi consiste l'éducation civique des enfants? C'est conduire un aveugle dans la rue; c'est céder sa place à une vieille dame; c'est savoir comment on vote ... C'est comme ça, l'éducation civique ... Mais il n'y a pas eu d'éducation à la dignité de son corps et au sens de la noblesse du corps dans toutes ses parties, et si on ne sait comment s'occuper de son propre corps, tant pour son entretien, sa croissance, le respect de ses rythmes, il y a décompensation et, de ce fait, détournement des forces humaines ... Tout ceci devrait être une information et une instruction depuis l'âge de la maternelle. Mais ce n'est pas fait du tout: il y a une carence, chez l'être humain, entretenue par l'omission systématique d'en parler à l'école, une ignorance totale et une incapacité à assumer ce qui lui vient de son corps ... C'est absolument désespérant. /25-26

▸ La mémoire chez l'adulte efface tout ce qui était de la période préoedipienne. C'est pour cela que la société a eu tant de peine à accepter la sexualité infantile. Dans les siècles précédents, il n'y avait que les nourrices qui la connaissaient. Les parents, eux, l'ignoraient. Les nourrices la connaissaient parce qu'elles vivaient au même niveau que les enfants, à la différence des parents, dans les milieux bourgeois et même dans les milieux ruraux. Les personnes qui s'occupaient des enfants étaient des gens à part, qui avaient la compréhension d'un pré-langage, non pas en paroles, mais comportemental. Quand Freud a parlé de la masturbation des enfants, les adultes

Published by Sirius-C Media Galaxy LLC, 2010

ont poussé les hauts cris, mais les nourrices disaient: 'Mais oui, bien sûr … tous les enfants.' Pourquoi donc n'en avaient-elles pas parlé? C'est que pour la plupart des adultes les enfants jouaient le rôle d'animaux de compagnie ou d'élevage selon qu'on les aimait ou non. /28

▸ L'enfance de Louis XIII, comme l'a évoquée Philippe Ariès, montre ce que peut être un premier âge de la vie sans interdits. Jusqu'à six ans, les adultes se comportaient avec le prince de façon perverse: ils jouaient avec son sexe, lui permettaient de jouer avec le sexe d'autrui et d'aller dans le lit des adultes, de lutiner des adultes. Tout cela était permis. Mais tout à coup, à six ans, voilà qu'on le déguise comme un adulte et qu'il doit aussitôt se comporter comme un adulte gouverné par l'étiquette.[7] /28

▸ En dépit du traumatisme qui pouvait survenir, il y avait quand même quelque chose d'essentiel de sauvegardé puisqu'il avait bien, dans les premières années de sa vie, vécu sa sexualité, avec d'autres que sa génitrice et son géniteur. Il avait plus de chance qu'un autre et s'en tirer, malgré la précocité du déguisement d'adulte qu'on lui mettait. Son exemple ne vaut que pour les classes riches. Alors, aux autres niveaux de la société, comment l'enfant de cette époque pouvait-il refouler son désir incestueux et le sublimer? /28-29

▸ Dans la famille nucléaire d'aujourd'hui, surtout en ville, les tensions, les conflits sont beaucoup plus explosifs, dans la mesure où ils restent sous-jacents. Aujourd'hui, le nombre des personnes avec qui l'enfant a des contacts est plus réduit par rapport à celui des adultes qui l'entouraient autrefois. Aux XVIIe et XVIIIe siècles, l'enfant pouvait transférer ses sentiments incestueux sur d'autres femmes qui trouvaient très drôle de jouer à des jeux sexuels avec des petits garçons et des jeunes gens dont elles n'étaient pas la mère. /29

▸ Pour vivre ces sentiments qui accompagnent les relations interhumaines, il [l'enfant] est beaucoup plus
coincé qu'autrefois; et il est ramené beaucoup plus à son
géniteur et à sa génitrice qui sont nourriciers et éducateurs. Autrefois, ils n'étaient généralement ni nourriciers
ni éducateurs, mais il étaient les collègues de rites de
travail ou de rites de représentation. Il agissait comme
eux vis-à-vis du monde, vis-à-vis de l'espace, et entre
eux il y avait beaucoup d'adultes de remplacement,
pour jouer leurs sentiments de leur sexualité incestueuse
qui se dé-plaçait par transfert sur les personnes de l'entourage des parents. /29-30

▸ Il y a certainement un refoulement beaucoup plus
grand dans notre société qu'il y avait autrefois. Au niveau des enfants aussi. Il ne semble pas qu'autrefois il y
ait eu les mêmes interdits de jeux sexuels entre enfants,
hormis frères et sœurs, entre enfants et adultes, hormis
leurs parents. /30

▸ … à un âge (avant l'œdipe) … l'enfant confond l'imagination et la pensée, le désir inconscient et l'agir, le dire
avec le faire … /33

▸ Pourquoi la communion à partir de cet âge de discré-
tion à 7 ans? Pourquoi pas de 0 à 7 ans, comme chez les
orthodoxes? L'enfant participe à tout en y mêlant ses
interprétations magiques du prendre et du faire, magie
de l'oralité et de l'analité. /34

▸ [Faire allusion au roman 'Mon bel oranger' de José
Mauro de Vasconcelos]. Il résout la crise oedipienne par
une fixation homosexuelle d'enfant sur un vieux monsieur chaste qu'il aime comme un grand-père idéal et
qui devient le soutien de son évolution. /41

▸ Dans la littérature du souvenir, dans les ouvrages de
mémoires, l'enfant n'est que projection de l'adulte. De-
venus adolescents, nous projetons notre enfance sur un

Published by Sirius-C Media Galaxy LLC, 2010

autre individu qui n'a pas notre histoire et dont nous interprétons ce qu'il vit en fonction de notre propre histoire, ou plutôt de ce qui nous en reste, à l'état conscient. Nous, dans nos premières années, nous n'avons pas été ce que nous projetons plus tard. Et nous ne pourrons jamais être totalement véridiques à propos de notre vécu d'enfance. Puisque nous nous trahissons ainsi nous-mêmes, comment respecterions-nous la subjectivité des autres enfants? Cette annulation de l'autre, si c'est un enfant, est inéluctable. Cela fait partie du refoulement des affects de cette période-là. /41

▸ Le sacrifice du monde magique au profit du monde relationnel est une étape aussi réelle que la perte des dents de lait. Elle fait partie de la castration de l'être humain. /41-42

▸ Dans les contes et légendes, le Petit Chaperon Rouge pourrait, à la limite, être un garçon, sauf qu'il est mangé par le loup et que le loup est finalement un vieux satyre. Mais on sait qu'un petit garçon peut aussi avoir à redouter les satyres. /43-44

▸ 'Il était une fois'… ainsi commencent les contes, tandis que les mythes sont actuels, une façon d'anthropomorphiser des forces cosmiques, telluriques de toujours. /44

▸ Dans ce sens-là, on peut dire que le mythe est un apprentissage de la métaphysique et de la religion, de l'homme cosmique dans les rapports avec les forces et le rappel des origines, alors que le conte de fées serait beaucoup plus l'apprentissage de la préparation à l'intégration sociale. /49

▸ L'habitude est prise depuis l'invention du daguerréotype de photographier les nouveau-nés nus mais à plat ventre. Ni vu ni connu, le zizi. /51

▸ [L'enfant moderne] Son espace de vie étant réduit, ce qu'il gagne en échanges collectifs avec ses parents plus proches de lui, plus attentifs, plus soucieux aussi de sa santé, il va le perdre en autonomie, en contacts avec les autres. /51

▸ Cet enfermement bourgeois lui confère une protection illusoire, car seule l'expérience des risques l'immunise vraiment contre les dangers qui peuvent menacer son intégrité physique. /54-55

▸ Livre cité de Mme Dolto: 'Huit siècles de violence au quartier Latin, André Coutin, 1969, Editions Stock

▸ L'Eglise n'a pas peu contribué à faire porter aux enfants tous les péchés du monde et à entretenir l'idée que leur vulnérabilité les rend suspects: ils sont perméables aux mauvais esprits. N'enseignait-elle pas, et plus encore ne proclamait-elle pas que même le baptême n'efface pas le péché originel. L'enfant naît marqué. Marqué par la disgrâce, par sa faiblesse. On se méfie de lui si on ne le méprise pas. Etant ce qu'il est, il a donc besoin d'être complètement remodelé, complètement refaçonné pour échapper à la puissance maléfique qui prend pour son siège de prédilection cette proie facile. /58

▸ Avec le double internement - familial et scolaire, l'espace concédé à l'enfant des villes, s'est donc rétréci de plus en plus. Et ce qu'il en reste est verrouillé, balisé, jalonné d'interdictions. /59

▸ Plus de détours, de rencontres en chemin. Les mères viennent chercher leurs gamins en voiture ou le bus les transporte comme des colis recommandés. L'enfant-paquet n'a plus le loisir d'observer, de muser. /59

▸ Dans les internats, les dortoirs sont fermés à clef toute la journée. Les pensionnaires ne peuvent pas venir

Published by Sirius-C Media Galaxy LLC, 2010

prendre un objet dans l'armoire, ils ne peuvent pas s'étendre sur le lit pour s'y reposer quelques instants. Comme si, dans une maison, un membre de la famille n'avait plus le droit de retourner dans la chambre à coucher avant le coucher du soleil. Cette pièce n'est-elle cependant pas le lieu de ressourcement de soi-même; si on est fatigué, si on est dépressif, on retourne sur son lit. Pourquoi l'admet-on pour l'adulte et en prive-t-on l'enfant qui en a encore plus besoin? /59

▸ Rentré à la maison, l'élève externe est collé devant le poste de télévision. Au moins, pendant qu'il est hypnotisé par l'image, il ne dérange pas. Le petit écran est une fenêtre ouverte sur l'ailleurs, sur le monde extérieur à l'espace clos où on le tient claquemuré. Cette bouche qui vomit une bouillie d'images et d'informations peut impunément choquer l'enfant à qui l'on n'a plus le temps d'expliquer les choses. Il est soumis à un bombardement quantitatif, il ne sélectionne pas et les parents n'ont pas le temps de le faire avec lui. /59

▸ Cet espace privatisé est vraiment une peau de chagrin. La société moderne a modelé et détruit peu à peu l'espace où les enfants peuvent découvrir leur schéma corporel, observer, imaginer, connaître les risques et plaisirs. L'enfermement reproduit hypocritement le concept de la vie des prisons. Le pou-voir discrétionnaire avec lequel les adultes restreignent la civilisation des petits est un racisme d'adulte inconscient exercé à l'encontre de la race-enfant. /63

▸ Tout se passe dans la société, me semble-t-il, à l'exemple des puissants. Les bourgeois aisés veulent vivre - en petit - à l'exemple du prince. Les ouvriers veulent vivre à l'exemple du bourgeois aisé. Ce n'est pas une lutte des classes, c'est un exemple idéalisé: le puissant est idéalisé. /66

▸ Nous voulons donc que nos enfants aient la sécurité. Soit. Mais la sécurité pour quoi faire? … Si le prix de la sécurité, c'est le n'avoir plus d'imagination, plus de créativité, plus de liberté, je crois que la sécurité est un besoin primordial, mais il n'en faut pas trop. Trop de sécurité étouffe le désir et le risque qui est nécessaire pour se sentir à chaque instant 'vivant', 'mis en question'. L'adulte qui est obsédé par sa sécurité au point de perdre toute imagination n'a-t-il pas été autrefois un petit à qui, dans les premières années, les premières semaines, la sécurité a cruellement manqué? /67

▸ L'enfermement social qui a suivi la privatisation du logement a été viable tant que les frontières sont restées ouvertes. Les vilains canards de ces familles, qui, pleins de richesses libidinales, se sentaient marginaux, partaient vers les colonies, vers les pays inexplorés. Il y a tout de même des êtres humains qui ne pouvaient pas se contenter de refouler tout le temps leurs désirs pour vivre en sécurité. Alors ceux-là partaient pour l'aventure ou bien devenaient sur place délinquants: on s'en débarrassait en les envoyant en Amérique, ou en Guyane. A travers épreuves, risques et inventivité, ils allaient peupler le monde. Qui étaient ces délinquants? C'était, au départ, des gens aussi bien que leurs voisins, sauf qu'ils avaient une libido qui ne rentrait pas dans la norme. /69-70

▸ Actuellement, l'enfant a grand besoin d'une verbalisation qui le renseigne sur la technologie et la raison de tout. Ainsi, il se trouve que l'enfant pense que tout danger, c'est une punition. Le père et la mère sont, pour lui, maîtres de tout ce qui arrive … donc, si la prise de courant lui donne un courant électrique, exactement comme un ancien disait: 'C'est Jupiter qui est dedans', il dit: 'C'est Papa qui est là'. /74

▸ Après cette expérience et les paroles explicatives qui ont suivi les fausses déductions un peu obsédantes de la présence paternelle dans toutes les prises électriques, cet enfant savait brancher les lampes, le grille-pain ... aussi habilement qu'un adulte et savait ne plus courir de risques inutiles concernant l'électricité. Un savoir technique avait remplacé la magie. L'enfant avait gagné confiance en lui-même et son désir d'agir comme les adultes en observant et sollicitant du regard et de la voix leurs explications techniques quand il n'arrivait pas à faire comme eux. / 74

▸ Si on enseigne à un enfant que le risque d'électrocution est le même pour le père, il admettra la réalité du danger. Cette petite histoire de la prise électrique confirme que tout interdit, pour un enfant, n'a de sens que si l'interdit est le même pour les parents. C'est d'ailleurs là qu'il entre dans la loi de l'Oedipe. Si le petit garçon déclare que sa mère est sa femme, c'est que, par identification à son père, il désire se comporter vis-à-vis de sa mère comme son mari. Mais ce n'est qu'en comprenant en quoi son père ne s'est jamais comporté vis-à-vis de sa propre mère comme il se comporte vis-à-vis de sa femme que l'enfant intègre un devenir biologique et qu'il intègre la loi de la prohibition de l'inceste, qui est celle de tous les humains vis-à-vis de leur génitrice. Mais c'est, pour l'enfant, très difficile, car, pour lui, il ne réalise pas du tout, au départ de sa vie et pas avant plusieurs années, que le père et la mère puissent avoir été des enfants qui aient eu vis-à-vis de leurs parents la même relation que lui vis-à-vis de ses parents. / 74-75

▸ C'est cela, éduquer un enfant: c'est l'informer par anticipation de ce que son expérience va lui prouver. Et de cette façon, il sait qu'il ne doit pas faire tel geste, non pas qu'on le lui ait défen-du, mais parce que c'est imprudent, par la nature des choses, par les lois universelles, et aussi par son manque d'expérience et d'exercice préalable en présence d'adulte-guide. / 77

▸ On punit, on gronde, on frappe parfois au moment où la conversation serait d'une valeur inégalable. La prochaine fois qu'il se mettra dans cette situation, il aura de nouveau la même difficulté à éviter l'incident, puisque le risque n'a pas été intellectualisé par lui et qu'il n'est pas considéré comme étant capable d'assurer sa sécurité. Il est nocif de dévaloriser un enfant s'il a fait une expérience néfaste, soit du froid, doit du chaud, au risque éventuel qu'il 'attrape' un rhume. ... Il en est de même pour la faim. L'obligation de manger, de dormir. Aujourd'hui, l'enfant ne sait pas qu'il est logé à la même enseigne que tous les hommes de la planète parce qu'on lui surprotège et on l'empêche ainsi de faire ses expériences ... Résultat, l'enfant de la société moderne n'est plus en sécurité. /77

▸ Paradoxe de notre époque qui assure contre tous les risques, les petits et les jeunes sont de plus en plus vulnérables par manque d'expérience acquise au jour le jour. /77-78

▸ On peut se demander si priver un enfant de 'jeux dangereux' n'est pas l'inciter, soit à perdre le goût de vivre, se déprimer ('bof') ou alors à vivre dangereusement. Toutes ces normes qui font que les jouets ne sont plus dangereux achèvent de dispenser les parents d'assumer leur rôle tutélaire auprès de l'enfant. /81

▸ Tous les témoignages concordent à leur sujet: les Indiens Xingu (Amazonie) ne battent jamais les enfants. Un jour, un enfant mit le feu à l'une des cases. Le feu s'étendit bientôt à tout le village qui fut complètement détruit. On ne frappe pas l'enfant incendiaire. On le surnomma simplement 'le capitaine du feu'. A rapprocher de l'histoire de Caïn et Abel. Caïn tua son frère Abel et fut nommé par Dieu responsable de la sécurité des villes. /82

Published by Sirius-C Media Galaxy LLC, 2010

▸ C'est le fait que nous fournissons aux enfants la sécurité par l'impossibilité de prendre des risques, qui les met en insécurité. Ce genre de sécurité donnée par les parents et non conquise avec leur assistance, sur les autres jeunes, ne crée pas chez l'enfant une identité responsable de son corps: identité de lui-même, avec le droit à des initiatives qui est compensé par sa propre auto-responsabilité, l'auto-défense expérimentée au service de l'intégrité de son corps, avec tous les compagnons de son âge et dès le plus jeune âge. /83

▸ Il semble que les moyens technologiques, qui pourraient effectivement être utilisés par les enfants bien informés, se retournent justement contre les enfants, du fait que les adultes veulent conserver un pouvoir discrétionnaire sur les enfants. Ils sont tellement infantilisés qu'il faut que leurs enfants soient puérilisés par rapport à cet infantilisme. /83

▸ Ce ne sont pas les instruments que s'est donnés la société qui sont en eux-mêmes dangereux, c'est l'attitude des adultes qui, peut-être, profitent de tous ces moyens-là pour intimider les enfants et exercer leur pouvoir sadique. Les moyens modernes peuvent à la fois leur donner bonne conscience en ayant l'illusion que les enfants sont plus chanceux qu'autrefois, plus libres, plus autonomes, et en fin de compte leur permettent d'exercer une plus grande pression, en s'excusant, en se donnant bonne conscience. L'élevage coercitif, l'éducation étriquée des enfants, c'est la nouvelle plaie des sociétés humains dites civilisées. /83

▸ Au stade de la nutrition, l'apprentissage se fait très mal, dans la mesure où c'est une nourriture, justement échappe au désir de l'enfant. On ne lui demande pas ce qu'il aimerait voir faire par sa mère, ni ce qu'il veut ou non manger. Il doit manger. S'il ne mange pas 'bien', c'est-à-dire en quantité en quantité décidée par l'adulte, il est menacé, comme si c'était très mal. Il n'a même pas

le droit de faire l'expérience d'avoir faim dans nos sociétés occidentales. A côté de cela, l'humanité dans son
ensemble manque de nourriture, tandis que les enfants
de la société civilisée sont gavés de force. /83

▸ Si tu ne manges pas, le docteur te fera des piqûres! Enfin, c'est incroyable, on menace les enfants, on veut
'dresser' le corps de besoins, nourriture et excrémenta-
tions, au désir de l'adulte. /83

▸ Tu ne grandiras pas, autre menace. /83

▸ Le pouvoir médical s'en même en faisant une obligation
de ce gavage. Un obligation absurde pour l'enfant qui
n'a pas faim. Une obligation pervertissante. /84-85

▸ L'éducation humanisante, c'est l'expérience fondée sur
le vécu. /87

▸ Autrefois, la mort était familière; on l'a évacuée de la vie
des enfants, cette fois encore avec la même manie de
protection qui consiste à cacher aux jeunes tout ce qui
fait peur aux adultes: la sénescence, la maladie, la mort.
/87

▸ Les enfants n'ont aucune frayeur de la mort. Pourquoi
les parents ne veulent-ils pas que les enfant soient mis
au contact de la mort, alors qu'ils n'en ont aucune
frayeur? C'est pour eux un fait devant lequel ils se posent des questions. Mais de ne pas avoir de réponse, ça
ne les effraie pas; ils chercheront. /90

▸ Picasso dessine comme un enfant, mais un enfant qui a
acquis la maîtrise technique et instrumentale et la per-
fection de l'adulte artiste travailleur, capable d'une par-
faite reproduction des formes. En même temps, l'enfant
au regard neuf demeurait, au cœur émerveillé; des
mains d'adulte habile concouraient à une création con-

tinuelle qui n'a plus rien à voir avec les formes 'mécaniques' statiques; ce sont les formes de sa vie intérieure émue, vibrante, au contact de la réalité qu'il exprime avec l'inventivité libre de l'enfance, mais avec la maîtrise technologique de quelqu'un qui ne fait pas n'importe comment avec sa main, qui maîtrise totalement composition, tracé, couleurs, pour exprimer consciemment l'esprit du désir qui l'habite, alors que l'enfant, avec génie ou maladresse, l'exprime inconsciemment, sans savoir ce qu'il dit. /92

▸ Au Japon, le maître impose aux garçons de huit ans une épreuve très dure: devant toute la classe, il punit un élève qui est parmi les têtes de classe, pour une faute qu'il n'a pas commise. 'Tu as volé de l'argent dans ma poche', ou 'Tu as triché'. /92

▸ Après la sanction, il lui donne l'explication de son 'erreur judiciaire': 'Sache que le meilleur des maîtres, le meilleur des pères, peut être injuste. Tu dois apprendre à supporter l'injustice du monde tout en étant un homme juste.' Il arrive que l'enfant soumis à une telle secousse en tombe malade. Cette épreuve a pour double effet de désapprendre l'idolâtrie, le culte d'un second père, d'un héros infaillible. Il faut savoir, par moments, perdre son illusion, et apprendre à survivre à la trahison de son idéal, comme à la déception affective. Ceci est à rapprocher de la technique de l'humiliation, imposée par les gourous indiens à leurs disciples. L'admiration n'a qu'un temps. N'est-ce pas de deuils surmontés que s'affine la dynamique du sujet: le désir jusqu'à l'amour? /94

▸ La science ne s'est pas mise au service de l'enfant. Elle s'est mise au service de l'ordre établi, de l'instruction publique, de la police. Ou de la Science elle-même. La recherche pour la recherche. /95

▸ Mais 'l'enfant' ça n'existe pas … On fait un discours sur l'ENFANT, alors que chaque enfant est absolument dissemblable à un autre quant à sa vie intérieure, quant à la façon dont il se structure selon ce qu'il ressent, perçoit et selon les particularités des adultes qui l'élèvent. /103-104

▸ C'est l'heure des neurosciences. Et leur arrivée en force m'inquiète. Dans l'optique de cette discipline, tout est axé sur le développement de l'intelligence, alors que c'est l'affectivité qui donne un sens à l'intelligence de tous les humains. L'intelligence toute seule, ça n'existe pas. La santé physique toute seule, ça n'existe pas. C'est tout un ensemble qui construit la personne et ordonne ses variances. /104

▸ Je me demande si, finalement, la période post-Piaget que nous allons traverser ne risque pas d'être terriblement intellectualiste. Les neurosciences sont par trop objectivantes, ce qui va à contresens de tous nos efforts pour aller dans le sens de la subjectivation de chacun: on ferait mieux de chercher à l'intéresser à tout enfant, quelles que soient ses occupations préférentielles, au lieu de canaliser trop tôt son intérêt sur des données scolaires qui sont les mêmes pour tous. /105

▸ Les psychologues sont plus à l'aise pour étudier les interactions dans les milieux dits défavorisés que dans les milieux privilégiés. Il semble que ce soit extrêmement difficile d'étudier scientifiquement ce qu'il y a de spécifique dans l'état d'enfance. Ça semble plus facile chaque fois que l'enfant est dans une situation extrême, qui attente à sa liberté, à son intégrité physique et morale, chaque fois qu'il est dans une grande misère ou qu'il subit de mauvais traitements. Plus on va vers les milieux privilégiés occidentaux, où l'enfant est apparemment nanti, assuré du nécessaire, plus on a de difficultés pour comprendre les blocages, les dérapages, les échecs. On peut filmer les réactions de sujets dont les besoins sont

Published by Sirius-C Media Galaxy LLC, 2010

manifestement insatisfaits, mais ce qui concerne les désirs ne peut pas se filmer. / 105

▸ Dans le domaine de l'observable, la psychanalyse - dans les centres d'hygiène mentale - peut aller beaucoup plus loin que la psychologie expérimentale. C'est la seule méthode de travail qui soit respectueuse du sujet, à la fois en tant qu'être humain dans son milieu et en tant qu'être humain pris pour lui-même, quel que soit le milieu. Elle seule permet d'entrer en contact vrai avec la recherche de communication qu'un sujet, le psychanalyste, recherche avec un individu, quel que soit son âge, économiquement défavorisé au favorisé et quelles que soient ses conditions familiales ou affectives. / 105

▸ Il n'existe pas d'Enfant avec un grand E: il existe un individu à l'époque de son enfance et qui, quant à l'essentiel, de son être au monde, est ce qu'il sera toujours. / 111

▸ - Les psychologues étudient le comportement apparent sans se rendre compte que l'être humain c'est une complicité psychique, à la fois inconsciente et affective, mais qui ne peut pas être dite, et qui pour chacun touche à son vrai inconnaissable par autrui. Le comportement apparent n'informe pas sur le sujet ni sur ce que sa sensibilité lui fait éprouver. / 111

▸ Il est à craindre, du reste, que la floraison contemporaine d'ouvrages, d'encyclopédies, de guides éducationnels, invite les couples d'aujourd'hui à adopter des normes et des règles. Pour ne pas dire des recettes miracles. Là encore, c'est un conditionnement manichéen parce les systèmes d'éducation proposés sont contraires; on n'enseigne pas aux jeunes parents à moduler, à interpréter, à écouter leur intuition: votre enfant est né de vous et tel que vous êtes vous, soyez vrai, dites avec des mots ce que vous ressentez et c'est de votre sincérité dont votre enfant a le plus besoin. Le langage actuel lui-même devient purement conceptuel, purement détaché. C'est peut-être tout simplement la mort d'une civilisation. /112-113

▸ Aujourd'hui, il y a plutôt régression par rapport au XVIIe siècle, dans la mesure où il n'y a plus de nourrices. Il y a mécanisation. Quelle que soit la nourrice, elle est mécanisée en ce sens qu'elle doit donner, à deux mois et demi, du jus de viande; il y a anonymat et neutralisation de la nutrition, au nom de la Science. Et la Science ne considère l'enfant qu'en tant qu'animal d'observation et non pas comme sujet de sensibilité; elle ne cherche pas à connaître ce que l'enfant exprime. Il semble impensable qu'un enfant ait quelque chose à dire le concernant. /114

▸ On peut se demander, pour le maternage, si l'enfant n'est pas considéré comme un cobaye d'élevage industriel - et ce n'est pas parce qu'il y a une amplification du discours sur l'enfant (on donne aujourd'hui trente-six méthodes pour étudier l'enfant dès le premier âge) qu'il est plus respecté dans sa personne. /114

▸ Au demeurant, qu'est-ce qu'il en résulte pour lui? Ce n'est pas le fait d'avoir tapissé d'images de bébés sexués les murs de la ville qui, pour autant, fait avancer sérieusement la cause des enfants. /115

▸ L'intelligence est un ensemble de cœur, de générosité, de désir d'authenticité donné à l'enfant qui va naître. Elle n'est pas le fort de l'adulte qui veut que la vie de l'enfant soit la répétition de la sienne, ce qui revient à projeter sa mort en lui. /116

▸ Einstein, retardé scolaire, peu parlant, rêveur: ses parents l'aimaient comme ça, sans savoir qu'il était intelligent, et acceptant qu'il fût incapable de passer un examen. Il était le 'pauvre petit dont on ne tirera jamais rien'. Mais c'est peut-être ça qui, en même temps, a

Published by Sirius-C Media Galaxy LLC, 2010

stimulé son intelligence. Qui sait? Si Einstein avait été autre, déjà reconnu génial dans son enfance, il ne serait peut-être jamais devenu Einstein. / 117

▸ [Sur les ordinateurs, la télématique] Elle présente un certain aspect positif en ce sens qu'ils ne sont pas commandées par un être humain qui veut en imposer à leur sensibilité. Ils voient aussi que leur esprit, quant à la logique, est tout aussi aiguisé que l'esprit de l'adulte. Mais il reste néanmoins que l'affectivité est complètement absente de ces jeux et que le plaisir n'est qu'un plaisir d'excitation mentale; la sensibilité est héros du coup: on a tort ou raison. / 118

▸ Les jouets qui étaient aimés étaient des jouets auxquels l'enfant s'identifiait; quand les étaient hors d'usage, c'était comme s'il perdait un ami. Le jeu électronique, ce n'est pas un ami, c'est un instrument. On l'avait déjà observé avec les poupées qui parlaient, les poupées qui pissaient (on ne sait pas pourquoi): plus on programme de fonctions sur un même objet, moins l'enfant peut l'aimer, parce qu'il ne peut pas projeter une vie affective sur ce jouet; c'est une vie fonctionnelle et non une vie affective. La poupée qui répète à la demande c qu'il y a sur la bande magnétique, et pas autre chose, est un être répétitif, donc ce n'est pas un être humain qui invente des sentiments et des pensées au jour le jour. En revanche, ces nouveaux jouets vont accentuer le comportement animal, par réflexe conditionné au lieu de favoriser l'échange relationnel. / 120

▸ Cependant le colin-maillard, qui sort aussi des moeurs modernes, était encore un jeu d'adultes au XVIIIe siècle, comme en témoignent maintes estampes ... (Arnold van Gennep, Coutumes et croyances populaires en France, le chemin vert). / 120

▸ L'onanisme joue un rôle capital dans les relations entre mère-enfant, père-enfant, comme, du reste, entre

homme et femme; il y a énormément d'onanisme dé-
guisé en soi-disant faire l'amour; la fornication, dans le
sens de la détente d'une excitation localisée dans une
partie du corps, c'est de l'onanisme à deux. Cette détente, qui peut ne pas se faire par la main du sujet, se
fait par un objet qui est intermédiaire entre lui et la
mère; par exemple, nous voyons des petits débiles rendus débiles par des situations gravissimes familiales, et
qui ne peuvent se masturber qu'avec un coussin, jamais
avec leurs mains. / 128

▸ L'agressivité de certains individus de notre ethnie
s'éclaire dès lors que l'on sait qu'aucune verbalisation
venant de la mère ou du père ne les a initiés au fait que
c'est le désir qui est à l'origine de leur existence. Presque
toujours, tous les enfants sont instruits d'un fonctionnement des corps à l'origine de leur existence, et non pas
d'une option désirante entre deux êtres, ce désir qui
crée la vie et l'énigme de son propre être. / 128

▸ Même s'il n'a pas été 'programmé', voulu par ses géniteurs, tout être, du fait qu'il naît, c'est qu'il a désiré naître. Et on se doit de l'accueillir ainsi: 'Tu es toujours né
d'un désir inconscient ...' et, d'autant plus que tu n'as
pas été consciemment souhaité, désiré par tes parents, et
que te voilà vivant d'autant plus que tu es sujet de désir.
Tu es d'autant plus sujet de ton être de désir que tu
n'étais pas objet de leur attente au cours de leur
étreinte, que la conception a été une surprise pour tes
parents, mais qu'ils t'ont permis d'aller jusqu'au bout.'
C'est l'enfant-désir: lui a désiré naître, alors que ses parents ne savaient pas qu'il désirait enfanter, il est désir
toujours, amour souvent, 'charnalisé'. Chaque être humain est ainsi verbe incarné (exactement ce que l'on dit
de Jésus-Christ). En effet chaque être humain mérite
cette même définition au moment de sa conception.
/ 128-129

Published by Sirius-C Media Galaxy LLC, 2010

▸ Les enfants qui ont été désirés et conçus, après longue attente de leurs parents, n'ont pas cette puissance vitale de vie secrète à l'insu de tous puisqu'ils satisfont le désir de leurs parents. C'est l'enfant surprise, inattendu, qui est le prototype de l'être humain le plus riche de sa seule dynamique vitale, sans auxiliaire en alerte au départ de son existence. /129

▸ Il m'arrive de penser que la faute originelle serait, pour les humains, d'avoir mangé leurs bébés; faut de bêtes à manger, tenaillés par la faim, les parents se seraient venus à avoir l'idée de manger leurs enfants … et les enfants d'aujourd'hui peuvent se ressentir comme pouvant manger leur mère, et être mangés eux-mêmes. /129

▸ C'est en nous aussi. Et ce serait l'origine de cette fonction symbolique qui se révèle dans le langage familier: 'il est exquis, je ne peux pas le becqueter', etc., ainsi que dans les troubles psychosomatiques. /129

▸ Le mythe nous le dit. Pour les Grecs, c'était la tragédie du destin de l'Homme, la fatalité, la cause du malheur de la société. /129

▸ Découvrir ainsi les soubassements de toute notre dynamique psychologique et créatrice a marqué un progrès considérable. Nous sommes dans un époque passionnante. /129-130

▸ Le message révolutionnaire du XXe siècle consiste à dire: c'est le plus malade qui n'est pas agressif, le plus petit qui n'est pas nuisible, qui est comme il est … c'est celui-là qui est le plus beau. /130

▸ Finalement, en dépit de tous les discours, et tous les grands laboratoires s'en occupent, on ne peut pas dire qu'il y ait un progrès linéaire dont chaque enfant profite. De là l'hypothèse qu'il y aura une sorte de refus collectif inconscient: la société a peur du génie propre de l'enfant. /130

▸ Pas au sens de génie artistique, mais de génie sexuel au sens libidinal de désir. Les enfants expriment plus la liberté que l'adulte. Ils empêchent ou retardent la sclérose des civilisations. /131

▸ Notre société actuelle veut vivre sur des acquis matériels, comme si la jeune génération n'aurait pas, elle, l'inventivité de concevoir une manière de vivre autrement. Chacun est gouverné par la peur de sa propre mort et veut défendre sa survie, comme des animaux se défendraient et non pas des humains êtres de désir et de communication devraient miser sur l'inventivité constante de l'esprit humain à trouver de quoi vivre autrement. /136

▸ Quand la peur de la mort envahit tout, les enfants rencontrent une résistance du groupe social de plus en plus dure. C'est absurde et tragique, puisque nous ne savons que nous sommes vivants que parce que nous savons que nous mourrons. C'est la définition de la vie: cette créature vivante est vivante parce qu'elle mourra; elle naît, elle se développe et elle meurt. C'est donc par la mort que la vie est définie. Et nous avons peur de ce qui fait notre définition d'être vivant. /136

▸ La peur de mourir, c'est finalement la peur de vivre. /138

▸ Quiconque s'attache à écouter la réponse des enfants est un esprit révolutionnaire. Les autres soi-disant révolutions ne changeront rien. /138

▸ La marge de liberté pour chercher sa voie disparaît de plus en plus. Le moindre comportement qui traduit une initiative, une imagination, est tout de suite coincé.

Published by Sirius-C Media Galaxy LLC, 2010

'Non, non, c'est dans ce sens-là qu'il faut aller … C'est comme ça … Ne cherche pas ton chemin, le voilà.' /139

▸ Ce qui manque à l'éducation actuelle, c'est la fonction d'initiation; le rite de passage collectif. /145

▸ Les 'humanités' étaient la conservation de la culture bourgeoise. On privilégiait chez les enfants leur habilité au mimétisme de l'homme. Imiter, conserver, répéter. /145

▸ Le racisme qui oppose Noirs-Blancs sévit sous d'autres formes dans la vieille Europe: sexisme, racisme enfants/ adultes. /146

▸ Un psychanalyste comprend bien l'efficacité des sorciers-guérisseurs: telle décoction de plantes peut modifier brutalement par exemple l'activité sécrétrice, déréglant ainsi des ressentis habituels du corps, d'autres décoctions peuvent rompre les comportements caractériels habituels, induisant une régression; cela peut porter le patient à opérer un transfert sur le sorcier. Celui-ci prend la place du père ou de la mère tutélaire sur lesquels nous comptons pour nous sortir de nos difficultés. /146-147

▸ Quel que soit le type de société et le mode de l'éducation, l'homme retombe toujours dans le piège qui est de confondre culpabilité et responsabilité. Le langage ambivalent entretient la confusion: Le naturel est à la fois pur et impur, le sauvage est bon et dangereux. L'acte de connaissance est victoire et péché. /147

▸ La psychanalyse a un rôle important à jouer dans une société d'assistés et un monde qui, au mon de la soi-disant science, évacue le sacré, source de l'amour et de l'espérance. /147

▸ L'inconscient correspond au mystère de l'être, à l'inconnaissable, à l'indicible. Nous nous en détournons comme nous fuyons le sacré parce que nous en avons peur. C'est l'inconnu du Réel en deçà et au-delà de la réalité. ... En réalité, la maladie n'est pas dissociable d'une interaction entre l'organique et le psychique qui /entraîne un excès de dépense biochimique, qui crée un besoin momentané d'un oligo-élément dans le métabolisme. /147

▸ Les prescripteurs de médicaments ne traitent souvent en l'homme que le mammifère ou, s'ils ne le font pas en réalité avec leurs patients, ils ne prennent pas en compte la relation patient-soignant quand ils rendent compte de leurs cures: cela ne ferait pas scientifique. La science humaine a-t-elle vraiment besoin de considérer les patients comme des mammifères? /147

▸ La cause des enfants ne sera pas sérieusement défendue tant que ne sera pas diagnostiqué le refus inconscient qui entraîne toute société à ne pas vouloir traiter l'enfant comme une personne, dès sa naissance, vis-à-vis de qui chacun se comporte comme il aimerait qu'autrui le fasse à son égard. /149

▸ Depuis des siècles, le discours sur l'enfant met beaucoup plus l'accent sur son immaturité que sur son potentiel, ses capacités propres, son génie naturel. Le discours scientifique a le même parti pris. /150

▸ /Dans ce sens, la créativité - d'ordre artistique ou scientifique - est moins le fait de l'enfant de moins de dix ans que de l'adolescent en rupture qui sublime un déséquilibre, qui se dissocie de son entourage immédiat. Par contre, les dix ou douze premières années de la vie correspondent au plein épanouissement de la spontanéité. L'enfant est capable d'une invention très diverse, d'un jaillissement perpétuel dans sa vie quotidienne, dans son langage. Ce qui est très différent de la création dans le

Published by Sirius-C Media Galaxy LLC, 2010

domaine de l'art ou de la recherche scientifique. Les éducateurs modernes confondent créativité et spontanéité. En exerçant cette dernière, l'enfant libère son génie propre qui ne fait pas de lui pour autant un petit génie. Ni artiste ni savant d'élite. C'est le génie de la liberté qui est la chose au monde la mieux partagée par tous les enfants qui ne sont pas trop tôt engagés dans la compétition. /151

▸ Ce sont en effet les enfants intelligents précoces - non considérés comme tels, c'est-à-dire interlocuteurs valables méconnus - , qui faute d'objets langagiers, d'échanges substantiels sensoriels ou subtils sensoriels, sons, formes, paroles, musique, jouets, mouvements, à partir de quelques mois, apparaissent arriérés, psychotiques, autistes. Leur fonction symbolique - le langage du cœur - n'a pas été intégrée aux échanges corps à corps nécessaires à la survie physique. /152

▸ Les lois, l'insertion sociale, la vaccination n'évitent pas à l'enfant de la société industrielle les risques de l'aliénation et ne le soustraient pas à sa condition. Il partage l'infériorité de sa classe d'âge. Il appartient malgré lui à un sous-continent. /152

▸ En dépit des apparences, la condition de l'enfant n'a guère varié depuis quatre mille ans (Sumer). S'agissant de sa cause, on peut parler des illusions du progrès. /153

▸ On parle beaucoup de lui mais à lui, on ne parle pas. /155

▸ Les enfants gravement handicapés et déficients sont utiles, indispensables à la société dans leur être de souffrance. /155

▸ Ceci me conduisait à me tourner vers les soins aux enfants - certains adultes me décevant -, parce qu'il y avait
tout à faire pour des êtres en devenir; non encore dé-
formés, abîmés par les épreuves de la vie (ou ses profits).
/155

▸ Quand les adultes veulent comprendre les enfants, c'est
le plus souvent pour les dominer. Ils devraient les écouter et, plus souvent qu'on ne le croit, ils découvriraient
que les enfants détiennent les clefs de l'amour, de l'espérance et de la foi dans la vie par-delà les souffrances et
les drames familiaux ou sociaux dont ils partagent
l'épreuve, chacun selon son âge et ses dons naturels.
/177

▸ Le langage de vérité est salvateur mais terrible car il
faut s'accepter tel qu'on est avec humilité, on va à ce
qui nous est essentiel mais sans être fier de soi. La souffrance d'être associée au désir de persévérer dans l'exister, sans raison logique, et se reconnaître devient vivable
petit à petit. Vivre, c'est au jour le jour tenir avec les
autres et bâtir quelque chose. /183

▸ Les parents venaient se plaindre de pipi au lit, de retard
mental, de retard scolaire, etc., et je voyais l'enfant sans
les parents. Et puis, peu à peu, je me suis rendu compte
que les parents se détraquaient quand leurs enfants allaient mieux. Il fallait donc parler avec les parents, un
peu, sans que ce soit vraiment une thérapie pour eux,
puisqu'ils venaient à la consultation d'un hôpital d'enfants. Et qu'ai-je observé? Dans certains cas, c'étaient
les parents qui rendaient les enfants malades; dans d'autres, le mal était fait, les uns et les autres n'allaient pas
bien. Si l'état de l'enfant en traitement s'améliorait, je
constatais que celui du parent qui avait été demandeur
allait mal. Jamais les enfants ne se détraquent parce que
les parents vont mieux; c'est le contraire; c'est toujours
les parents qui se détraquent lorsque l'enfant va mieux.
/184

Published by Sirius-C Media Galaxy LLC, 2010

▸ [En regard du manque d'affectivité tactile pré-natale]

▸ J'avais l'intuition de toutes ces choses-là de très bonne heure, mais sans avoir 'les mots pour le dire'. /188

▸ Et puis quand, beaucoup plus tard, cette approche nouvelle a commencé à intéresser de jeunes collègues, et que j'ai voulu m'adresser à eux, la Société Internationale de Psychanalyse - c'était en 1960 - m'a exclue comme persona non grata. /188

▸ Le destin était bon pour moi, car cette exclusion m'a rendu grand service. Je pouvais travailler complètement libre. Les responsables de la Société Internationale qui ainsi m'excluaient donnaient trois raisons:

• Vous êtes intuitive, c'est inutile voire nuisible en psychanalyse.

• Les gens qui ne vous connaissent pas ont un transfert sauvage sur votre personne.

• Vous avez des idées sociales derrière votre recherche de prévention qui nous paraissent suspectes de communisme! C'est dangereux pour de jeunes analystes de prendre contact avec vous, bien que par ailleurs nous sachions que vous menez aussi des cures tout à fait classiques. Vous leur donnez des idées...

▸ En conclusion, on me demandait de renoncer à communiquer oralement mon travail si je voulais rester dans la Société. Mes pairs avaient à mon égard des réactions de défense que l'adulte a vis-à-vis de l'enfant représentant le danger pour l'ordre admis en cours. /189

▸ Je préconisais l'abandon de la médecine que j'appelais vétérinaire, telle que je la voyais pratiquer quand il s'agissait d'enfants. Je préconisais l'abandon du dressage au cours du premier âge, en lui substituant le respect dû à un être humain réceptif du langage sensible, l'égal en quelque chose de subtil et d'essentiel de l'adulte qu'il contient et prépare, mais il est impuissant à s'exprimer par la parole, il s'exprime en réagissant par tout son être aux joies et aux peines de vivre des êtres de son groupe familial qu'il partage à sa façon. Je voulais faire comprendre la valeur structurante de la vérité dite en paroles aux enfants, même les plus jeunes, concernant les événements auxquels ils sont mêlés, ce qui arrive et modifie l'humeur et le climat familial, au lieu de leur cacher. Je préconisais de répondre véridiquement à leurs questions, mais aussi, et en même temps, respecter leur illogisme, leurs fabulations, leur poésie, leur imprévoyance aussi, grâce auxquels - quoique sachant la vérité des adultes - ils s'en préservent le temps qui leur est nécessaire par l'imagination du merveilleux, les dires mensongers pour le plaisir ou pour fuir une réalité pénible (si on était plusieurs à croire un mensonge … ne serait-ce pas alors une réalité?). Le vrai a plusieurs niveaux selon l'expérience acquise. Chaque âge ne peut se construire que du savoir, par son expérience. Mais tout savoir n'est qu'une scission entre une question qu'il semble résoudre et une autre qui cherche réponse. / 190

▸ Cela, qui est le travail classique dans la cure, peut être le même avec des enfants qui parlent et à condition que l'enfant lui-même désire être aidé. Pour ceux qui ne parlaient pas, j'ai recherché ce même mode de travail avec de moyens d'expression autres que verbaux, toujours associés à la parole - dessins, modelages, fantasmes mimés avec des objets (jeu libre) parce qu'ils conduisent l'enfant à revivre son passé dans sa relation de transfert à l'analyste. C'est cette explication du passé réactive qui est le travail analytique. / 190

▸ Une psychothérapie touche peu au passé, soutient le patient à sortir de son impasse anxiogène actuelle, à prendre son parti des côtés viables, en les aménageant, de ce qui lui paraissait sans espoir avant d'en avoir con-

Published by Sirius-C Media Galaxy LLC, 2010

sidéré tous les aspects avec son psychothérapeute. Le transfert avec le psychothérapeute qui est le nerf du travail est utilisé mais non explicité comme un leurre névrotique qui soutient illusoirement le patient dans la conviction que son psychothérapeute sait pour lui. /190

▸ Or la littérature, elle ne peut qu'être narcissique, puisque n'écrivent que des gens qui souffrent de désirs qu'ils ne peuvent pas satisfaire et qui les satisfont par le fait d'écrire leurs fan-tasmes. /196

▸ On ne sait jamais quel est le début, ça peut être au XVIe siècle, un grand-père ou une grand-mère incestueux. On porte tout cela, et à partir du moment où un certain effet névrotique s'est installé, des lésions, etc., si on en connaît les distances, on les admet; on sait qu'on a peut-être une prise pour ne pas persévérer dans cette erreur, dans ce chemin; on peut peut-être améliorer les choses; en tout cas, ne pas les aggraver. Cette conscience qu'on est responsable n'est pas accablante. Ce qui est fait est fait, on est construit par ce qui s'est passé, mais on sait qu'on a peut-être une prise pour ce qui suit, pour le développement de son enfant, ou de soi-même. /197

▸ Si le langage obscure de l'inconscient, qui réunit tous les êtres humains, qui les associe, qui les structure, qui les tisse les uns aux autres, n'est pas dit, c'est le corps qui parle ce langage. Toute la pathologie est psychosomatique chez l'enfant, et elle continue encore de l'être chez l'adulte dans ce qu'il ne peut pas 'se' dire. /198

▸ La mère n'écoute plus l'appel de son bébé depuis qu'on lui inculque la règle pour tous: il 'faut' nourrir tout enfant toutes les trois heures, parce que la science dit que c'est toutes les trois heures. Au sein, il était nourri quand il avait faim; avec le biberon, tout a été régularisé et normalisé. Cela appauvrit le langage des sentiments. Avec la nourriture pour les bébés - en petits pots, toute

prête et où tous les aliments sont passés au tamis, l'hygiène est sauvé! Mais l'attente gourmande, l'observation
de la mère affairée à préparer, puis à présenter le plat
inventé, pensé, cuisiné par elle dans l'odeur particulière
des légumes et des fruits qu'elle épluchait en en parlant
à son enfant ... Tout cela qui charmait les sens de l'enfant après le sevrage et qui personnalisait la relation
mère-enfants aux abords des repas, tout cela riche de
sens symbolique est, dans les pays industrialisés, en train
de disparaître. Fast food! /198-199

> ‣ L'enfant a l'intelligence de la vérité, en tout cas de la
> sincérité des échanges affectifs. Si un adulte agresse phy-
> sique-ment un enfant, c'est qu'il est sans parole à son
> égard; il ne le considère pas humain. Si nous méprisons
> le végétatif qui est en nous, c'est parce que nous avons
> donné une inflation à l'intellectuel et à l'opérationnel:
> on se sert d'une plante pour la couper, pour faire beau
> dans un jardin, etc., cette plante craint ce jardinier ...
> mais celui qui n'agresse pas la plante pour son propre
> plaisir, elle ne le craint pas. /201

> ‣ Les adultes refoulent en eux l'enfant, alors qu'ils visent à
> ce que l'enfant se comporte comme ils le veulent. Ce
> sens éducatif est faux. Il vise à faire se répéter une socié-
> té pour adultes, c'est-à-dire amputée des forces inventi-
> ves, créatives, audacieuses et poétiques de l'enfance et
> de la jeunesse, ferment de renouveau des sociétés. /202

> ‣ Singulière espèce qui, à l'âge adulte, ne veut pas évoluer
> par crainte de la mort et qui a peur instinctivement de
> la vie. Par-ce que nous avons peur de la mort, nous nous
> cramponnons au fait d'être vivants par la seule conser-
> vation du corps. Cette peur empêche la vie. On a peur
> d'être tué, d'être remplacé, d'être supplanté, d'être fini,
> mais ce faisant, on s'étrique soi-même en étouffant son
> enfant, l'enfant que l'on a été et qu'il représente, et
> qu'on n'a jamais pu être assez complètement pour ac-
> cepter d'y avoir renoncé en soi-même. Seuls les quel-

Published by Sirius-C Media Galaxy LLC, 2010

ques individus qui, dans leur histoire, arrivent 'a ne pas laisser en eux mourir l'enfant' réussissent à créer quelque chose et faire avancer les choses, par des sauts, des découvertes, des émotions qu'ils apportent à la société, ils ouvrent une autre fenêtre, une autre porte. Mais les inventeurs, les innovateurs sont des isolés, des marginalisés, et toujours menacés de psychose. Du reste, on le voit: il y a toute une littérature, tout un discours sur folie et génie. Finalement, la société a inscrit dans l'inconscient, en tout cas dans le subconscient, cette idée que l'artiste est suspect, le chercheur aussi. /202

▸ Nous refusons de parler à nos bébés, et cependant, en les voyant, nous nous identifions à notre mère quand nous étions bébés. C'est spontanément ce que font les parents; ils s'identifient à leurs propres parents, en même temps qu'ils s'identifient au bébé. Ils ont une relation narcissique avec eux-mêmes dans un bébé 'imaginé' au lieu d'être une relation à ce bébé dans la réalité. Et cette relation avec eux-mêmes, ils l'objectivent en avant une relation avec un autre adulte, avec qui ils parlent de l'enfant sans lui parler à lui-même. /203-204

▸ Lorsqu'on sort d'une analyse, on rétablit le rapport exact entre le moi présent et le moi enfant, la bonne distance. /204

▸ C'est plus qu'une distance. A soi-même, présent et encore plus passé, on n'est plus intéressé du tout. C'est surtout ça qui, à mon avis, a été le principal des résultats de mon analyse: mon passé ne m'intéresse plus du tout dans ce que j'en ressentais. C'est comme des photos: de temps en temps, on y pense ... en famille. Mais soi-même ... c'est mort. /205

▸ On ne naît pas Cro-Magnon, la mémoire comme une cire encore vierge. Pas du tout. Tous les souvenirs de nos parents, de nos ancêtres sont inclus en nous. Nous sommes, en notre être, représentants d'une histoire, même si nous ne le savons pas, à partir de laquelle nous allons nous développer. /206

▸ L'Oedipe des enfants abandonnés ne peut pas vraiment se résoudre parce qu'ils restent prisonniers d'une énigme. /206

▸ Chacun de ces enfants est prisonnier d'une énigme. Il résout un certain Œdipe qui a pris comme pion représentatif les per-sonnes qui l'ont élevé. Mais il est toujours à la recherche de ses géniteurs et de ses frères. La preuve en est ce fantasme qu'on tous les enfants abandonnés ou adoptés: celui du risque de devenir à leur insu amoureux de leur sœur - ou de leur frère. Cela les induit à chercher un conjoint dans des régions éloignées de celles où ils sont nés, c'est-à-dire où leur mère a accouché. Le tabou de l'inceste pèse sur eux. Ils ont peur que, si quelqu'un leur est sympathique, ce soit leur frère ou leur sœur. Et, pour être sûrs de ne pas être incestueux, ils choisissent quelqu'un de tout à fait étranger à leur région d'origine. Donc, l'Oedipe est là, enfoui quelque part. /207

▸ Lorsque l'on voit des individus prendre des tournants importants, des changements de vie radicaux, avec une sorte d'in-conscience ou de tranquillité, c'est qu'ils ont probablement eu un accouchement plus facile que d'autres, sans heurts, sans douleur. /208

▸ 3Il est dans la condition de l'homme de ne pouvoir véritablement épanouir sa personnalité que dans une seconde naissance. L'Évangile le dit. Les gens croient que c'est un parler mystique, alors que c'est, en fait, le processus d'humanisation, tout simplement. La première naissance est une naissance mammifère, le passage d'un état végétatif à un état animal, et la deuxième naissance est le passage de l'état de dépendance animale à la liberté humaine du oui et du non, une naissance à l'esprit, à la conscience de la vie symbolique. Ce serait ça la mutation qui aurait fait de ce mammifère supérieur un être humain, cette spécificité à avoir une double naissance, le risque de la mort suivi de transfiguration. / 208

▸ On pourrait dire que la deuxième naissance sert à faire le deuil vrai de la première naissance, en tant que mort en nous du mammifère humain, mais en gardant ce qui existait, transmissible et vivant, la communication sans paroles. Il faut que la première naissance soit ressentie comme une mort pour qu'il y ait résurrection, c'est-à-dire mutation en vie autre: le passage du placenta organique au placenta aérien. / 209

▸ Quitter le placenta, quitter les enveloppes, c'est-à-dire quitter l'oxygénation passive, le passif nutritif et en même temps la sécurité pour le corps tout entier, c'est vraiment sortir d'un état vital, le seul connu; c'est mourir. Mais c'est de cette expérience-là, vécue jusque dans son risque le plus grand, que s'ouvrent tout d'un coup les poumons au son du premier cri, en même temps que se ferme le cœur: l'enfant perd l'audition de son propre cœur et il entend comme le rythme du cœur de la mère qui jouait avec le balancement rapide perdu du cœur fœtal. Il n'entend plus deux rythmes qui se cherchaient, qui se mariaient. Je pense que toute cette vitalité organique du mammifère humain se retrouve sous forme langagière archaïque dans les tam-tams et la musique de percussion. Les Africains et les Indiens dansent et chantent au martèlement des tambours pendant des heures et des heures, sans se fatiguer apparemment, comme hors du temps et de l'espace, comme autrefois in utero, avec le concassage des rythmes qui les entretenaient dans une vitalité portée de continue présent. Ils retrouvent, par l'art des rythmes, la vitalité utérine entretenue de soi-même, semble-t-il, sans aucun travail ni fatigue pour le faire. Mais ils ne sont pas les seuls. C'est le groupe entier qui porte chacun, comme une mère un fœtus. / 210

▸ Un enfant qui n'a pas envie de sortir, c'est qu'il est con-tent de rester à la maison, d'y faire des choses amusan-tes. On va au jardin public, on a à peine le temps d'y arriver qu'il faut rentrer. Si vous vous arrêtiez en che-min? - Ah oui, il s'arrêterait à toutes les vitrines. Un enfant de dix-huit mois, de deux ans, ne 'prend pas seu-lement l'air', il s'intéresse à tout ce qui se passe autour de lui. Parlez avec lui de tout ce qui l'intéresse. Ce sera ça la vraie promenade. Trop de gens ont l'idée qu'il faut que l'enfant aille faire des pâtés dans le sable. Pourquoi le 'faut-il'? Je crois que ce sont des personnes qui ne savent pas être en relation avec l'enfant. Avec un tel emploi du temps, le bébé ne peut pas découvrir son articulation au monde de la société; il n'a même pas l'occasion de la découvrir et d'en parler surtout avec qui le promène. /212

▸ Ce qui correspondrait au rythme du besoin et du désir de l'enfant est complètement contrarié par une attitude obsessionnelle de l'adulte. On lui impose un rythme arbitraire, con-traire à son propre rythme. /213

▸ C'est le rythme de chacun qui devrait compter et non pas l'âge civil. Comme des machines, les enfants sont programmés. /213

▸ On cultive l'angoisse qui devient la base de l'éducation. Elle est à l'origine de tant de dérèglements adolescents. /213

▸ On a tellement peur de l'exploitation des jeunes par des pervers qu'il n'est pas permis aux adultes d'accueillir des enfants fugueurs. 'S.O.S. Enfants' a été supprimé par la loi. Et pourtant ces 'chiens perdus sans collier' avaient un local où ils pouvaient aller et parler. Les res-ponsables on pu se laisser séduire par certains de ces jeunes, ou les séduire. Et après? C'est pire d'être séduits par les parents que par quelqu'un d'extérieur. /215-216

Published by Sirius-C Media Galaxy LLC, 2010

▸ Rejeter l'autre, c'est rejeter une partie de soi-même. /216

▸ Pour ne pas traiter en objet son interlocuteur, il faut avoir cette conscience d'être porteur d'un point qui peut être aussi le centre de l'autre et que l'autre, réciproquement, est aussi un autre centre identique. /216

▸ Cette conscience est occultée chez l'être humain à cause de sa sensorialité individuée dans l'organisme. Dans la sensorialité, nous sommes des individus séparés et nous ne pouvons plus vivre dans un corps à corps fusionnel non séparés. Mais la communication psychique est possible entre deux êtres de corps séparés parce que l'esprit est le même chez tous, et cet esprit, c'est justement le verbe, c'est-à-dire le désirant communiquant; il est dans des lieux artificiellement différents, mais il est le même. /220

▸ Notre sensorialité, le plus fréquemment, commande aux relations adultes-enfants. Vis-à-vis de l'enfant du premier âge, l'adulte se sent dévorant à plaisir, des yeux, des oreilles, du contact à la peau. Mais c'est à lui-même peut-être qu'il prend contact pour se réconcilier avec une partie de lui totalement oubliée ou bien refoulée. /220

▸ Dans un des deux maternelles de Besançon, où Montagner a filmé les petits qui ont entre deux et trois ans, trois et quatre ans, j'ai été intéressée par un geste d'un des garçons qui tenait à la main un camion. Une maternante venait de déculotter un petit qui s'était sali; l'enfant s'était baissé en avant; elle lui nettoyait le derrière. Le petit garçon au camion, d'abord non concerné par la scène, s'approchait de cette lune fendue du bébé (dont on ne voyait que le siège puisqu'il était penché en avant) et il tendait à ce derrière nu son camion. /222-223

▸ Le corps à corps prend sens par le cœur à cœur. /223

▸ C'est la disponibilité de l'adulte à entrer en contact verbal et affectif avec cet enfant qui est primordiale. Contrairement aux campagnes qui étaient faites sur les bonnes nourrices, on reconnaît la bonne nourrice à sa lactation qu'à son pouvoir de communication. La voix de la nourrice ou du nourricier est un facteur très important. /224

▸ Si le désir est toujours satisfait, c'est la mort du désir. /226

▸ L'enfant est en face de quelqu'un qui a un désir et le défend; il ne le fait pas exprès pour sadiser l'enfant; il explique à son jeune interlocuteur qu'il exerce sa responsabilité d'adulte, et que son opposition n'est que la maîtrise de son propre désir. Il y a une hiérarchie de ses désirs que l'adulte assume. Le conflit entre son désir et celui de l'enfant doit aussi être assumé. /227

▸ Le désir est créateur d'hommes. Par les hommes, désireux de dépasser les limites du possible, l'impossible advient … parfois, renouvelant leur foi en leur désir et leurs espérances dans sa maîtrise. /228

▸ [Question sur la soi-disant spécificité de l'enfance…]

▸ C'est une fausse question, parce que la frontière psychique entre enfance et âge adulte n'est pas très déterminée. Qui peut se sentir adulte? /228

▸ C'est vrai que les enfants sont poètes. L'adulte peut être poète aussi, mais il a oublié qu'enfant il l'était déjà. Il a perdu ce sens. /229

▸ Il est difficile, mais nécessaire, d'extirper chez l'enfant cette 'illusion magique' que son père est le modèle, celui qui sait et à l'imitation de qui il a à advenir. Plus tard, le 'faire comme papa fait aujourd'hui (ou comme maman)' est remplacé par 'faire comme les autres garçons (ou filles)'; c'est la recherche d'une identité admise par les autres. C'est toujours en quelque chose une aliénation inévitable à un paraître valeureux. Il a à advenir lui par rapport à son origine vitale, son désir, non pas pour le plaisir de quelqu'un d'autre, fût-il son très vénéré père. /229-230

▸ L'important est que cela soit dit depuis que l'enfant est tout petit: ne pas imiter et ne jamais se soumettre à l'autre fût-il adulte, mais trouver sa propre réponse à ce qui le questionne. /230

▸ Il est extrêmement fallacieux de considérer les humains en période d'enfance comme un monde à part. Les enfermer ensemble dans un supposé cercle magique est stérilisant. Le rôle de l'adulte est de susciter et d'aider l'enfant à s'insérer dans la société dont il est un élément vivant nécessaire, durant le temps qu'il est encore dans sa famille. /230

▸ L'enfant ne cherche pas à savoir l'avenir; il le fait, il crée l'avenir. Il n'est pas prudent. Il ne fait pas de réserves. Il oeuvre selon son désir, en assume les conséquences. /232

▸ A l'état d'enfance, chaque homme est cet être porteur de potentialités créatrices mais qui l'ignore ou bien, s'il l'imagine en fantasmes, il n'en fait pas cas. Heureuse imprévoyance, corrélative de l'amour de la vie, de l'espérance en elle et de la confiance en soi. /232

▸ Les enfants révèlent dans les circonstances dramatiques, dans la familiarité avec la mort, avec les choses majeures, qu'ils ont en eux une humanité totale. Il y a une détermination, une force, une personnalité affirmée chez les petits leucémiques. L'approche de la mort qui menace leur organisme, la présence du danger éclairent non seulement une lucidité sublime face à la maladie, mais aussi une perception de la vie tout à fait étonnante. Et cela, ce n'est pas la maladie qui leur donne cette faculté. Elle ne fait que l'accentuer, le révéler, cela témoigne du potentiel de tout être dès le début de sa vie. /233

▶ C'est la différence: l'adulte réfléchit à lui; l'enfant ne réfléchit pas à lui; il est. /234

▶ Que de parents on choisi un prénom, de fille ou de garçon, avant la naissance! L'enfant naît, on le nomme autrement. Son premier cri et le premier regard sur lui font que les noms prévus ne correspondent pas à cette relation intime et profonde car les noms viennent de l'inconscient, de très loin. Il est souhaitable que le prénom naisse de cette rencontre émouvante. Les parents qui donnent le nom prévu, presque toujours, dépouillent les enfants de l'essentiel de leur première relation. Et on devrait dire aux parents: 'Pensez à des noms, mais attendez le moment du premier cri de votre enfant. Quand vous l'aurez vu, à ce moment-là, il sera devenu réalité pour vous, vous verrez qu'il vous fera donner le nom que vous désirez tous les trois, et que vous voudrez vraiment pour cet enfant-là, non pas celui que vous avez rêvé, mais ce fils ou cette fille dans sa réalité unique et irremplaçable pour vous'. /236-237

▶ On voit apparaître trois causes du 'malentendu' fondamental dans les relations adultes/enfants; on les retrouve dans toutes les sociétés humaines. D'abord, les responsables ne se pré-occupent pas du tout du développement et de l'expression personnelle de l'enfant; ils pensent à appliquer une sorte de norme qu'on leur a inculquée pour tel ou tel cas de figure. Ensuite, c'est l'ignorance, c'est la pseudo-science qui commandent. Enfin, le pouvoir médical et le pouvoir institutionnel qui décident de tout et se substituent au désir de l'enfant et de sa mère, dès l'accouchement et même avant … pendant la grossesse. /240-241

▸ Or, il se trouve que le rapport langagier est contre le pouvoir technologique et l'autorité, car à partir du moment où on établit cette communication, il ne peut plus y avoir cette soumission, cette obéissance immédiate, cette efficacité apparente du prescripteur, du pédagogue. Et je crois que c'est pour cela que le responsable a lui-même l'attitude de rétraction vis-à-vis de cette approche-là. Pour lui, c'est en fait se désarmer, c'est accepter que la relation de langage soit plus importante que la technologie qu'il veut imposer. L'intimité entre la mère et son enfant échappe à son pouvoir. /241

▸ Ce qui est à soutenir, c'est justement la structuration lente de l'individuation dans le plaisir du langage, des échanges entre l'enfant et ceux qui sont à la fois ses parents et ses éducateurs. C'est le langage avant tout, mais il est médiatisé par des corps à corps. /241

▸ Les neuro-biologistes sourient ou haussent les épaules. Ils disent: 'Je ne crois pas à la télépathie'. /241

▸ Mais la télépathie entre le bébé et la mère est bien connue de toutes les mamans. Prenons une femme qui dort très bien. Il suffit que son bébé remue dans son berceau dans la chambre voisine, elle l'entend, alors qu'aucun autre bruit ne l'alerte. C'est une chose qui frappe les pères. Beaucoup de mères enceintes parlent à leur fœtus comme s'il était dans la pièce (enfin, il est dans la pièce puisqu'il est en elle). Elles n'osent pas le dire mais elles le font souvent. Elles ont raison. Après sa naissance, dès l'ouverture des enveloppes, encore plus quand il est tout à fait sorti du corps de sa mère, le nouveau-né perçoit, et certains enregistrent même les paroles qu'ils ont entendues comme le ferait une bande magnétique. On en a eu la preuve par des psychanalyses qui ont permis à certains de remonter leur histoire jusque-là. Les témoins

auditifs ont pu confirmer l'exactitude de ces réminis-
cences qui surgissent en cure psychanalytique. /244

▸   [Le kidnapping des maternités]

▸   Malheureusement, on a peu à peu faussé le langage
maternel naturel en séparant la mère de son nourrisson
au moment de l'accouchement. C'est quelque chose qui
est tout à fait patho-gène. C'est le corps médical qui a
imposé aux femmes cette rupture radicale. /245

▸   A Bali, la naissance d'un enfant est marquée par un
rituel sacré qui magnifie la mémoire de la vie utérine.
Juste après l'ex-pulsion, le placenta, un peu de sang et le
liquide amniotique sont déposés dans une noix de coco
enserrée de fibres de palme, l'urne natale d'un garçon
est placée à droite du portail d'entrée de la maison, celle
d'une fille à gauche. Ensuite le cordon ombilical est
séché, enveloppé dans une petite gaze, et il est conservé
durant toute la vie de ce nouveau membre de la communauté. A noter que les Incas conservaient eux aussi le
cordon. /247

▸   Et cette individuation, en même temps que le sujet se
crée, se structure par rapport à ses désirs et à ces priva-
tions de satisfaction. C'est leurs alternances qui le font
se sentir exister. Ce sont les temporisations, les priva-
tions de satisfaction de ses désirs qui font le petit enfant
se sentir être; c'est comme cela que le sujet, corporellement puis psychiquement, s'individue. /249

▸   C'est toujours au même risque qui est d'arracher brus-
que-ment précocement l'enfant à sa mère, sans médiations, pour le mettre dans un soi-disant monde /
meilleur. Il en résulte une pathologie qui fait régresser à
la vie fœtale le sujet non individué qui reste imaginai-
rement un objet partiel d'une entité: à la crèche, il fait
partie du groupe des bébés, mais il ne sait pas qui il est:
il est anonyme, un être-objet de besoins satisfaits par la

Published by Sirius-C Media Galaxy LLC, 2010

crèche. Son être de désir est tout le temps bafoué dans les changements de personnes à travers lesquelles il ne peut retrouver, liés à la satisfaction de ses besoins, l'odeur et la voix et les rythmes de sa mère. Il se lasse de ce guet inutile et le soir, quand sa mère revient, il ne sait plus qui elle est, ni qui il est pour elle, ni peut-être même qu'il 'est'. S'il n'est pas enrhumé et qu'il a les narines libres tout les soirs, c'est à son odeur que le bébé reconnaît d'abord sa mère. Mais si, dès qu'elle le voit, elle se précipite sur lui pour l'embrasser, il n'a pas le temps de la reconnaître et la ressent comme une énorme bouche dévorante affamée de lui, comme la sienne, lors de ses biberons de la journée. Alors à nouveau, il fait partie d'elle-même, fusionné à son corps à elle. Et, après, de jour en jour, perdu le matin, retrouvé et réenglouti le soir, l'enfant a de moins en moins de chance de se connaître individué. C'est une pathologie qui sévit actuellement et qui donne cette extrême fréquence d'enfant qui ne parlent pas, qui ont des retards psycho-moteurs. Physiquement bien développés mais sans curiosité ni désir de communiquer, dépendants mais sans amour, ni inventivité ludique et convivialité. /250

▸ Nous vivons une époque où beaucoup d'enfants ne sont pas accueillis, même symboliquement, par la société, et même pas entre leurs père et mère. /253

▸ Les médecins se trahissent par les habitudes de langage: 'J'ai accouché trois enfants ce matin'. Tout le monde riait d'entendre dire que c'est le médecin qui avait accouché les enfants, au lieu d'avoir aidé des femmes à accoucher! Glissement de sens? Voire. Plutôt assujettissement au praticien de la parturiente, de son conjoint, de leur enfant. /253

▸ On voit des enfants sadisés (les gens ne savent pas que ce sont des enfants sadisés, on les dit timides et bien élevés); ils sont tellement angoissés qu'ils sourient tout le temps; un sourire figé comme pour faire plaisir à l'autre, tellement ils ont peur que l'autre, s'ils n'ont pas l'air contents, les agresse. /253

▸ Si c'était consciemment calculé, on dirait que c'est une façade pour donner le change. D'ailleurs, on peut le rapprocher de ce qu'on appelle le 'sourire commercial'. On dira qu'il n'est pas de cet âge. Mais l'enfant est capable, très tôt, de saisir le dressage commercial au rythme des besoins. Comme il cherche à se mettre en bonne harmonie avec la mère, il subit sa mère qui le dérythme pour être conforme au vouloir de sa mère. Et tout va de travers à partir de là. /255

▸ Un désir, c'est une surprise dans l'attente impatiente de sa satisfaction et qui révèle à chacun une part inconnue de soi. Et d'un autre, lorsqu'on découvre avec ce quelqu'un d'autre un nouveau mode de relation fondé sur la satisfaction du désir. C'est le désir qui mène à l'amour. Mais si on ne peut plus se passer de la satisfaction de ce désir sans entrer dans un état dépressif, c'est que ce désir est devenu besoin. On le voit constamment parce que c'est ainsi que se construit tout l'être humain. /255

▸ L'originalité est marginalisée. Tous ces enfants, à la moindre incartade ou incompréhension de l'adulte, on va les faire glisser, les classer, soit vers les délinquants, soit vers les pathologiques. Petits, ils ne peuvent absolument pas s'adapter à un groupe nombreux quand ils sortent de leur famille. Même dans une famille nombreuse, ils restent l'objet, petit, d'une groupe relativement grand. Ils ont besoin d'être identifiés enfant unique d'une relation unique à leur père et unique à leur mère, et c'est de cette relation-là que l'on doit partir - en paroles - pour les aider tels qu'ils sont de par leur origine à s'adapter aux autres. En les privant de cette relation, en les arrachant à leur vie affective propre pour imposer à tous une même norme éducationnelle, on leur inculque le langage du rapt, le langage du viol et le

Published by Sirius-C Media Galaxy LLC, 2010

langage où le plus fort a raison du plus faible, langages qui sont transgressions de l'éthique humaine, mais parce que c'est banal, c'est admis comme morale. C'est admettre cette morale mensongère qui vous fait juger 'normaux' à l'école, des principes éducatifs pervers et pervertissants. /257

▸ Il est très intéressant d'observer ce qui se passe entre les enfants pendant les récréations. Or, jamais personne ne le fait, ou bien n'en parle pas. (…) Dans les cours de récréation, il y a une perversion des rapports naturels entre enfants, qui peut même aller jusqu'aux rites de la cruauté … C'est ce qu'on leur a enseigné depuis qu'ils sont petits. /258

▸ Education pervertissante par excès de protection, culte de la norme unique, soumission aux modes du jour, imposition du modèle parental. Pourquoi pères et mères s'accrochent-ils obstinément à ces bouées? Pourquoi sont-ils perdus, ces parents, s'ils ne marchent pas dans les traces d'un guide? Ils sécrètent beaucoup d'anxiété. Plus ils sont anxieux, plus ils veulent savoir à l'avance les réponses sur l'avenir de leur progéniture. Ce que l'expérience nous apprend, c'est que cette attitude accroît dangereusement les probabilités de blocage des enfants. /258

▸ Instruction pervertissante que celle qui consiste à faire régurgiter à l'élève le savoir du professeur transmis par ses pairs. /263-264

▸ Très souvent, ce report sur l'enfant qu'on attend comme le messie et qu'on crucifie ensuite vient du fait que les adultes n'ont pas continué à avoir des amis de leur classe d'âge, pour l'entraide, les loisirs et cultiver avec eux les intérêts de leur âge. /273

▸ On a culpabilisé les parents en leur disant qu'ils devaient être beaucoup plus présents; qu'ils devaient davantage s'occuper de leurs enfants, etc. Et je crois que ça leur a donné mauvaise conscience, et ils ont sécrété beaucoup plus d'angoisse sur leurs enfants à partir de ce moment-là. Et, loin de les aider à se libérer du cocon, ils ont alourdi encore le carcan familial. /273

▸ Pour bien se développer, l'enfant devrait être à la périphérie du groupe de ses parents, et non pas en constituer le centre. Les parents devraient rechercher les gens de leur âge, qui ont ou qui n'ont pas d'enfant. Il n'est jamais trop tard pour s'y mettre. /273

▸ A mon sens, l'avortement ne doit pas être pénalisé. Mais je pense que c'est une erreur de le légaliser. /285

▸ Avec ou sans jésuites, la société est vraiment la grande école d'hypocrisie. Et c'est surtout le mensonge par la parole, tous les mots sont faux. Ce langage fondé sur 'Tu arriveras par ton mérite, par ton effort... ', tout est complètement récupéré... C'est les mots stéréotypes qui intoxiquent./ On les retrouve aujourd'hui dans le discours politique qui devient de plus en plus lénifiant. C'est peut-être ça qui caractérise ce sous-emploi ou cette dernière perversion du langage éducatif. Maintenant, c'est l'éducation de la masse. /289-290.

▸ Le sens de la responsabilité découle naturellement de la conscience de la maturation génitale dans le corps de chacun de nous. Il y a inconsciemment naissance du sens de responsabilité lorsqu'un acte délibérément accompli peut porter fruit immédiatement et à long terme, dans les générations à venir. Dès l'âge de raison, huit-neuf ans, tout enfant peut comprendre qu'il est responsable en partie ou en totalité des effets sur autrui que produit son comportement. L'éducation devrait aider les gens et surtout les enfants à faire la différence entre la culpabilité et la responsabilité. La confusion est inévitable si on en développe pas très tôt en chacun le sens critique et un sens étique de la responsabilité. Celui-ci passe par la solidarité, sans laquelle il n'est pas possible d'initier à cette éthique les inférieurs d'âge ou les inférieurs défavorisés. /290-291

▸ L'orphelin reste invisiblement accroché au corps mort de son père à sa naissance tant qu'on ne lui a pas parlé. Son deuil silencieux, sa douleur doivent être reconnus par quelqu'un. Le lien douloureux peut être dépassé si on le parle, s'il est rendu communicable à d'autres d'une façon symbolique. /291-292

▸ Le non-dit intentionnel culpabilise. /293

▸ Selon Jean-Pierre Changeux, neurobiologiste à l'Institut Pasteur, le cerveau du nouveau-né contiendrait peut-être cent fois plus de neurones que celui de l'adulte. Cette hypothèse rejoint la théorie de Jacques Mehler, de l'Institut des Sciences de l'Homme: 'Le développement intellectuel ne serait pas une acquisition de facultés nouvelles, mais, au contraire, une perte de capacités présentes à la naissance.' /293

▸ Pour le Dr. Julien Cohen-Solal, 'les développements affectif et intellectuel sont indissolublement liés. Au-delà de 8 mois, les effets paraissent difficilement réversibles sur le comportement émotionnel et, au-delà de 24 mois, sur le développement intellectuel. Si les données de la neurophysiologie sont exactes, alors le jour le plus important de la vie est le premier, puis le deuxième et ainsi de suite … 293

▸ Le Dr Léon Kreisler, pédiatre, lors du second Congrès mondial de psychiatrie du nourrisson (Cannes, 1983), a souligné que les troubles psychosomatiques du premier âge (insomnie, vomissements, coliques, diarrhées … , qui apparaissent souvent peu de temps après la naissance, viennent de ce que l'expression mentale du nouveau-né utilise 'la voie souterraine des organes'. Troubles qui ont trois origines: l'insuffisance chronique de l'attachement (vide affectif), l'excès de stimulation (hy-perprotection), les ruptures dans le mode de garde. 'Rien n'est définitif, estime-t-il, avant l'adolescence. Ces troubles sont réversibles.' /293

▸ On regarde la pathologie du nourrisson, comme si c'était le corps défaillant qui était l'origine de ses diffi-cultés relationnelles. C'est l'inverse. Ce sont les troubles de la relation avec l'adulte tutélaire responsable de lui qui perturbent la croissance physique. L'affectif est si dominant chez la plupart des êtres humains qu'il modi-fie le comportement biologique d'un enfant: l'appétit, la digestion, la motricité, le tonus, tout cela dépend des échanges langagiers avec la personne qui s'occupe de lui. /293-294

▸ Les enfants sont aux sources du savoir. Des métaphysi-ciens. Des êtres qui posent les vraies questions. Comme les chercheurs. Ils cherchent des réponses. /303

▸ Dans tous les ouvrages sur l'éducation, on a beaucoup trop donné l'importance à la relation de l'enfant et de l'adulte. L'histoire des relations entre enfants reste à étudier à fond. /303

▸ C'est dominant. C'est ce que j'ai voulu faire à la Maison Verte. Mais ce qu'il faut savoir, c'est que la relation avec les autres enfants doit être médiatisée par la mère et le père. Ce qui est toujours fait dans les kibboutz. Lors-qu'ils sont bébés, la mère vient assister au/ moins à l'un des repas, celui du matin ou celui du soir, cela tant que l'enfant est petit, jusqu'au moment où il sait manger seul; à ce moment-là, il n'y a personne d'autre qui la remplace; la personne qui est avec eux surveille un peu, mais n'a aucun pouvoir sur eux: ce sont la mère et le père qui sont les initiateurs à la vie sociale. /303

▸ La même chose pourrait être transposée au cadre sco-laire: si les enseignants étaient formés pour être des médiateurs, l'école aurait pour l'objet essentiel l'apprentissage des relations entre enfants. Entre les enfants et les adultes investis et nommés par les parents et professionnellement formés pour assurer le relais des parents. /307-308

▸ Les fêtes des mères et des pères pourraient être l'occasion d'éduquer au sens du vocabulaire de la parenté, de la sexualité, de sa finalité, procréation dans le plaisir de l'union physique responsable de deux adultes. L'éducation qui, au vrai sens du terme, a pour fin de guider les enfants de la nature à la culture, se devrait, se doit, par l'école justement, de clarifier par le sens des mots du vocabulaire de la parenté et les notions du droit, le code des lois concernant le mariage, la parenté naturelle, légale. /309

▸ Si les enfants avaient un lieu latéral, leur école comme second foyer, où aller, les couples de parents aussi se retrouveraient mieux, du fait que les enfants ne seraient pas là constamment. Surtout maintenant qu'il y a un ou deux enfants seulement par couple, souvent espacés d'âge et qui ont besoin de leur compagnie. La famille nucléaire refermée sur elle-même est un piège qui provoque les névroses. A tout âge, tout être humain a besoin de relations sociales avec ceux qui ont les mêmes intérêts que lui. /337

▸ Ce sont les gens de la classe moyenne qui en sont réduits à ce masochisme familial qu'ils prennent pour une force. C'est vraiment masochiste dans le sens qu'ils répriment leur vitalité, croyant naïvement que c'est pour leur bonheur. /338

▸ Nous n'avons rien à imposer aux enfants. Mon idée, c'est qu'il n'y a qu'une seule façon de les aider: en étant soi-même authentique et en disant aux enfants que nous ne savons pas, mais qu'eux doivent apprendre à savoir; que nous ne faisons pas leur avenir, mais qu'eux le feront; on leur donnant ce rôle de prendre leur destin en charge exactement comme eux veulent le prendre. /371

▸   Si l'on essaie de s'intéresser sérieusement aux enfants, il faut porter une attention toute particulière aux petits. Je pense que tout le travail est à faire avant quatre ans; avant l'entrée à l'école. /372

▸   Si on veut parler de l'essentiel, de tout ce qui se peut sur le plan de la prévention pour éviter les lésions, des blocages, des dérapages, je crois que c'est avant quatre ans. /373

▸   Je n'ai qu'une chose à dire aux hommes politiques: C'est de 0 à 6 ans que le législateur devrait le plus s'occuper des citoyens. /373

▸   A Pithiviers, l'équipe médicale déclare que les enfants qui sont nés de parents qui ont ainsi 'joué' avec eux au stade foetal, ont un meilleur équilibre corporel: par exemple, ils s'assoient beaucoup plus vite que les autres. /373

▸   Et ils sont surtout beaucoup moins sujets à l'angoisse. Leur potentialité humaine n'a pas été entamée symboliquement par une inquiétude des parents. /376

▸   Que ce soit en Afrique, ou en Amérique du Sud, ou dans le Pacifique, les rites anciens qui accompagnaient la grossesse et la naissance recelaient des intuitions et des connaissances empiriques essentielles qui laissent supposer un immense respect de l'humain dans ce temps de passage. L'anthropologie issue de la mentalité coloniale ne rend compte que de rites d'exorcismes ou de tabous. Mais, bien au-delà, l'interprétation symbolique y décèle un fantastique accueil familial et social à l'enfant non sans lui ménager des épreuves formatrices, dont nos sociétés techniques on peine à fonder l'équiva-

Published by Sirius-C Media Galaxy LLC, 2010

lent. C'était une manière de saluer l'entrée du nouveau venu dans la communauté et son acceptation; on manifestait d'une façon à la fois gestuelle et verbale l'attente et l'amour du groupe pour ce rejeton plein de promesses, nécessaire déjà à tous. /376

▶ On prenait aussi, en même temps, des mesures de protection pour éviter à la naissance l'agression du bruit ou de la lumière. /376

▶ Un de mes amis, médecin psychanalyste au Chili, Arturo Prat, et qui a séjourné longtemps à l'île de Pâques parmi les anciens, a été frappé par l'acuité visuelle extraordinaire, même nocturne, que gardent les vieux de quatre-vingt ans. Ils lui ont expliqué pourquoi. Avant que l'obstétrique à la façon américaine - occidentale - s'impose jusque dans cette île, il était de tradition de n'exposer le bébé à la lumière du jour qu'un mois après sa naissance; l'accouchement se faisant dans une pièce sombre, la sage-femme étant juste éclairée pour faire l'accouchement; et ensuite, la mère et son enfant restaient dans une pièce sans lumière, dans le fond de la case, pendant une lune et un mois. Le nom par baptême lui était donné selon un rituel qui se passait à un mois. L'enfant de les bras de sa mère sortait de cette obscurité, au moment où l'aube allait poindre, toute la famille était là et toute la tribu, avec la mère, le père ... Et on attendait le lever du soleil avec des chants rituels. Quand le soleil se montrait, on présentait l'enfant à la /lumière ... Il apercevait donc la lumière du jour avec un lever du soleil, en même temps que se célébrait le rite de la nomination. Et c'est à partir de là qu'il vivait selon le rythme diurne des adultes qui distinguent le jour et la nuit. Jusqu'à cette date, il était resté dans la pénombre, et les anciens disent que les yeux des bébés sont trop fragiles pour voir la lumière avant un mois. Alors, la lumière leur était donnée en même temps que leur nom. /376

▸ En plus de cet accueil symbolique au monde, il y a économie d'agression: le choc de la naissance est atténué. En Inde, on préserve aussi les nouveau-nés de l'éblouissement violent. /377-378

▸ Certaines sociétés anciennes font appel à la puissance du verbe pour saluer la venue au monde des enfants. Ce qui est le plus remarquable c'est que la phrase rituelle, l'invocation est adressé au bébé lui-même, admis dans la communauté comme un être unique, interpellé et identifié dans sa filiation et son appartenance ethnique. Ce rite de la naissance est présent en particulier dans le Pacifique, du Japon à l'île de Pâques. /378

▸ Dans les cliniques où l'accouchement sans violence est mis en pratique, le père comme la mère, en lui parlant, reconnaissent le petit homme qui vient au monde comme un être de langage. /379

▸ C'est vraiment cela, la prévention de la violence: c'est mettre des mots, des mots qui justifient les comportements des deux enfants et les leurs expliquent; l'angoisse disparaît. /380

▸ Cette prévention de la violence est à mettre en oeuvre dès l'âge du tout petit. /380

▸ La père devrait, avant d'être le représentant de la loi, être aux yeux de l'enfant représentant du désir adulte pour une femme adulte. Hélas, trop souvent, dans leur langage de couple, les maris disent 'maman' quand ils parlent de leur épouse devant les enfants, et les mères 'papa' en parlant de leur mari comme de leur propre père. C'est une expression de la carence paternelle si le père n'apparaît plus comme l'aimant de la mère, comme responsable du couple. Il s'agit de donner à l'enfant l'image d'une couple de désirants vivants et non pas seulement d'associés utilisateurs du même espace. /382

Published by Sirius-C Media Galaxy LLC, 2010

▸ L'autisme, en fait, cela n'existe pas à la naissance. Il est fabriqué. C'est un processus réactionnel d'adaptation à une épreuve touchant l'identité de l'enfant. Un état traumatisant qui fait perdre au bébé la relation affective et symbolique à la mère ou empêche son établissement sensoriel. C'est induit générale-ment soit les premiers jours de la vie, soit entre quatre et dix mois; ce n'est pas du tout congénital. /386

▸ Je ne crois pas aux psychotiques. Je veux dire à la 'fatali-té' de ces états. Pour moi, ce sont des enfants précoces à qui on ne parle pas de ce qui les concerne. ça peut se passer dans les premiers jours, à la maternité, quand on ne parle pas à l'enfant, par exemple, de l'angoisse de sa mère à accoucher un enfant sans père, ou qu'elle ne lui dit pas que sa famille ne voudra pas de lui, ou qu'elle voulait une fille et que c'est un garçon ou qu'elle a tel ou tel souci majeur étranger à lui qui l'obsède. /386

▸ [Régression des psychotiques] C'est pour ça qu'il faut que le thérapeute soit avec eux uniquement dans la pa-role, et pas du tout dans le toucher. /387

▸ Chez un enfant, c'est vécu dans le corps même. Sa mère ou la personne connue de lui le quitte, sa souffrance s'exprime par une bronchite, une rhinopharyngite; il dit 'merde' par le nez, par les poumons, par le cavum. /387-388

▸ Un être humain, c'est un humain dès le premier jour, donc c'est un être de parole dès le début. /389-390.

▸ Tous les autistes sont surdoués pour la relation humaine et pourtant ils sont dans un désert de communication. /391

▸ L'autisme n'existe pas chez les animaux. C'est une ma-ladie spécifique à l'être humain. Il y a rarement d'autisme, et encore il est tardif (après le sevrage), chez les enfants qui ont été nourris au sein. Par contre, il est plus fréquent chez ceux dont la mère a calé le biberon dans les plis de l'oreiller et laissé le bébé boire tout seul. ... Ainsi, la mère pour ces bébés pendant les tétées, c'est peut-être le plafond; le père, peut-être la tétine qui sert de pénis. ... L'enfant devient chose, parce qu'il est soigné comme une chose, par les personnes qui le manipulent comme une chose. /391

▸ Les autistes vivent. Parfaitement sains, enfants, le plus souvent/ sans aucune maladie, ils sont superbes. Mais, en grandissant, peu à peu, ils prennent des attitudes courbées, ils ne marchent plus verticaux, ils sont comme des loups qui cherchent à manger, ou qui cherchent, quand ce sont des hommes, à pénétrer n'importe qui, à obtenir n'importe quoi. Ils sont en manque permanent; ils violent ... On les ségrègue de plus en plus. Ce sont ceux qui, adultes, dépourvus de sens critique, confondent désir et besoin, font des meurtriers, des violeurs irresponsables, comme M. le Maudit. /391

▸ Les autistes ne savent pas qui ils sont. Leur corps n'est pas le leur. Leur esprit est on ne sait où. Leur être au monde est codé dans la mort au lieu d'être codé dans la vie. Ils sont morts quant à la relation à la réalité des autres, mais ils sont très vivants par rapport à on ne sait quoi d'indicible imaginaire. /391-392

▸ L'enfant autiste est télépathe. J'ai l'exemple d'une petite fille autiste de cinq ou six ans. Sa mère me racontait que lors-qu'elle voyageait avec elle dans le train, c'était intolérable parce que cette enfant parlait toute seule, et elle disait la vérité des gens qui étaient dans le compartiment ... Une fois, une voisine disait à sa mère: 'Je vais à Paris voir mon mari... ', et l'enfant coupait: 'C'est pas vrai, c'est pas son mari, c'est un monsieur que son mari connaît pas... ' Elle parlait avec une voix bizarre, sans

poser son regard, dans un habitus de somnambule.'
/392

▶ [La Maison Verte] Elle oeuvre pour la prévention du sevrage, ce qui est la même chose que la prévention de la violence et, par là, des drames sociaux. /396

▶ L'éducation sphinctérienne précoce est tout à fait nocive. /396

▶ Avant 30 mois, aucun enfant n'est prêt pour la propreté 'naturelle', tout au moins sans accidents dans la culotte, ni pour le rythme horaire de l'école. /397

▶ A partir de 2 ans, les enfants qui restent à la crèche se puérilisent parce qu'il n'y a là que des petits et des femmes pour les encadrer, et même s'il y a des éducatrices, elles savent rarement parler vrai aux enfants de ce qui les intéresse. Elles visent à les initier à des manipulations, des chansons mais dans des activités dirigées … dirigées! hélas! déjà. /397

▶ Ce serait tout différent si, au lieu d'éducatrices, on imposait des hommes à plein temps associés aux femmes pour s'occuper des enfants. Qu'on les appelle comme on voudra! ni psy, ni éducateurs, ni animateurs, mais pourquoi pas des tontis, puisque les maternantes sont des tatis! /397

PSYCHANALYSE ET PÉDIATRIE

Paris: Seuil, 1971

By Françoise Dolto

Review

Psychanalyse et Pédiatrie is truly a revealing book about pediatrics from the perspective of a child psychoanalyst, and not a general psychoanalyst, but from the pulpit of the one single genius who has pioneered into *establishing child psychoanalysis* in human psychoanalytical history.

Dolto's *academic and professional authority* on child psychoanalysis cannot be ignored, as abstruse or queer as it may come over to the non-initiated reader. Dolto was not harmless in that sense, and I would say she was *harmful* in another sense, as she destroyed our *natural innocence* in matters of child sexuality. In this respect a strict Freud follower, she promoted the knowledge about child sexuality as a *concise, hermetic, professional knowledge* that is not accessible to the lay person, subtly suggesting people except psychoanalysts being 'inadequate' for understanding the very complexity of it, the very importance of it, and the very political explosiveness of it. And yet, many mistake Dolto's position on child sexuality as permissiveness, subtly suggesting that she was indeed permissive to grant the child their pleasure; the truth is that Dolto was not permissive at all! The word she most used in her publications, and I can prove this statistically, is the word *castration!*

Castration is a highly violent term that suggests the cutting off of the male sexual organ or the *infibulation* of the female sexual organ, the latter often also being called *clitoridectomy*. While psychoanalysis of course claims to use a mythical or metaphorical vocabulary, that is thus not to be taken literally, this vocabulary becomes strangely real when it goes to take a governmental measure that will affect the long-term destiny of a child or a family. Then you will see that this science of psychoanalysis actually exerts *much social power* in that it can put people, not only adults, but also children, in jail.

The children's jails are cutely called 'educational rehabilitation' centers, but their regulating principles are the same

Published by Sirius-C Media Galaxy LLC, 2010

as those of jails for adults. With the difference only that no constitutional principles have ever been applied for children's jails, contrary to jails for adults. And this shows, more than anything else, the true attitude of *Oedipal Culture* toward children, as it shows the devil's face of this matter called *child protection*.[8]

Françoise Dolto is very outspoken about the benefits of

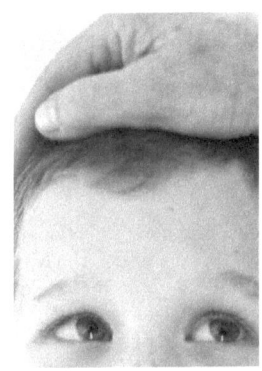

masturbation but we are not set in the world to masturbate, *but to copulate.* We are not set in the world to *engage in endless autoerotic self-satisfaction,* but for embracing others lovingly. *Child development, as a whole, today cunningly cheats about this fact and relegates the child to eternal masturbation in the name of their own best.*

Children are encouraged to develop the habit of masturbation, instead of learning to make love with another human, which is the real, and natural, form of loving sexual embrace.

What a split paradigm this is! The child is encouraged to be auto-erotic and to develop erotic fixations upon their parents, but violently, and with all police power in modern society, taken off from engaging in what is most natural: to embrace others lovingly, others who are not incestuous objects, and thus peer children and adults other than their parents.

This child-rearing paradigm, whatever Dolto and others had to say about it, is perverse in my view, as it really puts life upside down in the name of culture, morality or whatever other fake arguments.

Dolto encourages professionals to take note of the child's sexuality in order to better serve the child, but what is this service about down the road? To transform loving children into egoistic masturbators and incestuously fixated morons?

The *functional organic troubles* she mentions in the quote are often the result of love prohibitions, not prohibitions to masturbate, but prohibitions to have real love relations outside of the family, and to have the basic freedom to build such love relations in the first place.

Françoise Dolto

All those who study behavior problems, functional organic troubles, the educators, the doctors in the true sense of the term, must have notions about the role of libidinal life and know that sexual education is the grain for the social adaptation of the individual./63

It is of course true what in the following quote Dolto says about the effects of prohibiting masturbation. But the trick is that the reverse argumentation is not per se correct. To allow masturbation does *not* mean to per se give the child *real freedom for love.* This is the logic error here, and here is where society cheats the child and argues from an irrational and mystical position that is not factually verifiable. The prototype example for this mysticism is where society or psychoanalysis – and here they lovingly coincide in their spanking the consumer child – speak about *pedophilia* when the question is not about giving pedophiles their right, but giving children their right to love adults. These are two different matters, do what

Published by Sirius-C Media Galaxy LLC, 2010

you will, but they are thrown in one pot and judged as one and the same thing. Here is exactly *where the trail of lies begins* that goes through this society like a black Ariadne thread.

Françoise Dolto

To prohibit the child to masturbate and sexual curiosity means to force the child to pay unnecessary attention to activities and which normally, before puberty, are unconscious or preconscious. (...) Developing consciousness prematurely in an atmosphere of guilt does great harm to the development of the child because it deprives the child of ways to use their vital energies (libido) that is inherent in those spontaneous activities. Psychically healthy children who have mastered the genital stage are toilet-trained, graceful in their body and dexterous with their hands, they talk well, listen and observe a lot, like to imitate what they see others doing, ask questions and expect truthful answers, and when they don't receive them, begin to make up magical explanations. /66

The truth is that normal masturbation does not at all fatigue the child, but appeases the phallic vital tension of which give his erections ample evidence. Masturbation provides the child with physiological and affective relaxation which does not equal in intensity the orgasm of an adult as there is no ejaculation (...). /70

Of course, it goes without saying that for those who are against children being autoerotic, Dolto's ideas about child masturbation must sound revolutionary. But from the background of the larger picture that I am trying to paint here, masturbation, while it's good of course and while many children need it just for getting rid of their surplus bioenergetic charge, is not the real thing what the child needs and asks for.

To repeat it, we are born to learn copulating, not masturbating, and what children should learn instead of becoming proud masturbators is to become *humble partners in a real sexual embrace* where set and setting are correct, and where there is mutual respect, dignity, love and acceptance. But as this is according to Freud against our culture, psychoanalysts follow their master in this greatest myth of all myths that Freud created when erecting the doctrine of the *Oedipus Complex* into a cultural temple. It's simply not true what Freud said here. It may be against our tradition to eventually accept the child's full sexual freedom, but *every culture can change, and only when it's in constant change, it's alive.*

A culture that never changes is a dead culture, and thus a no-culture. In truth, what Freud ordained here as some kind of cultural imperative was a command to uphold patriarchy, and so he was not that *progressive child-loving psychoanalyst* that history has made out of him, but a reactionary!

And the advice that Dolto gives to parents for the child who is found to masturbate often is equally ambiguous, and suspiciously on the line of Freud's cultural reasoning.

She argues such a child would have to be *initiated*. And until here I agree. But she continues that such a child has to be initiated into superior activities, which 'require a higher mental level than those usually reserved for children of that age.'

Published by Sirius-C Media Galaxy LLC, 2010

Françoise Dolto

[W]hen you see a child masturbating often, a child who is normal, you can be certain it's a gifted child that should be initiated into superior activities, which require a higher mental level than those usually reserved for children of that age. But even more often, it's a neurotic child for whom masturbation has become an obsessional habit. Such a child must be given treatment, not punishment. To intimidate the child, or even prohibit masturbation will impair the development of the child; in case the child obeys the prohibition he will become dull and insensitive, and if he does not obey he will become instable, angry, undisciplined and revolted. Neither of this is intended to be brought about by the adults who react in those ways; but this is what adults are doing to children, without knowing what they are doing./74

So that means a child who is longing for stronger sexual fulfillment than that of masturbation has to receive a *boost of their intellect*. That is really giving a child a pear who asks for an apple! This is how little princes are transformed into ugly frogs, by our witch doctor psychoanalysis.

What such a child naturally wants is to be initiated into loving copulation, as in masturbation, as my research on bio-energy clearly shows, the vital energy level is well brought to a new balance through orgasm, but that is not all there is in sexual love. What is perhaps even more essential than the sexual abreaction is the tactile experience of two nude bodies being close in excitation for a while, which results in a high-level exchange of bioelectricity and emotional flow which is like feeding our internal batteries, strengthening our immune system and working counter to the aging process.

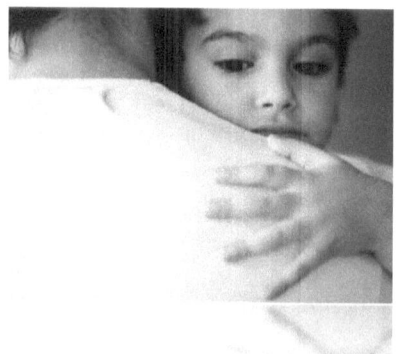

Beyond that, when there is actual penetration, the *natural lubrification* of both penis and mouth, vagina or anus that are being united in the loving embrace, when this is physically possible without harm, provides *high ionization of the body electrics* so that the exchange of *yin and yang* for both partners is even further enhanced.

To call such an approach an 'outflow of esoteric sexual Tantra', and being valid only for adult-adult sexual contacts

Published by Sirius-C Media Galaxy LLC, 2010

is typical for Western reductionist thinking. These insights have been valid for thousands of years not only in ancient India but in most traditional cultures, and were applied to marriages with virgin girls who today would be qualified as minors or children.

From this larger picture that I tried to paint here, the Freudian 'revolution' of so-called infantile sexuality sounds like a bad joke, if it was not a bad trick, and actually a big lie and a *real enslavement of the child in the name of a dead culture* that knows only to consume, but not to live and to love and re-spectfully embrace.

Irina Ionesco, The Offering

Of course, what Dolto reasons here about the develop-ment of the rational mind is all true; it's genitality that brings about the objective mind. But our society is not a group of genitally developed individuals, which is why it is so deeply irrational and mystical, and so little responsible. Our society is one of anally fixated fabulators who are caught in the trap of mysticism that they call, in their madness, science or psychoanalysis. To take an ideological and normative system such as psychoanalysis as the *ultimate truth about life* or childhood is about the greatest madness I have ever heard about in my life.

What Dolto says in the following quotes is valid even more for *real genital cultures* such as the Trobriand islands where children learn to copulate from early age, and not, as in our culture, to become virtuous masturbators and pleasing night-cushions for their parents. But the difference is that they do not need the whole of the Oedipal construct, with its detour to arrive at genitality and heterosexuality via homosexuality, simply because they give real freedom to their children, and real sexuality, not an upside-down form of it. And that is why the outcome is real heterosexuality, and not, as in our culture, fake heterosexuality.

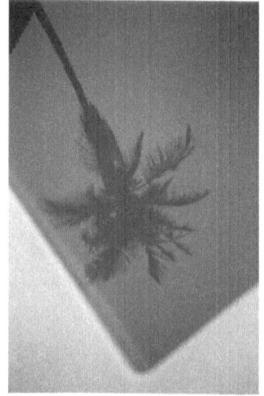

Françoise Dolto

It is only after the liquidation of the Oedipus that thought can be put at the service of so-called altruistic sexuality, which means that seeking narcissistic satisfactions must have been overcome, without however invalidating those satisfactions./54

In the genital state, thought is characterized by common sense, prudence, and objective observation. It's what we call rational thought./54

My criticism of Dolto, as I was on good terms with her and exchanged with her for a while, may sound strange and exaggerated, but it is not in any way directed against her personally. I am speaking here about the perversity of *the whole of psychoanalysis,* the whole theater and comedy it represents, the grotesque family scenarios it plans and puts on stage, and the whole abstruse worldview it embodies.

What Dolto explains in the following quotes is certainly true, sadly true, as it exactly shows the shadow side of the whole of the Oedipal construct, and what it results in when the boy does not make it to liquidate his Oedipus, as psychoanalysts express it. And yes, the problem is more stringent with boys than with girls, for reasons we do not yet fully understand, but it has been argued by many that men generally are psychically more fragile than women.

Françoise Dolto

There are boys who stay lovingly fixated upon their mothers; their behavior is characterized by the fact that they do not attempt to 'seduce' any other woman. If the father is alive, the two men are constantly disputing, for the fact that the boy does not detach himself from his mother and searches out other love and sex objects proves that the boy has not liquidated - in a friendship of equality with his father - his pre-oedipal homosexuality. He will therefore prepare for getting 'in trouble' with his father through his difficult and provocative behavior./88

When the father has left and the boy 'dedicates himself' to his mother, this behavior can be accompanied by real social sublimations, which are associated with the activities derived from the repression of genital and procreative sexuality, but this boy cannot behave sexually and affectively like an adult. He suffers from inferiority feelings toward men that he unconsciously identifies with his father; he can also be a hyper-genital who is always avid to get new sex partners toward whom he will never build real attachment, but he will show impotent in relations with any woman he really loves, because this is associated in his unconscious with the tabooed incestuous object. /88-89

This is how the superego of the boy becomes very early rigid (…); the reason for this is the necessity to repress the heterosexual desire in the 'maternal sphere'. /89

The fixation on a parent, especially the mother, beyond the natural mother-infant symbiosis, and thus until the age of 18 months, is pathological and it brings about a clear reduc-

Published by Sirius-C Media Galaxy LLC, 2010

tion of intelligence because of the entanglement of the vital energies of parent and child.

This is particularly true, as Dolto, points it out, in the mother-son relation, and less in the father-daughter relation because the mother-matrix has naturally a greater attraction power for the child than the father-spermgiver.

When mothers do not encourage their children to *develop autonomy*, they are on the best way to entangle their children in a *co-dependence* where the parent is the winner and the child the loser, and where the child, in most cases without parent and child being really conscious of that, becomes the ersatz-mate for the parent. While this mating is in most cases not sexual, the consequences of *mother-son co-dependence* are devastating.

I talk about *emotional abuse* in cases where the parent has received clear signals from the child for being granted more freedom and autonomy, but does repeatedly not comply with this request, or even actively cuts down or prohibits love and erotic relations of the child with persons outside of the family, whatever their age.

Last not least, it doesn't come as a surprise when Dolto categorically judges perverse behavior and social delinquency as the result of a non-liquidated Oedipus, or one that is not yet liquidated.

Françoise Dolto

> [P]erverse behavior or social delinquents, both are the result of a non-liquidated Oedipus, or a not yet liquidated one. / 130

It is not surprising because it shows how devastating the Oedipal construct is at the end of the day, together with all the cultural weed that has grown around it. This insight, that is shared by most psychoanalysts and psychiatrists is not the real bomb; the real bomb is the fact that our society *tolerates psychiatric nonsense that perverts our children into potential violent perpetrators,* using a construct for the psychosexual growth of our children that is anti-life, dysfunctional, dangerous and unnatural. There must be an awakening one day, and perhaps a movement is to be created that is similar to antipsychiatry in that it clearly unveils the social utilitarianism of Oedipal culture's child development paradigm because what it creates is not psychic health and responsible citizens but *emotional and sexual cripples* and a horde of silent anarchists who, while paying lip service to order and morality, are in fact rapists because they have never ever learnt to copulate and embrace another in love when they were young and still open for sexual learning. It's exactly this denial of real child sexuality in

Published by Sirius-C Media Galaxy LLC, 2010

the form of an *active involvement of children in love relations outside of the family*, that renders our culture so outright false, morally corrupt, violent and destructive.

And what we get from the pulpit of psychoanalysis here is but reject and denial, a false, jovial and grinning permissiveness which is an outright betrayal of the child, together with cathedral lectures from a blown-up patriarchal superego incarnated in women like Dolto, who speak 'the rude truth in all ways', to paraphrase Emerson.

Only that contrary to Emerson, this truth does not liberate, but enchains our children in even more co-dependence, even more emotional abuse and even more murderous fascist ideologies to come from this soil of a *deeply perverted psychosexual base structure*, which is the rotten foundation of our culture.

Quotes

▸ Absorber l'objet, participer de lui, entraîne le plaisir d'avoir, qui se confond pour le nourrisson avec le plaisir d'être. /30

▸ Sevrage normal: commencer entre 4 et 5 mois, progressif et lent, s'achevant entre 7 et 8 mois au plus tard. /30, note 2.

▸ Problème du sevrage trop brusque ressenti, par l'enfant, comme une punition pour le plaisir. /31

▸ Sociétés chrétiennes, homosexualité (surmoi anal homosexuel). /37

▸ Dans d'autres occasions semblables à celles dont il a l'expérience, 'être sage' consistera à choisir l'action conforme à ce qu'il sait des desiderata de l'adulte qui peut pervertir l'éthique de l'enfant chez qui sage peut signifier passif, immobile, sans curiosités. /39

▸ Ce n'est qu'avec la liquidation du complexe d'Œdipe, que la pensée peut se mettre au service de la sexualité dite oblative, c'est-à-dire dépassant la recherche de satisfactions narcissiques sans les infirmer cependant./ 54

▸ Au stade génital la pensée est caractérisé par le bon sens, la prudence, l'objectivité d'observation. C'est la pensée rationnelle. /54

▸ L'objectivité vers laquelle tendra l'individu sera d'apprécier toute chose, tout affect, tout être, et soi-même, à la juste valeur, c'est-à-dire la valeur intrinsèque, sans perdre de vue la valeur relative par rapport aux autres êtres. Le sujet ne s'approchera au maximum de cette objectivité totale qu'il /a, d'une part, liquidé en lui les

Published by Sirius-C Media Galaxy LLC, 2010

conflits névrotiques, et que si d'autre part il n'a pas gardé dans son inconscient des noyaux de fixation archaïque. /45-55

▶ La santé sexuelle ne se mesure pas à l'activité érotique physiologique de l'individu, celle-ci n'est qu'un des aspects de sa vie sexuelle. L'autre, c'est son comportement affectif vis-à-vis de l'objet d'aimance qui se traduit en l'absence de celui-ci par des fantasmes où il intervient. /57

▶ C'est pourquoi, tous ceux qui s'occupent des troubles du comportement, de troubles fonctionnels organiques, les éducateurs, les 'médecins' au vrai sens du terme, doivent avoir des notions sur le rôle de la vie libidinale et savoir que l'éducation de la sexualité est le levain de l'adaptation de l'individu à la société. /63

▶ Interdire à l'enfant la masturbation et les curiosités sexuelles spontanées, c'est l'obliger à prêter une attention inutile à des activités et des sentiments qui sont normalement, avant la puberté, inconscients ou préconscients. C'est une évidence morale, (et même un lieu commun théologique, preuve en est la notion "âge de raison") que certains comportements n'ont pas la même signification pour l'adulte et pour le jeune enfant. Une prise de conscience prématurée dans une atmosphère de culpabilité est grandement préjudiciable au développement de l'enfant, car elle prive du droit à utiliser autrement, sur le plan génital, la libido inconsciemment enclose dans ces activités spontanées. L'enfant psychiquement sain arrivé au stade phallique possède la maîtrise de ses besoins, est adroit de son corps et habile de ses mains, il parle bien, écoute et observe beaucoup, aime imiter ce qu'il voit faire, pose des questions, attend des réponses justes à défaut desquelles il fabule des explications magiques. /66

▶ D'ailleurs, la sévérité vis-à-vis de la masturbation infantile est le fait de ceux qui ont un Sur-Moi archaïque, de stade anal et qui, encore farouchement appliqués à refouler pour eux-mêmes l'hédonisme excrémentiel, refusent d'en connaître aucun autre. Ils disent vrai "pour eux" quand ils trouvent la masturbation laide ou sale, alors qu'un Sur-Moi génital ne la juge qu'imparfaite et insatisfaisante. Cela explique pourquoi / les femmes frigides sont la plupart du temps des constipées opiniâtres et pourquoi, dans la santé de leurs enfants, leur intérêt est centré sur le fonctionnement intestinal. /69-70

▶ La vérité, c'est que la masturbation normale, loin de fatiguer l'enfant, apaise la tension libidinale phallique qu'il ressent et dont les érections font preuve. Elle apporte à l'enfant une détente physio-affective qui n'atteint pas en intensité l'orgasme de l'adulte puisqu'il n'y a pas d'éjaculation, mais qui est un apaisement psychique et physique, tant qu'à ses fantasmes masturbatoires il ne se même point l'idée désobéissance coupable ou d'un danger menaçant. /70

▶ C'est pourquoi, à l'époque oedipienne, le respect de la masturbation est capital: c'est pourquoi sa suppression imposée avant que l'enfant n'ait fait intérieurement le travail affectif personnel et inconscient du renoncement aux objets incestueux, entrave son adaptation ultérieure plus ou moins totalement. /70

▶ Le seul argument valable qu'il soit relationnel d'employer, c'est la pudeur, si l'enfant se masturbe trop ostensiblement en public, ce qui est assez rare. /71

▶ Que la masturbation soit ostensible ou cachée, ce qui importe c'est que l'adulte ne s'y oppose, ni totalement, ni au nom de principes faux, pour que soit préservé l'avenir affectif de l'enfant. /71

Published by Sirius-C Media Galaxy LLC, 2010

▸ Il en découle que, chez un enfant qu'on surprend fréquemment en train de se masturber, il s'agit, dans le cas où il est 'normal', d'un enfant de caractère exceptionnellement doué et qu'on devrait initier à des occupations supérieures en force ou en niveau mental à celles réservées aux enfants de son âge. Mais beaucoup plus habituellement, il s'agit d'un enfant déjà névrosé, dont la masturbation est devenue un besoin obsédant. Cet enfant est à soigner et non à gronder. Des moyens d'intimidation, visant à interdire la masturbation - au cas où il y obéit, inhiberont son développement (peu à peu, il prendra l'air 'abruti'), et, s'il n'y obéit pas, ils en feront un instable, un coléreux, indiscipliné, révolté. Ni l'une ni l'autre de ces éventualités ne sont, croyons-nous, le résultat que cherche l'adulte; c'est pourtant malheureusement ce qu'il obtient, et qu'il a, sans le savoir, tout fait pour obtenir. / 74

▸ Il y a des garçons qui restent fixés amoureusement à leur mère; leur comportement est caractérisé par le fait qu'ils ne cherchent à 'séduire' activement aucune femme. Si le père est vivant, les deux hommes sont en disputes continuelles, car le fait de n'avoir pu se détacher de sa mère pour aller vers d'autres objets d'amour affectifs et sexuels, prouve que le garçon n'a pas sublimé – dans l'amitié d'égal à égal pour son père – son homosexualité pré-œdipienne. Il est donc inconsciemment déterminé à se "faire battre" par son père dans des altercations qu'il recherche. / 74

▸ Quand le père n'est plus là et que le garçon se 'consacre' à sa mère, ce comportement peut s'accompagner de réelles sublimations sociales, en rapport avec les activités dérivées du refoulement de la sexualité génitale et prégénitale, mais ce garçon ne peut pas se comporter sexuellement et affectivement comme un adulte. Il souffre de sentiments d'infériorité vis-à-vis des hommes qu'il identifie inconsciemment à son père; il peut être un hypergénital toujours avide de nouvelles partenaires envers lesquelles il n'éprouve aucun attachement réel, mais il se montre impuissant dans les tentatives de coït avec toute femme qu'il aime sentimentalement, car elle est associée dans son inconscient à l'objet incestueux tabou. /88-89

▶ Voilà pourquoi le Sur-Moi, chez le garçon, prend très tôt une grande rigueur [Note: Là réside, nous le verrons, une grande différence avec la structure de la femme; elle découle du fait que celle-ci a pour tout premier objet d'amour un être du même sexe; nous verrons que cela ne sera pas sans comporter d'autres difficultés: la fréquence de l'homosexualité féminine latente]; cela est dû à la nécessité, vitale pour la virilité, de refouler les pulsions hétérosexuelles visant à l'érotisme phallique dans la 'sphère' maternelle. /89

▶ L'attitude d'homosexualité sublimée, et non refoulée, est l'attitude d'égal sexuel et social à l'égard des individus (parents ou autres) du même sexe que soi. Cela implique l'amitié réelle pour les deux parents, basée sur une estime objective, la tendresse s'ils s'y répondent, en tout cas la même sympathie à priori, vis-à-vis d'eux que vis-à-vis d'autres. /92

▶ Les garçons qui ne liquident pas leur complexe d'Œdipe n'arrivent pas à juger leur père tel qu'il est, avec ses défauts et ses qualités, tout en l'aimant, sans réveiller l'angoisse du Sur-Moi castrateur. /93

▶ Cette liquidation complète du conflit oedipien, qui libère la sexualité du garçon jusque dans l'inconscient, s'accompagne d'un détachement [des parents]. Ce n'est ni une protestation consciente contre l'un des parents, ou contre les deux, ni une destruction ('brûler ce qu'on a adoré'), c'est aller plus loin dans son développement avec les mêmes énergies libidinales qui ont servi à investir les objets qu'on/ abandonne, c'est donc 'faire son deuil', accepter la mort intérieure d'un passé révolu au nom d'un présent aussi riche que lui, sinon plus, en satisfactions libidinales, et d'un avenir plein de promesses. /93-94

▸ Cliniquement, cette liquidation du complexe d'Œdipe se traduit par une comportement social, familial, scolaire et ludique, caractéristique d'une bonne adaptation, par un état "nerveux" normal, sans instabilité, sans angoisses, sans cauchemars ni terreurs nocturnes, et par la disparition complète de toute curiosité, préoccupation et activité sexuelles solitaires. La vie affective du garçon se passe surtout en dehors de la famille. Il n'y a pas de conflits marqués avec le père ni avec la mère. /94

▸ L'interdiction systématique par la moquerie ou les 'raisonnements' des rêveries enfantines de toute-puissance peuvent jouer le même rôle castrateur que des menaces de mutilations sexuelles. Si l'enfant a besoin de s'imaginer puissant pour compenser son infériorité ce n'est pas en lui supprimant artificiellement cette compensation, ou son extériorisation, qu'on l'aidera; c'est en lui permettant de conquérir dans la réalité de petits triomphes qu'on valorise. /96

▸ Plus tard, sur le plan de toutes les activités intellectuelles et sociales, le complexe de castration entrera en jeu; l'intérêt de l'enfant découle de sa curiosité sexuelle et de son ambition à égaler son père, curiosité et ambition coupables tant que le complexe d'Œdipe n'est pas liquidé. /96

▸ Dans le domaine scolaire surtout, on verra des inhibitions au travail; le garçon deviendra incapable de fixer son attention. C'est l'instabilité de l'écolier, si fréquente, et source pour lui de tant de remontrances. /96

▸ Le calcul, particulièrement, lui paraîtra difficile; le calcul étant associé dans l'inconscient aux 'rapports' (ressemblance, différence, supériorité, égalité, infériorité) - aux problèmes quels qu'ils soient - et l'orthographe associée à 'l'observation', grâce à laquelle on 'voit' clair (…), sur les rapports entre les mots.' /97

▸ Mais chez tous les enfants on trouvera un puérilisme marqué, une persistance du comportement affectif (agressif ou câlin) infantile, un manque d'indépendance ou au contraire, indépendance d'instable ou d'agressif insoumis, … /97

▸ Chez tous ces enfants, la masturbation est une 'préoccupation', soit qu'ils se cachent pour la pratiquer, soit qu'ils résistent à la 'tentation'. Leur érotisme fixé sur eux-mêmes, leur affectivité bloquée dans des conflits à l'intérieur de la famille, signent de névrose. /98

▸ On peut dire qu'au stade oral, et au stade anal, le Moi est 'neutre'; n'étant pas encore capable d'objectivité, l'enfant projette sur le monde extérieur ses propres émois, ses propres pulsions, sa propre manière de penser et d'être. L'adulte est / conçu comme génitalement indifférencié, parce que l'enfant ne connaît pas encore les caractéristiques morphologiques des sexes. /99-100

▸ Au stade phallique, la fille découvre qu'il y a des enfants munis d'un 'machin' qu'elle n'a pas. C'est vers 3 ans 1/2. /101

▸ Il est rare que la fillette ne passe point par une période d'exhibitionnisme, elle soulève ses jupes et elle veut se montrer nue, pour que tous l'admirent. Comme si le fait d'être admirée lui permettait de l'identifier à ceux qui la regardent. S'ils regardent sans l'étonner, c'est qu'il y a quelque chose à "voir", le sexe d'un garçon. Si la fille exhibe 'rien', c'est sa manière de "nier quelle n'a rien'. /102

▸ Le désinvestissement de la zone érogène phallique ne peut se faire chez la fille sans compensation. En effet, l'abandon de la masturbation clitoridienne s'accompagne d'un déplacement sur le visage et sur le corps entier de l'intérêt autrefois apporté au clitoris. Alors apparaît, très marqué chez la fille, l'amour de la parure, des coiffures, des rubans, des couronnes, des fleurs dans les cheveux, des bijoux dont on se pare pour compenser inconsciemment le phallus abandonné consciemment. / 104

▸ Ce désir de plaire qui lui apporte des satisfactions d'amour-propre et lui permet de renoncer aux prérogatives phalliques, la réconcilie en même temps avec le sexe masculin. Elle / renonce à trouver les garçons 'méchants' parce qu'elle avait envie de les châtrer ou de les faire châtrer par sa mère (en 'rapportant'); elle reprend confiance en elle et peut alors se dire que les garçons et les papas la feront profiter de leur force. Elle essaie alors de les conquérir et c'est le début de la situation oedipienne, sans rien de conflictuel encore. C'est par envie du pénis que la fille va vers les hommes et pour capter l'admiration de ceux qu'elle estime supérieurs et attrayants pour sa mère. / 104-105

▸ Il est de toute importance que la fille fasse 'son deuil' de ses fantasmes masturbatoires clitoridiens, de l'ambition du phallus qu'ils cachent, et qu'elle admette définitivement sans amertume de n'avoir pas été un garçon. Sinon, elle pourra bien refouler, au nom des interdits de son Sur-Moi, la sexualité phallique, mais restera toujours un être à sensibilité douloureuse, susceptible, prête à souffrir de sentiments de culpabilité et de sentiments cuisants d'infériorité joints à une ambivalence dans l'affectivité qui ne lui permettra jamais un moment de détente apaisée. / 105

▸ Ainsi chez les jeunes gens qui n'ont pas liquidé leur complexe d'Œdipe normal, mais qui l'ont refoulé au nom d'un complexe de castration trop fort, on trouve des manifestations homo-sexuelles latentes, inconscientes. / 128

▶ … comportements pervers sexuels ou délinquants sociaux, tous deux signes d'un complexe d'Œdipe non amorcé, en tout cas non encore liquidé. / 130

Published by Sirius-C Media Galaxy LLC, 2010

SÉMINAIRE DE PSYCHANALYSE D'ENFANTS

TOME 1

Paris: Seuil, 1982

By Françoise Dolto

Review

I shall discuss a few clear topics from this volume, as it's simply too much for a book review, so much the more as the audience is professionals and some of the subjects are *not intelligible for lay readers* without concise notions of Freudian psychoanalysis.

The first topic of general interest that I have chosen for this review is the fact that in our Western society, children are trained for the most part only intellectually, while their feelings, emotions and their sexual longings are simply denied, or treated as if they did not exist. It's as if the child consisted only of a left brain hemisphere, and no body.

Published by Sirius-C Media Galaxy LLC, 2010

Our education addresses the *child as a thinker*, not the child as a feeling being, and thereby breeds the fragmented child, not the whole child. It's a sick education, to be true, that is *highly fragmented* and that is bestowed upon children, for the most part, by persons who have besides a diploma in pedagogy nothing in their brain and hearts that really is conducive to giving children an appropriate education.

And what is most lacking in them is desire, the desire for children, which is an erotic desire! Those, namely, who are conscious of it, feel guilty about it and will never ever mention it to anybody because they are afraid of being fired the next day!

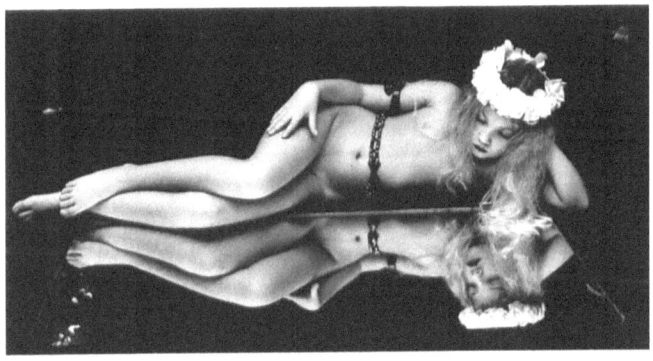

Irina Ionesco, Eva

This is how it is in our child prisons that we arrogantly call schools and where not even human rights have been declared while they are applied in prisons for adults! And the part of the child that is least ever considered is what they call in the United States the *private parts*, the 'below the belt', thus dividing the child even more, fragmenting that person even more cruelly and pathologically, in an official part, which is from the belt up, and an unofficial private part, below the belt.

The true meaning of the latter is that it's the animal part. This is how our official body of certified stupidity considers the child, and education, and that's why it does by no means ever educate, but *pervert healthy children into unhealthy citizens.* Boosting the child intellectually as it's done today in modern school *is a form of child abuse* and it will bring about dangerous humans, it will bring about the most dangerous humans ever being born and raised in this world!

Françoise Dolto

I have always said that it is dangerous to transform a child into a huge brain who has the verbal genius of a parrot. This intelligence is purely digestive because in school, only oral and anal capacities are being asked for. A child who enters school without having acquired the genital and oedipal stage will invariably remain infantile on the affective level. Some will even turn into psychotics. But in case they succeed in class, their psychosis will manifest during puberty, because they will live their puberty on a pre-oedipal developmental level, as they have not acquired their true sexual identity. At this point, some become autistic, or develop what is called precocious dementia, or they are driven by anal aggressiveness against their own body. They may be racketed, then, by others because they project their own sexuality into others, for the sole reason that they have never taken responsibility for their own sexual longings. Until then, they were good students and suddenly, their performance in class dramatically drops. But it may also be that they continue to be brilliant, especially those gifted for mathematics, as they

Published by Sirius-C Media Galaxy LLC, 2010

develop only a logical intelligence, which means an anal intelligence that is always binary. True, false, true. But the genital is never true/false: affection is beyond true/false judgments as it's always true in a sense and false in another sense. What is important here is that imagination can be lived and be projected into activities that allow the anal and oral drives to be put at the service of culture. It's in culture that what is repressed can be expressed. All partial pleasure sensations of seeing, listening, touching and playing, and being smart and graceful physically are very important for a child who starts schooling. It's for this reason that I think it's very important to focus on musical education, dance, and the arts in school, rather than dressing up intellectual knowledge. By the same token, it's for this reason that grace is such a big concern in the lives of adolescents, just look at them on their rolling skates. I think this is more important than school for most children: this kind of activities keeps them from becoming heads without bodies. /88-89

The other topic I find is important and that is put in the seminar in very clear terms that also a lay reader can understand, is the question how children *constitute themselves sexually,* in relation to adults, and more particularly, in relation to their parents and teachers. This is most of the time only discussed under the header of the so-called *Oedipus Complex*, but the question is much broader than that. Perhaps I have to explain what the questioner means here, as this may not be obvious to lay readers. The question targets elucidating the Oedipal transfer of the child toward their parents; this erotic transfer or desire manifests namely also in the child-teacher relation, as this relation is a natural prolongation of the tutelary relation. To repeat it, Dolto has emphasized in my interview with her in 1986 that she is very much in favor of children projecting their incestuous wishes toward their parents upon their teachers because that would help avoiding problems with emotional or sexual incest within the family. Thus teachers, in Dolto's view *have to be fully conscious of the erotic transfer children make upon them,* and thereby become something like lightning catchers for the love spears children constantly send out as a matter of their sexual growing-up.

The questioner here seems to be not sure if the latter is permitted by psychoanalysis, and seems to think that when psychoanalysts speak about the Oedipal phase, *only the child's relation with their parents is meant,* and the erotic transfers, on both sides, within this important growth phase of the child.

Dolto corrects the view in emphasizing that child-teacher relations are of the utmost importance, as they are the basis of the insertion of the child within the culture.

Question

Why do many French parents never care about the performance of their children in school? How can these children constitute themselves?

Published by Sirius-C Media Galaxy LLC, 2010

Françoise Dolto

Children constitute themselves regularly in homosexual relationships. Archaic drives continue to be heterosexual or homosexual, with the father or with the mother depending on the sex of the child, but the genital drives are lived only with teachers because only with them the child can bring about a fruit within a relationship of culture and knowledge./98

Quotes

▸ Le fait d'être négativé dans on origine par sa mère fragilise énormément un être humain, puisque c'est en réparant cela qu'on redonne toute sa puissance à un enfant abandonné, par exemple. /18

▸ Un enfant peut mourir parce qu'on ne lui a pas donné sa scène primitive, et donc sa fierté d'être au monde. /18

▸ L'ordre vital du narcissisme primaire est joué dès l'origine et dans les gènes. Notre affaire à nous, psychanalystes, c'est la communication de la vérité de cette scène primitive, qui redonne la force de vivre et de communiquer. /18-19

▸ Un enfant exprime par des gestes, des postures, en dessin, en modelage ou en musique l'image intérieure de son fantasme. Tout être humain symbolise par fantasmes auditifs, gustatifs, olfactifs, tactiles et visuels. Mais il peut les exprimer autrement que par la parole. C'est d'ailleurs ce que font les bébés. /20

▸ Ah, ce qualificatif de mauvais mère. Il a fait beaucoup de mal à la société des psychanalystes. La mauvaise mère n'existe pas. C'est à un niveau social que les bonnes mères projettent qu'il en existe de mauvaises. Mais une mère est une mère, et c'est d'abord son enfant qui l'a faite mère. /21

▸ P.: Les parents du narcissisme primaire sont-ils représentables par le dessin? /21

▸ F.D.: Oui, ils sont représentables par une tourbillon. Le tourbillon, c'est le parent vivant en soi. Pour qu'il y ait un tourbillon, il faut qu'il y ait un axe imaginaire. Le

Published by Sirius-C Media Galaxy LLC, 2010

tourbillon, c'est une dynamique, et un axe, c'est la vie. /21

▸ Ensuite, observez soigneusement l'enfant. Si, par exemple, il se précipite dans la salle et renverse quelque chose, il traduit un désordre intérieur de renversement. Ce n'est pas rien, en effet, de renverser un contenu. Eh bien, c'est cela que vous allez lui traduire. Votre travail consiste à mettre en paroles ce qu'il fait: 'Tu étais pressé de venir, tu renverses un contenu, c'est le panier qui contient des choses, les choses sont par terre ...' . /24

▸ Mais je vous le répète, l'important ce n'est pas du tout le dessin, c'est ce qu'il va en dire. /26

▸ Notre travail consiste toujours à mettre à la disposition de l'enfant des expressions symboliques faciles à comprendre, pour lui permettre de rencontrer d'autres êtres humains avec lesquels échanger et communiquer, ce qui n'est pas le cas avec ceux de son entourage. /28

▸ Dans ces jeux de marchandes, dans ces jeux de complicité, que cherche l'enfant? Il cherche quelqu'un à son niveau. C'est à nous de nous y placer, mais surtout pas d'apporter nos propres fantasmes. Nous devons rester l'analyste qui cherche où l'enfant nie la réalité, ou au contraire, là où il est trop dans la réalité, ce qui lui impose d'être sadique, comme le monde l'est autour de lui. /29

▸ P.: Au fond, comment définiriez-vous notre rôle de psycho-thérapeute d'enfants? /29

▸ F.D.: Notre rôle consiste à justifier le désir qui s'exprime et à chercher ce que l'enfant répète de ce désir qu'il n'a pas pu exprimer au jour le jour avec l'entourage. Nous devons également retrouver les affects entourant les désirs qui se sont refoulés autour d'un Surmoi imposé par l'ambiance éducatrice. Les pulsions de désir dont les affects n'ont pas pu s'exprimer, soit directement, soit de façon détournée, troublant le fonctionnement somatique et idéatoire de l'enfant et provoquent de l'angoisse. /29-30

▸ Mais le psychanalyste ne doit jamais s'occuper de l'éducation d'aujourd'hui, il a toujours affaire aux pulsions du passé, aux images du corps d'autrefois. Le thérapeute est seulement là pour servir au transfert du passé et pour 'catharsiser' le refoulement d'aujourd'hui. /31

▸ Bien sûr, ce n'est pas à la première séance que vous pouvez dire, de votre place, aux parents que leur enfant est leur symptôme. ... Le rôle du psychanalyste est donc de recevoir les parents d'abord. Assez longuement, surtout la première fois. Puis les parents et leur enfant, en laissant s'exprimer les uns et les autres. Enfin, l'enfant, avec alternativement l'un et l'autre de ses parents.' /32

▸ Dernier problème qui mérite de vous être signalé: il peut également arriver au cours d'une cure qu'un enfant vous dise: 'Tu serais ma maman.' Dans ce cas, répondez-lui absolument: 'Ta maman de quand?' Il peut, en effet, transférer la maman de quand il y avait deux ou trois, et pas la maman d'aujourd'hui, puisque tous les jours il a à faire mourir sa mère, puis à la ressusciter le lendemain matin. tout comme lui-même d'ailleurs. La maman du passé est morte. Il peut donc la transférer sur quelqu'un d'autre. Mais celle d'aujourd'hui est vivante, c'est donc avec celle-là qu'il doit se débrouiller. /38

▸ Combien de mères qui viennent d'être ménopausées sont les harpies de leur fille enceinte! Alors la jeune mère se tient le raisonnement suivant: d'une part, ma mère va me servir de nourrice gratuite et en plus elle va s'occuper de l'enfant qui va /la calmer, pendant que moi, je pourrai être tranquille avec mon Jules. /38

▶ On ne peut pas dire que c'est mauvais. Si c'est mis en paroles, ça peut s'arranger. L'enfant en fait son beurre tout les jours d'avoir cette grand-mère, seulement leur relation est érotique. C'est hétéro- ou homosexuel, selon que l'enfant est une fille confiée à sa grand-mère ou à son grand-père. Dans ce dernier cas, c'est une relation incendiaire, érotique, et c'est pour cela que c'est mauvais pour l'enfant. /39-40

▶ La castration, qu'elle concerne les pulsions orales, anales ou génitales, consiste à donner les moyens à un enfant de faire la différence entre l'imaginaire et la réalité autorisée par la loi, et ce, aux différentes étapes précipitées. /45

▶ P.: Comment peut-on repérer qu'un enfant est prêt à recevoir la castration oedipienne? /45

▶ F.D.: Quand il est fier de ses géniteurs et qu'il en connaît la sensibilité. Quand il reconnaît la valeur de la génitalité de ses deux parents - donc de chacun des deux sexes - et la valeur du rapprochement intime de son père et de sa mère, qui est procréateur. /45

▶ En revanche, si une fille vous dit par exemple: 'C'est dégoûtant/ la zézette des garçons', c'est le signe qu'elle n'est pas encore prête à recevoir la castration oedipienne.' /46-47

▶ Imaginons, par exemple, une mère qui laisse son enfant sucer son pouce à deux mois et demi. Nous sommes en présence d'une/ satisfaction de type circuit court, sur un objet de transfert du sein, que l'enfant considère comme son propre corps. Le voilà donc sevré, castré de ses pulsions visuelles, auditives, olfactives, dans sa relation avec sa mère. Il les a simplement remplacées par la succion de son pouce. Pour lui, c'est comme une symbolisation, et, pourtant, ça n'en est pas une. /47

▸ Son pouce et bien symbolique - au sens d'ersatz du sein - mais cependant cette castration n'a pas été symboligène d'une relation avec un autre sujet. Son propre pouce sert d'objet partiel, le leurrant, et lui laissant croire qu'il est un objet total. L'enfant prend du plaisir à sucer son pouce, mais sans échange avec autrui. Sa mère, n'ayant pas su lui apporter à temps à la place du sein la satisfaction d'une communication langagière, l'enfant l'a remplacée par l'illusion d'une relation symbolique avec elle, à travers cette relation avec son pouce, qui est en fait une simple masturbation orale.' /48-49

▸ P.: Comment définiriez-vous la castration ombilicale? /49

▸ F.D.: Retournons le problème. La non-castration ombilicale se repère à ce que l'enfant est dans un état fusionnel avec l'autre. On le voit aussi chez les adultes psychotiques et pré-psycho-tiques. Pour en sortir dans une thérapie, il faut commencer par admettre cette fusion pendant un certain temps, puis verbaliser la terreur phobique de ne plus être dans un état fusionnel avec l'autre. Les personnes n'ayant pas construit leur double sont potentiellement psychotiques et c'est leur enfant qui leur sert de double. Dans ce cas, lui est psychotique. /57

▸ Il y a, par exemple, des enfants retardés qui font caca dans leur bain. Là il faut absolument leur parler de cette façon de faire dans la mère, qui est incestueuse dans les intentions, et la castrer en disant: "Quand tu étais dans le ventre de maman, tu ne faisais pas caca, tu ne mangeais pas, tu buvais et tu urinais seulement. Alors qu'est-ce que ça veut dire de faire caca dans le bain? Peut-être veux-tu tuer maman? Peut-être veux-tu te tuer toi-même? Peut-être veux-tu mourir? /57

▸ Un enfant m'a dit oui un jour. Alors je lui ai répondu: 'C'est permis de mourir, mais autrement qu'en faisant

Published by Sirius-C Media Galaxy LLC, 2010

un caca dans l'eau. Et on va parler mourir'. Il s'est aussitôt mis à faire un dessin tout noir. /57

▸ En effet, c'est une pulsion quasi autodestructrice de faire caca dans le bain, parce que ça n'a jamais existé. En présence d'une situation ayant déjà existé, on peut permettre une satisfaction archaïque. /57

▸ Mais pas dans le cas d'une situation n'ayant jamais été, sinon cela signifierait pour l'enfant que nous autorisons une déviance et une autodestruction imaginaire. /59

▸ Par exemple, voyons comment se passe une castration orale réussie. Elle commence par le lait. L'enfant, en venant au monde, le fait monter dans les seins de sa mère. C'est donc à la fois un objet qui lui appartient mais qui se trouve aussi dans le corps de la mère. /57

▸ Mais cette mère, nourriture par le lait qu'elle donne, est aussi un instrument fonctionnel par sa mamelle. L'enfant, au moment du sevrage, sera privé de la mamelle et la représentera ensuite par tous ces bonbons dont il nous inonde, ou par tous ces objets partiels en pâte à modeler qu'il se fourre dans la bouche, pour réévoquer le mâchonnement du sein ou de la tétine. /60

▸ Tout ce que nous rencontrons actuellement de difficultés de langage chez les enfants vient d'un sevrage brutal. L'enfant passe, d'un lien charnel avec sa mère, à la position d'objet partiel avec la personne qui s'occupe de lui. Il est manipulé comme un simple nichon. Dans ce cas, l'enfant est certes sevré, mais mal. Il a en effet comme modèle quelqu'un qui ne peut pas symboliser ses pulsions orales. L'adulte en question n'est pas sevré lui-même et n'est donc pas castré sur ce plan. /61

▸ Quant aux pulsions anales, c'est le grand viol dans notre société, c'est la privation bien trop tôt, donc insupportable. [Note: La frustration n'est pas symboligène, elle est traumatisante, mutilante du sain plaisir de "faire" à son lieu érogène premier]. La castration des pulsions anales n'est jamais envisageable avant que l'enfant puisse neurologiquement contrôler la région dont on lui demande de ne plus tirer les mêmes satisfactions. Ce contrôle n'est possible qu'avec la terminaison complète du système nerveux central, la terminaison de la moelle épinière et de la queue de cheval, c'est-à-dire ces petits filets nerveux qui vont à toutes les terminaisons, en particulier aux terminaisons des membres inférieures, en même temps qu'elles vont au périnée et chez le garçon jusqu'au méat urinaire, jusqu'à la peau des bourses et à la plante des pieds./ 61

▶ On peut savoir que cette maturation est terminée quand l'enfant acquiert une très grande souplesse, qu'il peut se mettre sur la pointe des pieds, sauter, danser, c'est-à-dire vers vingt-quatre mois. /61

▶ Si un petit garçon ne devient pas propre à ce moment-là, c'est qu'il n'a pas accédé à une identification à lui-même en tant que garçon. /61

▶ Il s'identifie à une chèvre, à un chien, à n'importe qui, ou à un objet de plaisir ou de déplaisir pour sa mère, qu'il maîtrise à sa guise par sa non-continence, en l'obligeant à lui donner des soins. /61

▶ Mais une mère qui exige de son fils une propreté trop précoce se livre à un vrai jeu de massacre, car un petit garçon n'a aucun moyen de sensibilité discriminatoire de la plénitude de la vessie/ ou du rectum et il confond tout d'un bloc, ses pulsions sexuelles, anales et urétrales.

▶ Pour la petite fille, ce sera moins grave, parce que les pulsions sexuelles ne sont pas confondables avec ses pulsions anales et urétrales et que cela pourra toujours se remanier plus tard. Elle est donc dans ce cas comme

Published by Sirius-C Media Galaxy LLC, 2010

dans le cas d'une non-castration ombilicale, mais en identification avec quelqu'un qui a le même corps d'elle. ... /61

▸ Autre idée reçue à mettre à mal: le corps n'a pas à produire quelque chose - un caca ou un pipi, par exemple - pour faire plaisir à la mère. Cela c'est une perversion des demandes de l'adulte. Et pourtant cela a couru les livres de psychanalyse: 'C'est le premier cadeau, il faut le valoriser, bravo, c'est bien, comme il est beau ton caca, etc.' Toutes sortes de comédies qui disloquent l'enfant, ce dernier sachant très bien que con caca n'est ni beau ni laid; il est, c'est tout. /61-62

▸ C'est cela sublimer les pulsions anales. Il faut commencer par s'y intéresser, parce qu'il est nécessaire d'éprouver d'abord du plaisir, mais en paroles, ce qui est déjà autre chose, et ensuite de reconnaître que ce besoin est celui de tous les êtres vivants charnels. /62

▸ Quant aux humains, qu'en font-ils de ces pulsions anales? Ils déplacent cet intérêt manipulatoire et expulsif sur la modification d'une forme avec la surprise, par les formes qu'ils produisent, de se découvrir créateurs. Et s'il s'agit de quelqu'un, sur l'identification à quelqu'un d'autre. C'est cela castrer les pulsions anales. Mais certainement pas empêcher les enfants de faire pipi et caca quand ils en ont envie. Cela, c'est agir en femme de Cro-Magnon et se croyant au XXe siècle. /63

▸ Alors quand ils arrivent à la propreté sphinctérienne, il y a déjà belle lurette que les enfants sont très adroits des mains pour faire des formes. Les mains, qui sont des sphincters grâce aux doigts, forment et modèlent des matières sur lesquelles se sont déplacés les intérêts sphinctériennes antérieurs. /64

▸ L'interdit de l'agression du corps d'autrui, et donc du meurtre, découle de la sublimation des pulsions anales. /65

▸ -J'ai eu le cas d'un autre garçon de sept ou huit ans, dont la mère ne pouvait pas se dégager. Devant elle, j'ai dit à l'enfant que c'était à lui d'aider sa mère à se passer de lui et de se faire aider par son père. Eh bien, un jour, elle a voulu, comme d'habitude, entrer avec lui pour sa séance, et il lui a fermé la porte au nez. /65

▸ J'ai senti qu'elle était dans la salle d'attente en train de sangloter. Alors, avec son enfant, nous sommes allés la consoler. J'ai dit à l'enfant: 'C'est parce que tu as grandi très vite, et qu'elle ne s'y est pas attendue, que ta maman est triste.' Alors il a pris la parole: 'Tu sais, maman, maintenant il faut que tu/ demandes à papa de te faire un autre bébé, comme ça tu auras huit ans (son âge) de t'en occuper.' C'était incroyable de constater l'évolution de cet enfant qui était pourtant sur le point de devenir un délinquant fixé à une mère qui ne pouvait pas se sevrer de lui. /73-74

▸ La véritable relation unifiante et resécurisante, c'est la relation de parole, parce qu'elle vient de l'être qui représente la sécurité pour l'enfant, ou qu'elle parle, au petit, de cet être de sécurité-là. Cette parole est irremplaçable et aucune satisfaction d'objet partiel ou de zones érogènes ne la remplacera. /84

▸ P.: J'ai en thérapie un enfant qui me pose de drôles de questions. L'autre jour, il me disait: 'Mets-toi toute nue!' Il voulait absolument voir comment j'étais faite. Je lui ai simplement répondu: 'Tu peux me le dessiner, si tu veux.' C'est ce qu'il a fait, en me mettant deux seins et un sexe masculin.' /85

▸ F.D.: Pour la fille, ce qui est très pénible, c'est que la mère a deux seins et le père un seul, à un autre endroit.

Et qu'elle n'a rien du tout: ni les deux seins du haut, ni celui du bas. /85

▸ Quelqu'un qui a vécu longtemps dans un pays africain me racontait qu'un adulte qui ne parlerait pas à un petit garçon de son sexe en le taquinant, en lui disant qu'on allait le couper, ne serait pas considéré comme un adulte appréciant les enfants. /85

▸ Cela fait partie de la valorisation du pénis, ce fantasme du 'je te le coupe pour de rire'. /85

▸ Ce n'est pas étonnant, puisque le garçon, à cause de ses érections à éclipses, constate toujours que l'érection revient mal-gré sa détumescence, c'est-à-dire malgré cet épisode apparemment castrant. Donc il est d'accord pour qu'on lui parle de ce phénomène de disparition, puis de retour encore plus glorieux de l'érection. /86

▸ Ce sont les mots appropriés qui donnent un juste sens de son sexe à l'enfant. /87

▸ P.: Récemment vous nous avez parlé d'enfants qui risquent de se psychoser si on les met trop jeunes en cours préparatoire, parce qu'ils se mettent à apprendre des choses comme de simples perroquets. /87

▸ F.D.: J'ai simplement dit que, dans certains cas, c'est un grand danger pour un enfant de l'aliéner uniquement dans une grosse tête et d'avoir une intelligence verbale de perroquet. /87

▸ Cette intelligence est simplement digestive puisqu'en classe, on ne fait appel qu'aux pulsions orales et anales. Un enfant qui entre en classe sans avoir atteint le niveau génital et oedipien est absolument habilité à rester infantile sur le plan affectif. /87

▸ C'est dangereux pour certains qui peuvent devenir psychotiques. Mais s'ils réussissent bien en classe, leur psychose ne se révélera qu'à la puberté, parce qu'ils font leur puberté sur un acquis pré-œdipien alors qu'ils n'ont même pas la notion de leur sexe. A ce moment, certains entrent dans un autisme, ou dans ce qu'on appelle la démence précoce, où ils sont persécutés par une agressivité anale contre leur propre corps. Ils délirent à propos de quelqu'un qui les tracasse sans cesse, projetant leur sexualité dans un autre, puisque eux-mêmes n'ont jamais assumé d'avoir un sexe. Jusque-là, ils étaient de très bons élèves, et, tout à coup, leur scolarité chute en bloc. /87

▸ Mais ils peuvent aussi continuer à être de brillants sujets, surtout des matheux, car ils ne développent qu'une intelligence logique, c'est-à-dire une intelligence anale toujours binaire. C'est vrai/pas vrai, vrai/pas vrai. Or, le génital n'est jamais vrai/pas vrai: c'est l'affectivité qui prend là le dessus, et c'est toujours vrai/ dans un sens et pas vrai dans l'autre. Il faut que l'imagination puisse vivre et avoir des activités qui permettent aux pulsions anales et orales de se mettre au service de la culture. /87

▸ C'est dans la culture que peut s'exprimer ce qui est refoulé. /87

▸ Toutes les pulsions partielles du plaisir de voir, d'entendre, de toucher, de jouer et d'être adroit de son corps sont très importantes pour un enfant qui commence sa scolarité. C'est pour cela qu'il me semble essentiel de développer la musique, la danse et les arts à l'école, plutôt que le savoir mental. /87

▸ De même, par exemple, que l'adresse du corps chez les jeunes, sur leurs patins à roulettes, me semble plus nécessaire que la scolarité de bien des enfants: elle les empêche de devenir uniquement des têtes sans corps. /88-89

▶ Les parents ont besoin de manger des bonnes notes. Alors, dans la tête de l'enfant, on obtient cette équation: les bonnes notes, ça fait chier des sous - et les mauvaises, ça fait chier des coups! /89

▶ Au fait, vous êtes-vous demandé pourquoi les villes et les nations, dans les mythes des peuples, sont fondées par des jumeaux? En Afrique, en Europe, en Asie, partout. Nous sommes tous jumeaux au départ, des jumeaux de notre placenta. /91

▶ P.: Mais pourtant beaucoup de parents français ne s'occupent jamais des résultats scolaires de leurs enfants. Comment se construisent alors ces derniers? /91

▶ F.D.: Sur des options sexuelles pour leurs maîtres d'école et leurs maîtresses, mais sans d'Œdipe avec leurs parents. Ils se construisent donc finalement dans une relation homosexuelle. Les pulsions archaïques continuent d'être hétérosexuelles ou homo-sexuelles, avec le père ou la mère selon le sexe de l'enfant, mais les pulsions génitales ne se vivent qu'avec les éducateurs, puisqu'il n'y a qu'avec eux qu'il est possible d'engendrer un fruit dans une relation de culture et de savoir. /98

▶ C'est très difficile d'établir la différence entre un enfant parlant de fantasmes en y mêlant un peu de réalité et un enfant parlant de la réalité en y ajoutant un petit fantasme typique. /101

▶ P.: L'élément révélateur de cette pathologie, c'est quand même le gosse? /101

▸ F.D.: Une fois pour toutes, je ne veux plus entendre ce terme de gosse! C'est François, un point c'est tout. Il n'y a pas de gosse, un gosse ça n'existe pas. /108

▸ C'était une petite fille que sa mère avait excitée à blanc, sans s'en rendre compte, en lui nettoyant la vulve avec une énergie impestive comme s'il s'agissait d'une chose. Elle ne s'adressait pas à sa personne avec les mots appropriés. Nous, psychanalystes, pouvons les employer en rejouant le psycho-drame de ce qui s'est passé. /108

▸ Dire, par exemple: 'Ta maman a nettoyé ta vulve (ou le nom que la mère donne à cette région), tu étais particulièrement sale parce que tu avais fait caca ce jour-là, elle voulait bien te nettoyer et alors tu as cru qu'elle oubliait que tu avais une tête, et elle à ce moment-là croyait que tu n'avais qu'un sexe, alors, toi, tu as voulu te fâcher contre elle, et tu ne savais pas comment lui dire qu'elle ne s'occupait pas de toi comme tu voulais. Eh bien, tu as fait une convulsion.' /108

▸ Dans le cas dont je parle, une psychothérapie rapide a totalement guéri l'enfant de ses convulsions épisodiques, qui d'ailleurs coïncidaient toujours avec des états émotionnels. /111

▸ Je pense, par exemple, à un petit garçon surexcité d'avoir vu sa mère donner une fessée à son frère aîné et qui voulait se mêler à cette scène primitive totalement hystérico-jouissive. N'en ayant pas les moyens, il a fait une convulsion grâce à laquelle on s'est occupé de lui à tous points de vue. C'était une manière de rivaliser avec son frère ou d'occuper davantage la mère pour culpabiliser le grand frère et toute la famille. Tout le monde se sent coupable et se précipite à l'hôpital. En fait, neuf sur dix des crises de convulsions des bébés ne sont pas dues à la fièvre, mais surviennent à la suite d'événements émotionnels. /111

Published by Sirius-C Media Galaxy LLC, 2010

▶ Quand personne ne comprend cela, on entre alors dans un cercle vicieux. Les convulsions deviennent un symptôme de/ jouissance à peu de frais dans l'énigme d'un émoi sans représentations. Cette sorte d'orgasme facile est par la suite très difficile à stopper, parce qu'il y a vraiment une jouissance érotique, sadique-anale et sadique-orale narcissique avec effet angoissant sur tout l'entourage, qui donne secondairement à l'enfant une valeur phallique prééminente dans la famille. / 111-112

▶ Les pulsions de meurtre, ce sont des pulsions libidinales. Les pulsions de mort, ce sont des pulsions de repos du sujet et de détente du corps dans le sommeil profond où l'absence d'éclipse le désirant dans un individu. Ce n'est pas du tout la même chose. / 113

▶ Ce n'est pas avec le conscient que nous travaillons, c'est avec l'inconscient, qui est présent, même dans le sommeil profond. Je crois que c'est une notion très nouvelle pour beaucoup d'entre vous. Les études de psychologie ne préparent à comprendre cela, mais nous travaillons aussi bien avec quelqu'un d'endormi ou en état d'inconscience, voir comateux.

▶ Avec un être dans le coma, la parole passe sans que nous sachions comment. Les médecins réanimateurs qui essayent de lui parler le constatent et en sont les premiers très étonnés. / 115

▶ D'autres histoires du coma démontrent clairement qu'en profondeur le sujet demeure présent. Ainsi, un grand-père est venu me raconter un jour l'incroyable aventure de son petit-fils. Patrick, âgé de huit ans, rentrait d'Italie en voiture avec son père, sa mère et sa sœur lorsqu'ils eurent un effroyable accident. Sa mère est tuée sur le coup, et son père décède après huit jours de coma. Sa petite sœur en réchappe, indemne. Patrick, lui, perd un oeil, une partie de sa substance cérébrale. Il est transporté à l'hôpital dans le coma. Les autorités médicales avertissent ses grand-parents. Sa grand-mère se rend alors dans l'hôpital italien où l'enfant est en ré-animation, et s'installe auprès de lui tandis que le grand-père ramène sa petite-fille en France. Trois mois se passent et Patrick sort du coma. Et voilà qu'à la stu-péfaction générale, ce petit Français de huit ans se mit à parler en italien parfait et ne balbutie plus que quelques mots de français, comme un enfant de neuf à huit mois, disant papa, auto, miammiam'. / 117

▸ Si une mère a essayé d'avorter de son enfant ou de le tuer, il faut le dire à l'enfant. Il faut le lui dire de telle façon que la mère se sente complètement pardonnée, puisqu'il est vivant, qu'il a dépassé cette épreuve, qu'il était donc de taille à le faire. / 119

▸ Nous avons tendance à tout voir et juger selon notre morale à nous. L'étique inconsciente n'est pas la même du tout. C'est une dynamique qui peut être une dyna-mique d'amour, revêtant pourtant l'aspect d'un com-portement langagier de dénégation ou d'agression. / 119

▸ P.: Peut-on vraiment parler avec des mots, un langage élaboré, à un enfant de six mois? / 119

▸ F.D.: Sûrement. Utilisez votre langage, celui que vous utilisez pour dire au plus vrai ce que vous ressentez. Si vous êtres Chi-noise, il faut le lui dire en chinois. Il faut lui parler votre langue. Si vous êtes étrangère à la lan-gue française, il faut lui parler comme vous les pouvez, mais faire reprendre ce que vous dites par sa mère ou son père, dans l'accent de la langue qu'ils parlent entre eux. / 119

▸ Des adultes en analyse rêvent dans leur langue mater-nelle. L'inconscient de l'enfant se met à l'écoute de l'in-conscient de la personne qui lui parle, donc il faut que

Published by Sirius-C Media Galaxy LLC, 2010

celle-ci parle au plus près de ce qu'elle sent ou pense, à la limite, dans sa propre langue maternelle aussi. / 119

▶ Si on ne parlait pas, ne serait-on pas aussi éloquent, à la condition de penser ce que l'on dirait? Je n'en sais rien. Mais les enfants sont télépathes. / 120

▶ P.: Vous avez récemment employé l'expression scènes primitives au pluriel. Qu'entendez-vous par là?

▶ F.D.: Oui, en effet. A un certain moment, la fille, par exemple, désire prendre la place de sa mère dans les rapports sexuels avec son père. Ce sont ces rapports sexuels fantasmés que l'on appelle généralement, et à tort, la scène primitive. Mais Freud a décrit, en fait, sous le nom de scènes primitives, deux situations différentes. L'une qui est constituée par les fantasmes de l'enfant sur les rapports sexuels des parents, et l'autre qu'il nomme d'ailleurs la scène principielle, à l'origine de la naissance de l'enfant, et qui pose le problème de la non-existence préalable à l'existence. / 123

▶ Avez-vous remarqué que les noms de famille difficiles à porter ne l'étaient pour certains qu'à cause d'une mauvaise relation avec leur père? / 123

▶ P.: Est-ce tout aussi valable pour les filles? / 123

▶ F.D.: Bien sûr, mais les filles investissent plus la relation qu'elles ont avec leur père que son nom. Cela n'empêche que le nom a une grande importance, puisqu'en se mariant elles en changent, et que ce nouveau nom est le signe de leur renoncement à leur père. Les choses se compliquent lorsque les filles épousent un homme qui porte un nom très voisin de celui de leur père. Cela peut engendrer la culpabilité sous-jacente d'avoir triché avec l'interdit de l'inceste et contourné la loi. / 128

▶ Il y a deux formes phalliques. Le sein et le pénis. /137

▶ Le grand danger pour les prématurés vient de l'état de déprivation sensorielle - le silence et la solitude - dans lequel les plonge la couveuse. Pas d'odeur de la mère, pas la vue, pas le toucher, pas les caresses qui délimitent le corps. Cette vie en couveuse me paraît créer un véritable autisme expérimental. /138

▶ Tandis qu'en couveuse les nourrissons sont coupés de toute relation avec le monde extérieur, et ils ne peuvent pas ressentir les limites de leur corps, puisqu'ils sont nus. Finalement, leur monde intérieur lui-même est rempli et vidé, sans aucune référence affective avec quelqu'un. Ces nourrissons ne comprennent pas qu'ils existent entourés par un monde extérieur presque invariable et identique dans le temps, et un monde intérieur qui se remplit et se vide. Les prématurés mis en couveuse portent en eux une sorte de potentialité psychotique qui peut brutalement se réveiller avec une histoire de séparation prolongée. /138

▶ Outre les raisons que j'ai exposées, la potentialité psychotique d'un prématuré vient aussi de ce qu'il est privé après sa naissance de l'audition qu'il avait in utero, des conversations entre ses deux parents. Des deux voix qu'il entendait à travers la paroi abdominale de sa mère. /139

▶ Les fugues précoces sont également un symptôme. Je veux dire les petits de dix-huit mois à deux ans qui fuient de chez eux dès que la porte est ouverte. Ils vont en fait à la recherche de l'être qu'ils ont perdu à l'âge de quelque mois, lors d'une séparation choc. /142

▶ Les autistes ont une communication extraordinairement riche et pleine de sens avec ce que nous ne remarquons pas. Ils s'enfoncent toujours plus loin dans le monde abstrait, incompréhensible. /142

Published by Sirius-C Media Galaxy LLC, 2010

▸ Ils sont comme des musiciens sans oreilles et des peintres sans yeux. Leur esprit créatif est continuellement en action, mais ne passe jamais au stade de la réalisation créatrice pour un autre. Ce sont des visionnaires, des peintres, des poètes, sans moyens de communiquer ce monde de sensations et de sentiments, qui les étreint de jouissance ou de douleur. /142

▸ L'autre leur fera toujours défaut. /142

▸ De même, les enfants de familles aisées qui changent sans arrêt de nurses sont dans une situation proche de l'autisme et de la psychose. Cela les vide de leur potentialité de s'enraciner fermement dans une relation avec quelqu'un. C'est cette potentialité/ psychotique qui pousse un sujet, fragilisé de la sorte et tombé amoureux pour la première fois, à se suicider, s'il se fait plaquer. /143-144

▸ Cela dit, vous savez bien que la forme phallique n'est pas seulement le pénis! La forme phallique protrusive, allongée, est aussi la forme du cordon ombilical. /144

▸ Bon, mais enfin, si je vous parle de tout cela, c'est parce que je voudrais changer le système actuel des couveuses pour que l'on y crée, au moins, un monde auditif. /144

▸ Quelqu'un de retour des Etats-Unis m'a décrit une installation de couveuses équipées du bruit du cœur maternel. Naturellement c'est un cœur immuable, sans émotion, qui ne battra jamais la chamade, mais ça n'est déjà pas si mal, puisque le pronostic vital de ces enfants s'est considérablement amélioré: ils acquièrent très vite leur poids de naissance normal. /146

▸ Supposons que l'enfant soit né: il entend maintenant le cœur de l'autre, et non plus le sien. Il s'est mis à la place du cœur de sa mère et il n'entend plus le sien. Il est en deuil de la sonorité de son cœur fœtal et peut-être le ressent-il comme le deuil du placenta, représentant l'autre au cœur pendulaire. /146

▶ Il me semble que cela doit être éprouvé comme la perte d'une sécurité à la fois aquatique et enveloppante, c'est-à-dire d'une mère archaïque, préolfactive et prérespiratoire; ou peut-être, comme la perte d'un être de sécurité qui a disparu de l'intérieur de lui et qu'il ne peut pas symboliser. /147

▶ La part mélodique de la musique est une symbolisation des échanges signifiés par le langage verbal que ce dernier est incapable d'exprimer dans leur intégralité affective. La mélodie y supplée. /147

▶ Les percussions modernes, les recherches savantes de rythmes coarctés, syncopés, et l'art des différents bruits sourds et clairs, ne sont-ils pas une tentative de symboliser les impressions fœtales, lorsque le cœur de la mère s'activait sous le coup d'efforts physiques, d'émotions, et lorsque le fœtus entendait, de façon plus ou moins claire ou sourde selon la pression du liquide amniotique, ses positions dans l'utérus, et la pression que ses mains pouvaient exercer sur le cordon ombilical, ses pieds foulent le placenta, faisant varier l'apport sanguin cérébral? /148

▶ On sait que les enfants, quelle que soit l'aisance de leurs parents dans leurs corps, bougent en rythme leurs hanches et leur bassin dès qu'ils entendent de la musique à la radio. D'où vient donc cette intuition d'un plaisir, visible sur leur visage? /148

▶ Nous le savons bien, tout plaisir connu nous réfère à nos images archaïques. /149

Published by Sirius-C Media Galaxy LLC, 2010

▸ P.: Quelle est l'importance des rythmes pour les enfants psychotiques et autistes? / 149

▸ F.D.: Ils sont très importants, parce que le langage intérieur de ces enfants se construit avec des éléments langagiers de cet ordre. Un enfant autiste est un enfant possédant une société imaginaire grâce à ces variations viscérales, qui prennent sens à cause de certaines perceptions du monde extérieur. / 149

▸ Pour un sujet, la fonction symbolique consiste à donner sens à la rencontre, dans le même temps et dans le même lieu, de certaines de ses perceptions sensorielles partielles du monde extérieur, liées à une sensation corporelle, agréable ou désagréable. / 150

▸ Ainsi, l'enfant dans ses pulsions orales, aux aguets du retour de sa mère, représentante de son être 'lui-elle' peut, s'il souffre de ne pas la voir, chercher de façon hallucinatoire à trouver le leurre de la présence de celle-ci dans des perceptions qui le surprennent. / 150

▸ Par exemple, l'enfant ressent dans son corps une sensation de faim, en même temps qu'il voit le rideau de sa chambre agité par le vent et qu'il entend dehors une sirène. / 150

▸ La rencontre dans le même temps de ces perceptions scopiques et auditives, avec la sensation viscérale de faim, va lui servir de leurre maternel et créer l'illusion de l'approche de sa mère. / 151

▸ Beaucoup de gestes compulsifs d'autistes signifient que ces gestes ont sens pour eux en présence maternelle et de rencontre avec des êtres invisibles, substituts d'un être charnel qui a trop manqué pour construire leur psychisme dans le code mimique, sonore et visuel humain. / 152

▸ J'ai vu un film radiographique du gosier de quelqu'un qui lit seulement avec les yeux sans remuer les lèvres. Eh bien, le gosier présente toutes les manifestations des mots dits. / 152

▸ Plus encore, un médecin ORL a étudié les autochtones de l'île de Gomera, aux Canaries, qui sifflent pour se parler. C'est très curieux parce que, dans un café, ils se sifflent d'une table à l'autre au lieu de se parler, et tout le monde se comprend./152

▸ Or, cet otorhine a radiographié le gosier des siffleurs, et les images montrent que, malgré le fait qu'ils sifflent, leur gosier prononce les mots qu'ils sont censés se dire. Il y a à la fois le rythme du sifflement, qui est un signe de mot, mais aussi les mots qu'ils prononcent avec leur gorge pendant qu'ils sifflent. Cela, personne ne s'y attendait. / 152

▸ Ces mots sont transposés sous forme de sifflet audible, mais ils sont bel et bien prononcés, autant que par un lecteur qui lit avec ses yeux. Ce sont finalement les mots prononcés derrière les scansions des sifflements qui sont entendus par les autochtones. Ce n'est donc pas un code, mais une authentique langue, dans laquelle le corps est très fortement en jeu. / 152

▸ Dans la lecture de la poésie, le larynx est en jeu, c'est un lieu de désir de communication interpsychique, contrairement au pharynx qui le jouxte. Le pharynx est un lieu répétitif d'absorption substantielle d'objets partiels pour le besoin ou pour le désir, puisque la mère satisfait souvent des besoins pour son désir à elle, en croyant que l'enfant demande à manger, alors qu'il demande des paroles. / 154

▸ Une mère discrimine pourtant très vite la différence entre les cris exprimant le besoin - la soif, la faim, etc. - et ceux exprimant les désirs - une demande de présence

Published by Sirius-C Media Galaxy LLC, 2010

ou de parole. Si vous observez un bébé autour de vous, vous constaterez qu'un petit qui crie parce qu'il a faim ou soif, arrête son bruitement dès qu'il voit apparaître sa mère: il est tout entier en attente d'absorber, il n'émet plus de bruits. La colonne d'air n'émet plus de sons, le larynx ne marche plus, c'est le pharynx qui est en guet d'avaler quelque chose. / 154

▸ Tandis que l'enfant désirant la présence de la mère continue à gazouiller, à raconter des tas de choses, à l'exprimer quand elle est là. Si, à ce moment-là, elle lui donne un biberon, alors c'est le désespoir. / 155

▸ Le pouce est un petit objet prélevé par l'enfant sur son corps et lui procurant le leurre de la présence maternelle. / 156

▸ La véritable négation de la présence d'un enfant, c'est ce qui le fait basculer dans l'autisme. Sa mère est là, mais justement elle pense à je ne sais quoi, peut-être à son compte de banque, à la lessive Gamma ou à Machin Truc, mais son enfant n'est pas pour elle un interlocuteur valable. C'est seulement un tube digestif qui se trouve là et qu'il va falloir remplir et vider. Ce n'est pas un homme ou une femme en devenir. / 156

▸ Dans ces conditions, il peut entrer dans l'autisme, bien que sa mère soit physiquement présente, parce que rien de ce qui est/vécu par elle ne lui est signifié. Elle n'a ni d'intentionnalité, ni de sensibilité à sa présence. Cette mère est un vrai meuble. En ce sens, l'enfant peut toujours la chercher, il ne la trouvera jamais. Elle n'est pas là à ces côtés. Son corps volumétrique, mammifère, respirant, bougeant, est là mais pas elle et surtout pas elle pour lui. / 158-159

▸ La catatonie est, je pense, un bon exemple d'équilibre entre pulsions contradictoires où le plaisir réside dans la contention, qu'elle soit obsessionnelle ou hystérique. La

catatonie est l'ascèse spontanée d'un individu pour empêcher toute variation qui pourrait le faire tomber dans
une attitude sexuée. /161-162

▸ Je pense que la mort réelle, ce n'est pas du tout les pulsions de mort, c'est même tout le contraire. Les pulsions
de mort sont un aspect du désir - lequel s'exprime par
pulsions de mort et pulsions libidinales, passives et actives -, un désir qu'il n'y ait plus de sujet de son désir
sexuel. /162

▸ C'est-à-dire que nous sommes tous soumis aux pulsions
de mort autant qu'aux pulsions de vie. Les pulsions de
vie prévalent pendant tout le temps de notre veille, et les
pulsions de mort affleurent dans le sommeil profond.
Elles affleurent également dans l'orgasme, à l'acmé du
plaisir, là où le sujet s'abandonne et ne sait plus qu'il est
sujet. /163

▸ C'est donc au maximum des pulsions de désir, à la rencontre du désir de l'autre, que, dans l'orgasme, les pulsions de mort surgissent et provoquent une sorte d'absence du sujet dans le temps et dans l'espace où il n'est
plus témoin de lui-même. Demeure alors le mammifère
humain, qui n'est plus témoin de son histoire. Il est acte
pur. Voilà, selon moi, l'effet des pulsions de mort. /163

▸ Heureusement, qu'elles existent, sans quoi nous nous
épuiserions, le désir nous épuise, mais nous récupérons
grâce aux pulsions de mort. Le sujet du désir épuiserait
l'être humain, si ce dernier ne se reposait pas sur son
image de base, sur son narcissisme fondamental, en
abandonnant la notion de son existence, et en tombant
dans le sommeil profond qui limite sa participation à
l'être, sans notion d'avoir, ni de pouvoir, à conquérir ou
à défendre. /164

▸ Je crois qu'il faut bien distinguer les pulsions de mort,
des comportements agressifs envers un autre dans le but

Published by Sirius-C Media Galaxy LLC, 2010

de lui donner la mort. Et même des comportements passifs vis-à-vis d'un autre, qui vous donne la mort. /164

▸ Dans le premier cas, le comportement est sous-tendu par les plus intenses tensions libidinales, agressives, phalliques, orales et même urétrales, sinon tout à fait génitales existant, par définition, pour porter un fruit qui sera une créature vivante et sexuée, et non pas un corps fonctionnant. /164

▸ De toute façon, ce sont des pulsions au moins urétrales, c'est-à-dire de pénétration, d'immixtion dans l'autre, de percussion. Enfoncer c'est urétral. Chez la fille, c'est le désir de se faire enfoncer et chez le garçon celui de pénétrer dans le lieu génital. /164

▸ Chez la fille, c'est ce qu'on peut appeler des pulsions vaginales, prégénitales, sans rapport avec le fruit porté. C'est vraiment la détente de la pulsion, le désir de viol. La fille désire être violée en son lieu génital, et le garçon désire violer, percuter, rentrer dedans. /164

▸ Tout cela est urétral et sert à la détente de la tension dans ce lieu. Chez la fille, cela peut être mêlé d'oral, tandis que chez le garçon, d'anal. /165

▸ Pour une fille, c'est un désir d'être pénétrée et de devenir un objet pour l'autre. Ce désir peut amener une femme fortement excitée à demander à celui avec qui elle fait l'amour de lui faire mal. Ce que les hommes qualifient un peu vite de masochisme féminin. En effet, si une femme se sent bien dans son corps maîtrisé et pénétré, la détente et l'orgasme lui sont d'autant plus agréables qu'elle n'est plus responsable de son désir. ... Ce n'est absolument pas une recherche de la souffrance comme plaisir masochiste. Ce sont des pulsions de plaisir oral qu'une femme éprouve dans ses voies génitales et qu'elle veut être justifiée d'éprouver. Si l'autre ne l'écrabouille pas dans son propre corps, comment se sentira-t-elle en retour le droit de l'écrabouiller quand il l'aura pénétrée? / 166

▶ D'ailleurs nous voyons que les enfants autistes chez qui le sujet est absent - nous ne savons pas où il est, il est dans tous les azimuts, mais où? personne n'en sait rien - ont un corps qui va très bien et n'est jamais malade, parce qu'il est presque entièrement dans les pulsions de mort. Dès qu'un autiste va mieux, il attrape rhume sur rhume, otite sur otite et toutes les maladies enfantines classiques. Donc les pulsions de mort parfois actives, parfois passives, mais toujours réflexes, sont bien privatives du sujet. / 167-168

▶ Certains traumatismes physiologiques peuvent également provoquer la dépression. Par exemple l'hémorragie d'une femme lors d'un accouchement. C'est déjà un peu louche puisque cette hémorragie est en relation avec un être qui vient de la délaisser. Une vie associée pendant neuf mois à la sienne l'a désertée. Du coup non seulement elle s'est vidée du bébé avec l'eau de son bain, c'est-à-dire le liquide amniotique, mais aussi avec son sang. / 168

▶ A la suite de cela, elle devient agressive contre les médecins, son époux, la vie, et la dépression commence. Pour le nouveau-né, la dépression de sa mère est un fantastique appel qui le provoque à lui redonner sa propre vie pour se sentir plus tard le droit de la lâcher et s'en aller. Beaucoup de psychoses d'enfant ont commencé de cette façon. La psychose, c'est cela. Ces nourrissons ont senti que leurs mères leur reprochaient de leur avoir donné la vie: ils se sont donc sentis coupables d'avoir pris la vie de leur mères. C'est un cercle vicieux dont ne peuvent plus sortir les psychotiques, parce que, pour y échapper, il leur faut d'abord regonfler leur mère. Une fois que c'est fait, ils lui sont fusionnellement accrochés sans plus pouvoir s'en séparer. C'est pour cela qu'un grand nom-

Published by Sirius-C Media Galaxy LLC, 2010

bre d'enfants psychotiques ont des mères qui ont eu une hémorragie à l'accouchement. /168

▸ Je pense que si on pouvait expliquer aux nouveaux-nés ce qui s'est passé, pour eux, pour leurs géniteurs, ils ne feraient pas de dépression. /170

▸ P.: En clinique psychanalytique, comment situeriez-vous l'insomnie? /170

▸ F.D.: C'est un état dans lequel le narcissisme primaire est en lutte avec les pulsions de mort. Le sujet ne peut pas retourner à l'oubli de lui-même qui représente le sommeil, précisément à cause de soucis narcissiques. … /170

▸ Mais dans les insomnies, il me semble que c'est souvent parce que les individus ont des journées vides d'échanges et de communication, ou bien que la journée écoulée les a remplis de sentiments de culpabilité. Dans ce dernier cas, ils ne peuvent que ressasser les pensées de ce qu'ils auraient dû faire. /170

▸ Ou alors, ils ne peuvent pas dormir parce qu'ils sont dans une sorte de trop-plein de désirs qui n'ont pas réussi à se communiquer à un autre. /173

▸ P.: Est-ce que pisser au lit chez un enfant, à l'âge de six, sept ans, a une signification particulière? /173

▸ F.D.: Tous les enfants qui pissent au lit finissent par s'arrêter après un ou deux rêves d'incendie. /173

▸ Généralement ils se réveillent désolés d'avoir mouillé leur lit alors qu'ils viennent de rêver qu'ils étaient en train d'éteindre un feu. Soyez donc généreux: vous rêvez que vous éteignez valeureusement le feu, et au lieu de cela vous mouillez votre lit. Et vous vous faites engueuler! /173

▸ C'est une image urétrale utilitaire et valeureuse. L'enfant rêve qu'il est le sauveteur, au lieu de quoi il se noie. /173

▸ Il s'agit, en fait, de l'extinction du feu du désir qui visait la maison, c'est-à-dire le corps de la mère et du père. Ces rêves se font toujours chez l'enfant au cours de l'interdit de l'inceste, qui se vit de façon tout à fait inconsciente. Il faut absolument éteindre le feu du désir incestueux, un lieu qui, globalement chez la fille, et précisément chez le garçon, est associé à la reproduction, c'est-à-dire le lieu génital. /173

▸ L'énurésie tourne toujours autour de l'a non-valorisation de la sexuation et concerne le style de libido, selon que le sujet est un garçon ou une fille. C'est-à-dire, concerne soit un désir centrifuge du garçon dans son pénis, soit un désir centripète de la fille dans la vulve: le désir de pénétration du pénis. /175

▸ Pour revenir à l'énurésie, c'est une terrible frustration pour le petit garçon que de ne plus pouvoir uriner en érection, du jour au lendemain, vers vingt-huit ou trente mois. Le génie masculin demande, en effet, qu'une érection soit accompagné d'un jet. Or jusqu'à cet âge-là, un nourrisson mâle urine en érection et, soudain, il ne peut plus, à cause de la terminaison du *veru montanum*, l'organe physiologique empêchant la miction en érection. /175

▸ Lui qui vivait jusqu'alors dans une sorte de compréhension du monde où tout prenait un sens par rapport au fameux à quoi ça sert? enfantin, se demande, à partir de ce jour, à quoi sert donc que le zizi soit raide comme un bout de bois sans qu'on puisse plus rien en faire? Surtout si la pauvre maman, qui n'y connaît rien, interdit au petit garçon d'y toucher, ou au contraire, l'encourage à faire pipi en érection. /175

▶ Injustement, lui, il est là, avec son érection à la verticale sans pouvoir faire pipi, et ayant un mal fou. /175

▶ Plus il veut, moins il peut. C'est une étape que les pédiatres devraient connaître pour pouvoir expliquer au petit garçon ce qui se passe. Et le rassurer, en lui disant que, lorsqu'il sera grand, il pourra de nouveau lancer un jet en érection, mais d'une autre nature. /176

▶ A ce jeu qui est vraiment un jeu de fierté virile, c'est très important qu'un pédiatre soutienne l'enfant en érection, sinon il se passe ce qui arrive dans l'énurésie nocturne. C'est-à-dire que dans la journée, l'enfant, sous le coup d'interdits surmoïques, s'empêche de se toucher la verge. Mais, la nuit, cette érection qui a été barrée toute la journée reprend toute son importance et l'enfant pisse au lit. /177

▶ P.: L'attitude d'un petit garçon face à ce problème n'est-elle pas déterminée par sa famille? /177

▶ F.D.: En fait, tout dépend si la personne qui éduque l'enfant pour ses besoins, respecte ses désirs. Laisse-t-elle suffisamment d'autonomie à l'enfant dans toutes les activités concernant ses besoins et ses désirs? /178

▶ Nous savons que le nourrisson est le premier psychothérapeute de la mère. /179

▶ En fait, les mères des enfants peu débrouillards se rassasient physiquement de leur enfant en le pelotant et en le maternant. Elles feraient mieux de s'occuper de leur Jules, mais cela, curieusement, elles n'y pensent pas. A partir du moment où elles ont un enfant entre les pattes,

elles oublient tous les soins qu'elles prodiguaient aupa-
ravant à leur fiancé. /180

▸ Je me souviens d'un homme qui me disait: Mon père et
moi, nous vivions en symbiose. Puis, son père meurt.
Alors, privé du lien symbiotique qu'il avait avec lui, cet
homme le reporte sur son fils qui se met à dérailler.
/180

▸ Le fils sert, en effet, de fétiche à son père dont le propre
père n'a jamais été un autre véritable. /182

▸ P.: Les parents doivent-ils faire part de leurs épreuves à
leurs enfants? /182

▸ F.D.: Je crois que ce qui est le plus nocif, de la part des
parents, c'est de berner les enfants sur la réalité des
épreuves qu'ils vivent. Que ce soit des épreuves vis-à-vis
de leur propres parents, ou des épreuves quotidiennes.
Beaucoup d'enfants se sentent rejetés parce que leurs
parents ne leur disent pas, par exemple, leurs soucis
d'argent avec des chiffres tout simplement. Au lieu de se
justifier n'importe comment. /182-183

▸ [Phase oedipienne] C'est, en effet, une période où l'enfant pense qu'il doit donner des supposés plaisirs à ses
parents, faute de quoi, il s'imagine leur faire de la peine.
L'éducation au nom du faire-plaisir au père ou de la
mère est pervertissante, après quatre ans ou plus tard.
Le père et la mère, ce doit être clair, attendent le plaisir
de leur conjoint, et pas de leurs enfants. /186

▸ A partir de cinq, sept ans, chez une fille, la frustration
de ne pas avoir un bébé dans son ventre se transforme
en mal au ventre pour prouver qu'on en a un. C'est le
péristaltisme investi de façon génitale, l'image du corps
anal investie de façon génitale ou urétrale, d'où les cysti-
tes des petites filles: La preuve que j'ai un sexe, c'est que

mon pipi me fait mal. Tout le monde sait que le pipi, pour les enfants, c'est le sexe. /186

▸ La pathologie psychologique de la crise oedipienne, ça, c'est vraiment de la bonne névrose d'enfant. La névrose de l'adulte est finalement une pathologie prolongée de la culpabilité pubertaire, l'angoisse de la castration réveillée de l'Œdipe. /186

▸ Chez un enfant, en revanche, cela réveille des vécus archaïques anaux et urétraux, qui se situent dans la crise oedipienne, et dont le père et la mère n'ont pas assumé le dire à l'enfant. Ils n'ont pas exprimé que c'était eux, les grands, qui vivaient une vie génitale et que leur enfant la vivra plus tard. /186

▸ Tous les copains, les copines, sont permis en amour électif, mais pas les personnes de la famille. /186

▸ Combien souvent les petits frères et les petites soeurs, faits à la soi-disant demande l'enfant aimé, servent à celui-ci de substitut imaginaire d'un enfant incestueux! De même, les fausses autonomies. Quand, par exemple, des parents obéissent au désir imposé par leur enfant, en autorisant tout ce qu'il demande. /194

▸ En plus, un enfant se dit que sa mère est très friande d'emporter du caca, car il ne peut comprendre que l'étique qui est la sienne. Si maman vient lui prendre ce qu'il fait en bas, et qu'elle l'emporte, c'est qu'elle en mange en cachette. Une des raisons pour lesquelles il pense que la mère mange ses excréments à lui, c'est qu'elle ne lui montre pas ce qu'elle en fait. Si elle le lui montre, il comprend qu'il est dans le même interdit qu'elle. Sans quoi, la voyant manipuler ses excréments, il ne peut pas comprendre que ce n'est ni un plaisir, ni une manière de mère, que de jouer avec et de les manger. /194

▶   La mère pressée qui change un enfant sans rien lui dire,
    ne le reconnaît pas dans son faire. Au contraire, si elle
    lui parle avec une voix modulée, le discours peut conti-
    nuer sur le caca ou autre chose, même quand le caca
    n'est plus là. Tout ce qui est mis en langage, à propos de
    ce que fait l'enfant musculairement/ - et qui ne consiste
    pas seulement à expulser de l'intérieur vers l'extérieur -,
    de ce qu'il voit, de ce qu'il pense, de ce qu'il jette, tire,
    déchire, et qui modifie son environnement, etc., sont des
    mots de bonification de l'espace qui est le sien. Sa mère,
    complice de ce qu'elle a observé, doit lui donner des
    mots qui font qu'il s'en souviendra: cela devient intéres-
    sant, puisque maman s'y intéresse. /194

▶   C'est ainsi que l'enfant assimile peu à peu des éléments
    langagiers moteurs, des éléments langagiers vocaux, des
    éléments langagiers optiques, d'observations, de souri-
    res, de petites mines qui font rire sa maman. Oh! le co-
    quin, regardez-moi ça, quel sourire séducteur!, dit sa
    mère à ce moment-là. /194

▶   La sensorialité de l'enfant est à l'affût des modifications
    vocales, gestuelles de sa mère, qui donnent un sens lan-
    gagier et mémorisable à tout ce qu'il ressent et perçoit.
    /194

▶   Sans cette complicité avec l'autre connu, tout ce que
    l'enfant perçoit n'a aucun sens humain, puisque l'hu-
    main ne naît pas de relations avec un autre, jamais le
    même dans ses expressions. Comme la fonction symbo-
    lique se continue pendant la veille de l'enfant, si sa mère
    ne lui parle pas, toutes ses perceptions du monde exté-
    rieur ne sont croisées qu'à son propre corps, corps-be-
    soin de manger, en place de visage il a une gueule dévo-
    rante. C'est le loup dont parlent les enfants, mâchoire
    de fonctionnement cannibale alimentaire, mais pas
    bouche pour parler. /198-199

Published by Sirius-C Media Galaxy LLC, 2010

▸ Un jour, il mettra peut-être une casserole à la place de sa maman. Pourquoi pas, puisque Ahmed a eu une mère beaucoup plus casserole qu'autre chose. Beaucoup d'enfants ont souvent des mères casseroles, parce qu'ils imaginent lorsqu'ils entendent des sons de casserole que c'est leur mère mangeuse de caca qui s'en donne. Tant d'enfant prennent le biberon pour du caca! Pour eux, en effet, leur mère s'en va après qu'ils ont vidé leur biberon. Et elle va le remplir de caca pour se régaler… Voilà comment un enfant fabule le plaisir que sa mère prend quand elle est contente de l'avoir langé. C'est-à-dire quand elle en a fini avec lui et qu'elle va faire autre chose. Le bébé s'imagine être le centre de la vie de sa mère parce qu'elle est le centre de vie à lui. / 202

▸ L'analyse de ces phobies apporte toujours la preuve que l'animal phobique est, pour une certaine enclavée dans l'histoire du sujet, le support narcissique d'une identification qui eût permis au sujet de dépasser d'Œdipe dans lequel quelque chose de sa libido s'était bloqué. / 202

▸ Les phobies résultent toujours d'expériences ayant rompu la relation de continuité du sujet avec son père ou sa mère. L'objet phobique représente ce qui désirerait être le sujet dans son individuation, pour que sa relation de continuité avec le parent concerné ne soit pas interrompue. / 202

▸ L'objet phobique est donc un représentant du sujet qui peut vivre, grâce à ce stratagème, un désir incestueux hétéro ou homosexuel. Mais en se forgeant cette identité imaginaire, c'est-à-dire en s'identifiant à l'objet phobique, le sujet échappe à tout interdit, et devient un sujet non humain ayant le besoin érotique d'un objet ne relevant pas du désir, c'est-à-dire de la parole. / 202

▸ Son désir s'accomplit donc en annihilant en lui le sujet de la parole. / 202

▸ La phobie met le sujet en danger, à cause des affects prégénitaux qui continuent à être en activité. Ces affects sont, en effet, en relation avec une zone érogène de besoin et morcellent l'objet du désir. La mère, par exemple, masse provende de besoins, est l'objet partiel de son enfant cannibale, mais, en même temps, objet de désir du sujet dans la parole. /206

▸ Méfions-nous des dictionnaires de symboles, la symbolique de chacun est différente de celle de l'autre. Et, pour chacun, existe un code inconscient de sa symbolique qui se réfère à son histoire, bien avant l'époque où la parole est comprise comme il est d'usage pour le dictionnaire des adultes; les formes vivantes du corps, total ou partiel, répondent alors à des émois prélangagiers élaborés par l'enfant bien avant l'époque du consensus avec autrui sur la signification de ces formes. /208

▸ En revanche, pour les huîtres, objets de tant de révulsions, leur aspect proche de la morve, du sperme, du visqueux, du crachat et le fait qu'elles soient vivantes par-dessus le marché, dis-qualifie l'exercice du goût. /208

▸ Vous trouverez vous-mêmes beaucoup d'autres exemples où une phobie, plus ou moins infirmante pour le sujet, se réfère à cette prévalence insurmontable d'un sens sur les autres, qui connote l'absence de langage concernant les perceptions archaïques de l'enfant, demeurant toujours dans l'adulte. /208

▸ J'ai vu disparaître, par exemple, une phobie de la fourrure, chez un petit garçon de deux ans, en proposant aux parents de verbaliser à l'enfant son intérêt pour leurs toisons pubiennes, leurs poils des aisselles et ceux de la barbe de son père. Tous ces poils le questionnaient globalement, mais il en refoulait l'intérêt parce qu'on ne lui avait jamais parlé de la différence entre les poils et les

Published by Sirius-C Media Galaxy LLC, 2010

cheveux. Cet enfant répugnait à toucher la fourrure, mais arrachait les cheveux des autres petits. /208

▸ Ce comportement agressif a disparu quelques jours après que/ ses parents lui ont expliqué cette différence et dit que, lui aussi, serait plus tard, comme son père, poilu aux aisselles et aux sexe. /208-209

▸ P.: J'éprouve toujours un malaise dans mes cures de psychotiques. D'où cela vient-il? /209

▸ F.D.: Le drame des psychotiques, c'est que leurs relations sont faussées avec nous. En face d'autres êtres humains, ils ne se sentent ni de leur identité, ni de leur sexe, de ni de leur espèce, et, par contamination, nous ressentons la même chose. /209

▸ Voilà pourquoi nous projetons sur eux qu'ils sont psychotiques, d'autant plus qu'ils n'utilisent pas le code en usage parmi les autres pour s'exprimer. Mais nous avons tous des éléments psychotiques en nous. Notre corps, par exemple: c'est ce qui est resté animal et que nous n'arrivons pas à parler. Chaque fois que nous avons un trouble fonctionnel, c'est un trouble psychotique. C'est de cet ordre-là, en tout cas, même si ça ne nous rend pas psychotique. 209

▸ A propos d'identification à des animaux, j'étais en train de penser à un trait particulier commun entre les enfants autistes et les animaux mammifères. Lorsqu'un animal se blesse un membre ou une partie du corps, il ne la regarde jamais. Les autistes font de même, alors qu'un être humain normal observe la partie blessée de son propre corps et questionne du regard le visage de l'autre, si quelqu'un est près de lui. /209

▸ Je pense que c'est la place du visage dans notre corps qui nous permet de nous regarder. Pour l'enfant, le visage de ses parents qui le regardent avec amour, est le miroir de son corps en ordre. Avoir mal au visage de ses parents peut entraîner chez un enfant l'entrée dans la schizophrénie. Le visage d'une mère dépressive est sans doute l'élément majeur - accompagné de sonorités violentes ou geignardes venues de ce visage - de l'entrée de l'enfant dans ce qui deviendra mutisme et plus tard schizophrénie, c'est-à-dire une perte de contact et d'échange avec tous les humains, y compris avec soi-même en tant qu'être humain. /209

▸ Je me rappelle la première séance d'un garçon de douze ans, non scolarisé, sans troubles agressifs du caractère, présentant un air égaré et ne regardant personne. /209

▸ Je lui ai demandé de quoi et où il souffrait. Comme il ne répondait pas, je me mis à détailler son corps et ses organes de la tête aux pieds, en lui demandant s'il en souffrait. Mais il ne répondait pas et conservait toujours le même air égaré, tournant la tête à droite et à gauche, les yeux au plafond, les bras écartés du corps, ainsi que les jambes. /209

▸ Devant cette non-réponse, j'ai hasardé: Peut-être avez-vous mal à quelqu'un? Immédiatement, l'enfant rassembla ses bras et ses jambes, se pencha pour me regarder dans les yeux, et me dit avec un accent de conviction: Oh! oui, madame, j'ai mal à mon père. /209

▸ Je m'interrogeais avec lui, comment, pourquoi et depuis quand il avait mal à son père? Je lui proposais un paiement symbolique pour chacune des séances au cours de laquelle il viendrait étudier le problème avec moi: Oh! oui, je veux bien, m'a-t-il dit. Ce qui signa son entrée en psychothérapie. /210, 211

▸ P.: Vous aviez commencé à développer un jour la signification symbolique des angines. /211

Published by Sirius-C Media Galaxy LLC, 2010

▸ F.D.: Oui, mais c'est tout à fait autre chose, le fait d'avoir des angines à répétition. Enfin, dans mes analyses, je constate toujours l'apparition d'angines, au moment où le patient travaille l'époque orale, car l'angine est une réaction à l'abandon. Je crois que c'est un symptôme exprimant le désir du sujet d'appeler quelqu'un qui ne viendra pas. La gorge se serre au lieu même où elle voudrait appeler cette personne absente. C'est une souffrance d'abandon... /211

▸ En ce qui concerne les otites, beaucoup de pédiatres ont constaté que les enfants les contractent très souvent pour ne pas entendre certaines paroles. /213

▸ P.: A l'âge de la valeur des formes, comment se joue la différence des sexes, selon qu'on est garçon ou fille? /213

▸ F.D.: Le pénis, érectile ou non, est, pour la fille comme pour le garçon, à l'âge dont vous parlez, une forme visiblement localisée dans un lieu que chacun ressent comme un lieu de désir et pour lequel le garçon possède un objet partiel - le pénis - qui signifie la présence et la vitalité de ce désir. Une fille, elle, n'a rien qui permette de visualiser une forme apparente dans le lieu de son désir. Elle se demande pourquoi le garçon possède un si beau robinet-pipi et pourquoi elle n'en a pas. Si l'adulte ne répond pas à ses questions concernant l'organe masculin entr'aperçu, ou même à sa revendication du désir d'être un garçon, la petite fille se donne une explication: elle ne l'a pas mérité, ou c'est caca d'en parler. /213

▸ Pourquoi caca? Parce que, au cours de la défécation, le plaisir/ anal ressenti, plaisir phallique transitoire, lui a laissé en mémoire la trace d'avoir été prolongé par une petite queue trop vite disparue, et reproduire ce plaisir, pérenniser cette sensation deviendrait interdit. C'est pourquoi l'intelligence de sa sexuation et de son intégrité corporelle totale à l'image de toutes les petites filles et de toutes les femmes du monde, doit lui être délivrée par l'adulte tutélaire. /213

▸ Il est nécessaire qu'elle comprenne que ce n'est pas un lieu d'excrémentation, de besoin accompagné de plaisir, à hauteur du bassin, mais qu'il s'agit d'une région du corps dédiée au désir entre personnes pour un plaisir réciproque à se donner que sa croissance lui permettra de découvrir sa sexuation, son désir et son plaisir étant aussi valables que la sexuation de ses camarades garçons. /221-222

▸ P.: Comment se produit l'entrée dans l'Œdipe proprement dit? /222

▸ F.D.: Lorsqu'un enfant a renoncé par le sevrage à la relation de bouche à sein avec sa mère, puis au porter de son corps et à la relation de son corps avec les mains de sa mère par la marche et la propreté sphinctérienne, à ce moment-là, il désire s'identifier au parent du même sexe et avoir les satisfactions érotiques du couple parental. /222

▸ Voir et entendre ce qui se passe dans la chambre conjugale prend beaucoup d'importance. Tous les sens de l'enfant sont en éveil pour saisir la moindre occasion, très satisfaisante pour lui, de s'immiscer dans la vie du couple parental. Cet énervement dû aux pulsions oedipiennes traduit l'exacerbation de pulsions homosexuelles rivales et hétérosexuelles amoureuses. /222

▸ Ces tensions contradictoires des pulsions de l'enfant engagé dans l'Œdipe provoquent toujours des troubles fonctionnels ou caractériels. /222

▸ La paix nécessaire à une croissance saine, aussi bien mentale que psychosociale, nécessite le renoncement aux pulsions génitales dirigées sur les corps attractifs ou répulsifs des parents ou des membres de la fratrie. /223

▸ P.: Est-ce que les histoires d'ange gardien n'auraient pas à voir avec le double? Quand j'étais petite fille, les anges gardiens me persécutaient. /223

▸ F.D.: Dans ce cas, l'ange gardien était dialectisé sur l'anal, il était comme un pet malodorant qui vous menaçait. Les anges gardiens sont très péteux. Ils peuvent également être délicieusement parfumés. Ce sont des haleines douces ou pestiférées. Tout dépend de comment se situe notre sentiment de culpabilité par rapport à ces questions d'odeurs. Dans le folklore universel, les anges gardiens sont des oreilles à l'écoute de Dieu et je pense que cela touche à ce problème du double. Suivant la nature du tout début de la relation de l'enfant avec sa mère, le double s'élabore sur un narcissisme basal sécurisant, ou au contraire inquiétant. Je précise que ce double inconscient se constitue par rapport à un miroir des intentions qui n'est pas le miroir des comportements apparents. Chez les individus où il est inquiétant, il y a recherche de cet autre - le double - obligatoirement extérieur. C'est cela qui rend ces personnages si fragiles. /227

▸ Il faut faire entrer, dans le passé irréversible, l'agir immédiatement terminé. C'est cette mort continuelle que nous devons assumer pour ne pas être névrosés. La névrose, c'est justement de ne pas laisser mourir tout ce qui est révolu: à un point extrême, c'est finalement tout figer, pour stopper le cours du temps. Mais le temps qui passe fait que, par exemple, l'enfant sachant marcher doit définitivement mépriser l'enfant qui n'est pas encore debout, et donc le tuer en lui. Le passé en nous est à tuer. Tuer étant entendu dans le sens de ne pas y revenir, de ne pas s'y identifier comme à quelque chose de valable. Grâce à quoi, le double intérieur peut continuer d'exister, car le double est un auxiliaire du désir en rapport avec le maintien du narcissisme de base, permettant de conserver une promesse de développement vis-à-vis de soi-même. [Note: C'est ce que disent, tout le temps, les petits quand ils répètent: "Moi, je suis grand", même quand cela n'est pas encore vrai parce qu'ils font encore caca ou pipi-culotte, par exemple. Il ne faut pas les gronder, parce qu'ils ont vraiment un Moi Idéal de maîtrise, venu en partie de ce que leurs parents, dans ce cas, ont désiré qu'ils deviennent propres. Comme l'enfant ne peut pas atteindre tout le temps ce Moi Idéal, il essaye de s'y identifier en méprisant celui qui en lui est incontinent. L'important consiste à en parler avec l'enfant pour qu'il ne se méprise pas, en lui expliquant que la propreté va venir et que ce n'est pas sa faute s'il est sale, c'est la condition infantile de son corps. /228

▸   P.: Ne peut-on pas dire dans une famille que lorsqu'un premier enfant est mort jeune, le second qui suit aura pour double le spectre du premier? /228

▸   F.D.: Ce n'est pas un phénomène de double, mais de parasitage qui commencera dès la vie fœtale. L'enfant mort est, en effet, fantasmé par la mère enceinte comme le troisième, comme le double du père, prenant donc la place du père. C'est ce qu'exprime la mère quand elle se lamente en parlant du bébé à naître: Ah, il ne le verra pas! Le mort est présent chaque fois que la mère fantasme son enfant à naître. Ce dernier se sent donc incestueux d'un mort. /228

▸   J'en ait fait d'étonnantes observations chez des enfants psychotiques. /228-229

▸   C'est très important de faire dessiner aux enfants un triangle équilatéral, un sapin et une feuille dentelée, pour observer si leur axe est gauchi. Les enfants qui dessinent des feuilles d'arbres en mutilant leur axes, représentent par là une mutilation de leur propre axe,

Published by Sirius-C Media Galaxy LLC, 2010

due à quelque chose de désavoué autour de leur sexe lorsqu'ils étaient tout petits. C'est-à-dire au moment de l'oralité des biberons, bien avant l'âge de la parole. Cela a gauchi l'axe réunissant leur souffle au plaisir d'être du sexe qui est le leur. /229

▸ Ces enfants ont subi une mutilation du code existant entre les besoins et les désirs de l'âge oral. Cela a toujours à voir avec un désaveu de leur sexe par la personne qui s'occupait d'eux, que ce soit leur génitrice ou la bonne d'enfant invertie, qui détestait les garçons ou les filles. /229

▸ Grâce aux dessins, nous pouvons travailler cela dans le transfert. Si nous laissons passer ce gauchissement, ces enfants vont faire une scoliose à huit ans. Je retrouve ces axes mutilés dans les dessins précoces d'enfants qui ont fait plus tard des scolioses graves. Leurs dessins désaxés montraient que leur image du corps/ végétative avait été faussée, d'où leur impossibilité de représenter quelque chose de vivant et de bien axé. /229

▸ Ces enfants sont des semblants de personnes, enclavés au stade de la passivité. Un axe bien dessiné signifie que l'on possède son double à tous les stades. L'axial éthique, c'est le sexe et le visage. /229

▸ Les êtres qui n'acceptent pas leur sexe ont un double fragile, et ont besoin d'être confirmés dans leur sexe par d'autres. /229

▸ P.: La formation du double dépend-elle du narcissisme des parents? /229

▸ F.D.: Ce ne sont pas les parents qui forgent le double. Mais il est le résultat d'une dialectique avec eux. Les enfants qui ont eu des parents très agressifs et destructeurs dans certaines limites sont ceux qui se sont forgé l'image la plus solide. /229

▸ C'est très étonnant et c'est difficile à comprendre pour nous, car, sous prétexte de principes éducatifs d'acquiescement constant à ce que fait l'enfant, nous les fragilisons énormément. Cela les empêche de structurer un double qui a son quant-à-soi, quoi que dise le voisin. /234

▸ P.: Le double ne serait-il pas l'instance qui permet à chacun de se reconnaître, c'est-à-dire le substrat de l'identité? /234

▸ F.D.: C'est tout à fait cela. C'est quelque chose de permanent qui revient, par exemple, au réveil. /234

▸ J'ai soigné un homme qui avait perdu une partie de lui-même. A quatorze ans, sa mère l'avait brutalement réveillé dans la nuit pour aller chercher le médecin parce que son père faisait un infarctus. Depuis cette nuit-là, tous les ans, à l'époque précise de cet incident, il avait un épisode maniaque, suivi d'un état dépressif de six semaines, pendant lesquelles il était obligé de se faire interner. /234

▸ Une fois marié, le symptôme est devenu très gênant et cet homme a commencé une analyse. Au cours de sa cure, il a découvert qu'il avait laissé et perdu à jamais une partie de lui-même dans son lit, la nuit de ce réveil brutal et dramatique. /234

▸ Au réveil, il ne s'était pas reconnu le même que celui qu'il était la veille au soir en s'endormant. C'est cette partie de lui qu'il était venu rechercher en analyse. Son symptôme a disparu le jour où il a vendu son lit, en fait le lit conjugal de ses parents, c'est-à-dire le lit de la scène primitive. Un lit imposé par sa mère. Ce lit où le

Published by Sirius-C Media Galaxy LLC, 2010

père (guéri et vivant depuis) avait fait son infarctus. /235

▸ Dans certaines tribus africaines, le sorcier prend le placenta de chaque enfant nouveau-né et l'enterre dans un lieu connu de tout le monde. /235

▸ En cas d'accès psychotique d'un membre de la tribu, le sorcier emmène le malade à l'endroit où est enterré son placenta et par une série d'opérations magiques lui permet de symboliser ce double inconscient dont il a été séparé ou dont un soit-disant esprit s'était emparé. /235

▸ Le sorcier réactive ou provoque cet événement, donnant au malade une véritable castration ombilicale. /238

SÉMINAIRE DE PSYCHANALYSE D'ENFANTS

TOME 2

Paris: Seuil, 1985

By Françoise Dolto

Review

In this second volume of Dolto's workshop on child psychoanalysis, she tackles a very important issue: the role of the psychoanalyst in child therapy, and she does that by elucidating the truth about what Freud called the *Oedipus Complex*.

There is namely a professional misconception in Freudian circles that *assumes all children and their parents had incestuous wishes,* or were fixated in an incestuous or pseudo-incestuous manner. The truth is of course, that this is only the case for those children who are *neurotic*, while I admit that in Western culture, a large part of the populace simply is neurotic because otherwise we wouldn't practice as a society such a perverse overprotection of children, with all the co-dependence, narcissism and emotional abuse that results from this pathological situation.

As one could misunderstand my writings on the matter, not only those of Freud and Dolto, let me say this here. I do not believe that incestuous wishes are natural in the sense that they automatically arise in a family, only because people live together and are close to each other. They arise because of *specific pathogenic factors* that are built in the modern nuclear family situation, and the fact that children are overprotected and turned into *emotional and sexual cripples* by society's persistent denial to give children all the emotional and sexual freedom that is their birthright!

Irina Ionesco, Eva

Published by Sirius-C Media Galaxy LLC, 2010

Thus, what Dolto says in the workshop to the exclusively professional audience is important, for it clarifies that *psychoanalysis does not believe all parents and children were by nature incestuous,* but that incestuous wishes are the result of neurosis and the resulting co-dependence between parents and children.

Françoise Dolto

You as psychoanalysts have to deal, in your daily practice, with neurotic children. Of course, neurotic children are incestuously fixated, because the very etiology of neurosis, as we know since Freud, is sexual. So, with this bias in your mind, you wrongly assume that the same was true for the healthy child. /21

Part of the sensual mutilation of the child regards the olfactive sense. Under the header Sensuality and the Code, this important issue was discussed, and the audience already had knowledge about the fact that from about the middle of the 17th century, there was really a break in the continuity of child education, as I have pointed it out in various publications, as from that time in history, the child began to be regarded as a potential consumer, and hence was more and more deprived of sensual, tactile and emotional pleasures and satisfactions. Dolto is very outspoken on the issue of sensuality, and children's need of being educated sensually, or at least in a way that safeguards their natural sensuality, contrary to what is done today in most schools and households in the West. In addition, this cultural deprivation has led to our Code being messed up.

Participant

In Occidental civilizations, for example, the olfactive sense is very little valued; it was, I think, valued till the 17th century - but this is a communication that today is cut between adult and child.

Françoise Dolto

> It's a repressed communication; because we adults
> have repressed the individuating nature of our indi-
> vidual odor, except in intimate erotic relations, about
> which we don't talk. /71

The following passage makes it clear that the topic of the
seminar was not just olfactive deprivation but generally sensual deprivation modern city children are suffering from.

Françoise Dolto

> Yes, it's no more inscribed in the verbal communica-
> tion code. Unfortunately children are no more edu-
> cated for olfactive discrimination. And except of the
> four fundamental colors, they receive no education
> either anymore for recognizing the many tones of each
> color, and their combinations. It's the same with the
> intelligence of touch, and our auditory faculties. Chil-
> dren are initiated too late to music, if not never. This is
> why the sensual communication code is faulty or com-
> pletely absent. /72

The next topic of this workshop was the nature of sexuality when it has remained oedipally fixated, and Dolto explains why and how the desire to rape in men is coming up
through a fixation on early pre-oedipal partial drives. This
fact, that modern civilization tries to wipe under the carpet
by putting up numerous projections, *as if only so-called 'rapists'
had rape desires,* is something we have to face in dialogue.

It's through talking desire, as Dolto called it, that we *hu-
manize* our most asocial desires. What Dolto explains here, is
that when left alone with their furtive observations of parental coitus and all the rest of sexual behavior that is *not eluci-
dated* in most modern families, children will develop a mythic

Published by Sirius-C Media Galaxy LLC, 2010

view of the matter, a view that impacts upon the feeling level and that is highly influenced by archetypal images, such as the rut, and ritual fornication, or fornication for humiliating another.

Children who grow up with such a *confused view of sexuality*, and when guilt and shame are added on to the complex soup of feelings, *will invariably have rape desires later on in life*. I am talking about men, as Dolto here only talks about men, and I am talking about men because I do not have any professional experience with female sexuality, and have no idea if women can have rape desires.

I suppose that with women rape desires are passive, so to speak, and thus desires to being raped.

Irina Ionesco, Eva

Applying the psychoanalytical framework, the nowadays frequent discussions in the popular media about women who say they want to be raped, either by their husbands, and even other men, *do not reflect the natural condition* of female sexuality!

Women who have these desires would thus have to be qualified as being stuck in their *Electra Complex,* and they do thus not reflect the lot of natural and healthy women. Thus, I tend to believe that it is not natural for women to wanting to being raped, but to play a healthy and why not, powerful, part in the whole of the game of human intercourse, be it with men or women.

Françoise Dolto

Potentially, the desire to rape in men is created during the time when the father is admired as the urethral-phallic agent, independently of the loving words he may say to the mother. It's a desire of controlling the other, of going into the other. Why not? For a boy, it's beautiful to see that; for a girl it's at the same time horrifying; but this scene is in no way an initiation to genitality. It's like a respectable fornication. Many children foster about the primal scene a fantasy of a spectacular and perfect copulation, with the representation of a patriarch who has all the rights. If you don't tell the child that fornication is not love between humans, or if you tell them to shut up when they have witnessed sexual intercourse, as if the child had done something wrong, you inhibit the child from passing into the Oedipus. It's exactly in that case that a desire to murder the father comes up in the child. / No child can admit that their father behaves like an animal fucking down their mother; a being of language cannot admit to have been born of an act that neither the father nor the mother could possibly describe as something beautiful and human. /136-137

The next important workshop topic I picked out for this review was the effects of incest, and Dolto has a view here that exceeds in clarity and comprehensiveness all I have read

Published by Sirius-C Media Galaxy LLC, 2010

and studied on the matter, that I actually tackle quite often in my own writings. Dolto sees incest as a physical metaphor for fusion, and looks at it from the perspective of the small child, with the parent who is most present of both.

Such fusion, that I came to call *co-dependence*, as this term is more common in the English-speaking world, is in Dolto's view a hindrance to growth, as it slows down the dynamics of psychic and psychosexual development for the child.

What is original in her view is that she sees such fusion as a sort of duo-autism, a shared pathology of isolationism that in real life segregates the incestuous parent and their sexual child mate and encloses them in a web of feeling all on their own, and that can't be shared with anybody – for obvious reasons.

What is less original in her view is that like Freud, *she regards sexual incest between direct-line family members as a denial of culture,* and even an acting against culture. And I think that this view cannot be considered universal as this is really a matter of culture, of what kind of culture we're in, as not all cultures share this view; the so-called 'universality of the incest taboo', that is forwarded by some researchers is of the same ideological vintage; it is simply a myth, as cultures have very different views on the matter, and different epochs as well.

This is actually true not only for incest but also for adult-child sexuality outside of the family, the so-called 'pedophilia' question. My research revealed that there cannot possibly be a greater variety in human conduct than what I found to be the kaleidoscope of adult-child sexual pleasure over time. For all, really all, has been shown to be possible, within human culture, in this respect, from tender erotic love between loving partners of different age over the forbidden teacher-pupil sexual loves to the most violent and atrocious rape of small girls by huge male animals, as the Romans organized it, for amusement, during their games.

Irina Ionesco, Eva

Thus, to speak of 'culture' as a terminologically defined and fixated item in the sense of something like a unified concept is quite manipulative, and I have to reproach it to many psychoanalysts, including Dolto. There is no culture for all, as something like a unified human experience; there are only cultures, with an 's' at the end.

Hence, incest cannot be against that *mythic notion of culture* as that concept of culture is a rhetorical misnomer that does not exist in real life. The reasons why incest is forbidden in our culture, and quite a number of others, are clearly eco-

Published by Sirius-C Media Galaxy LLC, 2010

nomical. In old Egypt, for the Pharaonic caste, incest in direct line was the rule, and the Pharaoh was supposed and even obliged to marry either his sister or his daughter, and nobody else. And this, too, had economical reasons, and had nothing to do with so-called morality. By the same token, in our society incest has not the least to do with morality. This is how it is, and a psychoanalyst is only half-baked when he or she doesn't see that and remains stuck, just like a lay person, in the lies and fairy tales of so-called public morality which is after all but an extension of the police state's stronghold over the individual, and not a matter that serves cognition or the advancement of science or psychology. So, frankly, I consider both arguments, the one that says incest is immoral and the one that says incest is a-cultural, of a *purely mythological order.*

To end this long interlude, we are back at Dolto's quite original stance on the matter when she says that incest should be talked, in the same way that desire should be talked. This is frankly the sparkle of genius I have received from Dolto, through our meeting and subsequent literary conversations, in that it is from this idea that I later developed what today I call *Emosexcoaching.* As it is the *Life Authoring* techniques that I mainly use in this new form of consulting, it can be grossly described as helping pedophiles talk their desire, so that they get into a *fruitful inner dialogue* with their inner controller, their inner child and their inner parent and adult.

Françoise Dolto

In addition, I think that the desire to fusion sexually with the adult who is all-present since birth lets the small child return to its source; this slows down the

> dynamics. To accomplish the incestuous desire would bring about something like a duo-autism between the fusioned individuals. For a slow-down is brought about when the one who was the model for growing was genitally possessed. Freud has correctly described, in Totem and Taboo, what was prior to language; but it's language that allows something like a talked incest. The desire can be talked, it can be distilled into cultural group fantasies, but it cannot be realized in a corps-à-corps relation without having destructive effects on the level of the culture. / 137-138.

The next topic is of equal importance. How does the child identify erotically with their teachers, and what is the importance of this erotic transfer?

The matter was already tackled in the first volume of the workshop transcripts. To repeat it, Dolto states that the homosexual love transfer between teachers and their same-sex pupils *serves the culture* in that it develops the pregenital drives that play a role throughout life in all that regards *anal achievements* such as *work performance, promotions, ambition,* which are after all the ingredients of social success.

Published by Sirius-C Media Galaxy LLC, 2010

In our conversation, Dolto emphasized the need for children to project their incestuous wishes on their teachers, and qualified it as is something positive as it contributes to healing both their cultural and personal neurosis.

And Dolto saw this need to be existent in children *as early as in kindergarten;* hence my idea that *emotional awareness* should be taught to teachers at all levels of the educational chain, from kindergarten teachers to high-school teachers. This special form of *emosexual self-awareness* renders teachers aware of their bioenergetic flow processes involved in the love transfer from and to children they are around every day. It will help them sublimate their pedoemotive desires and render them fully conscious so that they are not creating havoc in their psyche, thus driving them to more or less unconscious acts of manipulating children emotionally, or even sexually. When these emotional longings are rendered fully conscious, they lose their subconscious dynamics and can be tamed and thus be put at service of cultural achievements.

Françoise Dolto

All primary school education is accomplished with the oral and anal drives. Learning stuff, choking down and writing memos of what has been choked. Everybody knows that. All students are constipated before an exam; in the last moment, they run to the toilet, the belly full to explode, and extirpate what is to be given to the phallic and all-powerful teacher who will whip those who do not not satisfy his expectations (Laughter). There is always a spur of anxiety in all learning, in all choking down: these are not true sublimations because they are not genitalized. These pre-genital drives continue to play a certain role during the whole of life, but first of all in situations when one feels anxious to not being chosen for a promotion. / 138

The last topic of the workshop that I have chosen for this review is of equal importance as it regards the psychoanalytic treatment of *psychotic children*. This is important not only because it's a problem that is on the rise in modern society, but mainly because Françoise Dolto is the single most successful child therapist worldwide who was able to completely cure psychotic children; in fact, this feat was considered as absolutely impossible before her lifetime. Not only was psychosis considered in psychiatry as a neurophysiological defect, but it was also regarded by those who were in favor of the psychogenetic theory as a psychic illness that could never be cured.

Françoise Dolto applied *simple methods of psychoanalytic treatment* with no sophisticated add-ons to bring about the healing results, and in her own words, the healing occurred, to her own amazement, subsequent to little naps she had taken when being together with these child patients; in fact, she used to say that psychotic children put her to sleep, and that during her little naps, the necessary psychic transfer had been effected, in a most natural manner, that was the trigger for the psychotic children's learning the language and behavior code of our culture.

For, to make it all clear, today we know that psychosis is nothing but this: a handicap around the learning and acceptance of the *social code*, which is somehow messed up with these children through wrong or distorted communications with tutelary adults, early in childhood.

In this passage, Dolto gives the participating child psychoanalysts precise instructions about how to deal in therapy with psychotic children. And with this quote I shall come to an end of this review of some of the most important books by Françoise Dolto and I sincerely hope that I was able to open a door here for the Anglo-Saxon reader, as I know that for reasons that have nothing to do with language, but for more subtle reasons, Dolto is *as good as unknown* in the Anglo-Saxon world, even in the circles of highly intelligent and educated people.

Françoise Dolto

When you meet a psychotic child, you must recognize the modalities of the child's handling their body; how do they eat, sleep, and who is cleaning the child. It's also important to not deprive the tutelary person of mediations between their body and the child's body. When the child, for example, needs something, when they are hungry, because they don't know their body, the parent must give them to eat with their own (the child's) hand, never directly with the parent's hand. The same is valid for washing and cleaning the child. Otherwise you don't even need to start the treatment: you as psychoanalysts do not know whom you are treating because you are facing a body that is continued by another body; this means that somebody who is not individuated, their parents will not be either. In those cases, the child is a part of their body, and their desire. They have not established with the child a mediation using the child's hand as the intermediary agent, which is with humans what is needed for meeting our needs. This is all the difficulty of child psychoanalysis. You can't do the cure of a child if the parents send you only a part of their body, that they have not separated in satisfying the body's needs. It's in this case why the treatment must be done in front of the parents, until the moment when the separation between parent and child has been accomplished. From this moment, you can address the child himself or herself, emphasizing that they have to use their own body limbs for satisfying their needs, while the parents' bodies and their hands will come to touch the child only for safety reasons. The parents do not need to have their child glued to their bodies like a parasite. And here the question comes up: why do we experience such a high rate of child psychosis today? Is it not due to precisely the itinerary rupture, or rather the absence of structure due to lacking corps-à-corps with the mother? For the child today belongs to what we can call the second generation of bottle children. When a mother who was herself raised as a bottle child (not breastfed by her mother), has her own child, the code of the corps-à-corps with the mother is lacking, which normally gives a structuring security (as the mother represents equally the father for the child, mother and father are thus confounded in the fusional relation of the child who is breastfed). Formerly, a child could reenter this fusional state of being as often as they wanted to. When the child was carried and breastfed by the mother, the vibrations of the mother's voice penetrated until the child's stomach. For when a mother talks to her baby when she breastfeeds the child, the vibrations of her voice will certainly be transmitted by the hot milk, which penetrates the child's body and inscribes in their body the language code of love. This is what misses in our days with babies who are just in the crèche, that are not carried often; formerly the child was taken up all three hours for breastfeeding. / 148-149

Published by Sirius-C Media Galaxy LLC, 2010

Quotes

▸ La mère est en lui, le père est en lui. (Un enfant de trente mois s'auto-materne; à cinq ans, il s'auto-paterne).

▸ On voit parfois un enfant, quelquefois même assez grand, monter sur les genoux ou sur le dos de sa mère ou de son père, et s'endormir pendant la consultation. C'est très bon. Fusionné à la mère ou au père lui fait entendre la parole comme lorsqu'il était in utero ou lorsqu'il était tout bébé, assumé corporellement par l'un des parents. Il entend alors tout ce que l'on dit. Et si la mère déclare pour expliquer le sommeil de l'enfant: 'Vous savez, quand il voyage, il dort', on explique à l'enfant: 'Non, tu ne dors pas d'un sommeil habituel. Tu dors comme pour te remettre dans ta maman; pour écouter à travers une grande personne les choses que je lui dis pour toi.' A ce moment, on le voit bâiller. Il a donc été obligé de revenir à un état d'hypnose pour entendre à travers sa mère. /18-19

▸ P.: A propos des phobies d'animaux chez les enfants, nous nous étions posé la question plus particulière de la phobie des insectes. Est-ce une question d'âge? Est-ce une appréhension propre aux enfants? /19

▸ F.D.: Une question d'âge, oui; dans la mesure où un enfant qui se développe de manière saine est beaucoup plus intéressé par les insectes à l'âge de six mois que plus tard. Plus les animaux sont petits, plus ils intéressent les bébés, vous avez remarqué? /19

▸ P.: Nous, nous avions constaté l'inverse. /19

▸ F.D.: C'est parce que vous avez en thérapie des enfants qui sont névrosés. Moi je vous parle des enfants sains. Par exemple, supposez qu'il y ait sur la table deux objets, un grand et un petit; c'est le tout petit qui fascinera les enfants: nullement le grand. En ce qui concerne les animaux, c'est la même chose: un animal grand les fascine moins qu'un petit. Les mouches, les puces, les bêtes à bon dieu, voilà ce qui intéresse les bébés. Mais comme, au cours de leur développement, personne ne leur en parle, comme il n'y a pas d'échange à propos de ce qui captive leur attention, ce qui n'est pas parlé n'a pas le droit d'existence dans leur relation aux parents, et n'a donc pas droit d'existence pour eux-mêmes. /19

▸ C'est pour cela que l'intérêt pour les insectes est refoulé. Et ce refoulé devient dangereux. /21-22.

▸ Ce ne peut être de dire. Il suffirait de faire remarquer: 'Oui, on peut le dire, mais on ne peut pas le faire." Et le bien-parler, c'est de la culture. Il apprend du vocabulaire, la grammaire, il pourra peut-être s'exprimer en plusieurs langues; s'il devient trilingue, il pourra même raconter n'importe quoi en passant d'une langue à une autre - ce qui est peut-être une sorte de perversion - s'il peut exprimer dans une autre langue ce qu'il ne parvient pas à dire dans l'une. C'est cela, la culture. Elle est toujours fondée sur des sublimations, dans la parole, de pulsions qui ne peuvent pas se réaliser et sur des idéalisations de capacités ou de performances que l'on prête à des êtres qui n'ont pas la même éthique que celle des humains. /24

▸ On peut être sûr que, chez les enfants petits, la phobie touche à un problème d'immaturité ou de culpabilité de la mère, ou bien à une situation difficile, voire chroniquement trauma-tique, qu'il faut arriver à connaître. Si on a le temps, et si, par ailleurs, l'enfant bénéficie d'une prise en charge éducative, en peut, parfois, grâce à une cure psychanalytique, dénouer l'imbroglio émotionnel archaïque refoulé, et sortir le psychotique de sa détresse. /24

Published by Sirius-C Media Galaxy LLC, 2010

▸ Je pense, quant à moi, que la plupart des psychoses d'enfant sont enracinées dans des phobies précocissimes, dont le sens et l'objet ne sont pas repérables quand nous sommes amenés à recevoir l'enfant, qui inquiète, trop tard, les médecins et les membres du personnel éducatif. /27

▸ P.: (homme) Je voudrais vous parler d'une difficulté qui s'est présentée à moi, assez récemment, dans une psychothérapie. Il s'agit d'un petit garçon que je vois depuis un an. Il a douze ans. Depuis la semaine dernière, il a commencé à avoir un drôle de comportement: il s'exhibe. Je ne sais/ pas trop quoi faire. Il m'a dit: 'Je vais me déshabiller et te montrer ma bite. Montre-moi la tienne.' Ce sont des provocations verbales, mais je suis resté dans un questionnement … un peu perdu. /27

▸ F.D.: Depuis un an, cette difficulté dont vous parlez a dû être préparée par tout un non-dit. Et probablement ce qui vous a manqué c'est le questionnement sur ses motivations à venir vous voir. Motivations qu'il n'a pas pu vous exprimer par des mots; c'est pourquoi il vous pose la question par l'intermédiaire de son corps. Alors, devant son comportement, vous êtes resté assis, comme un bonze? /27

▸ P.: A peu près.

▸ F.D.: Comme quoi, ce sont nos patients qui nous analysent. (Rires) Mais vous-mêmes, déjà, vous faites sur lui des projections, en disant que c'est un 'petit garçon', alors qu'il a douze ans; ce qui prouverait que vous ne le voyez pas comme un être prépubère. Il est possible que, du reste, vous parliez ainsi parce que son comportement social correspondrait à celui d'un enfant de trois ans. Mais ce comportement, précisément, pose une question inconsciente, une question d'enfant de trois ans. Si l'inconscient est structuré comme un langage, c'est qu'il se constitue de questions et de réponses. L'inconscient produit donc aussi bien des questions que des réponses. Par votre comportement corporel, mimique, gestuel ou verbal, il semble que vous n'ayez pas trouvé les réponses aux questions que l'enfant ne posait pas, puisqu'il ne savait pas quelles questions, quelles réponses vous attendiez, vous. Vous restiez, pour lui, énigmatique. /61-62

▸ P.: Dans les civilisations occidentales, par exemple, l'odorat a très peu de valeur - il en a eu, je crois, jusqu'au XVIIe siècle -, mais c'est, effectivement, une communication qui, a priori, est coupée entre l'enfant et l'adulte. /62

▸ F.D.: C'est une communication refoulée; du fait que nous, adultes, nous avons refoulé la valeur individuante de l'odeur de chacun, sauf dans les relations érotiques intimes, dont on ne parle pas. /62

▸ P.: En tout cas, c'est une communication qui n'est plus inscrite… /62

▸ F.D.: Oui, elle n'est plus inscrite dans le code de la communication verbale. On n'éduque pas, malheureusement, chez les enfants, la discrimination olfactive. Et, à l'exception des quatre couleurs fondamentales, on ne fait guère davantage pour leur permettre de distinguer, de reconnaître les nombreux tons de chacune de ces couleurs, et leurs combinaisons. Il en va de même pour l'intelligence et la mémoire du toucher comme de l'audition. C'est tardivement qu'on initie l'enfant à la musique, quand ce n'est pas: jamais. Ainsi, le code des communications sensorielles est lacunaire ou absent. /71-72

▸ P.: J'ai vu une femme donner la nourriture à la petite cuiller à un bébé de trois mois dont la mère était partie. Il ne pouvait strictement rien avaler, mais apparemment il tétait le cuiller. J'étais étonnée… /72

Published by Sirius-C Media Galaxy LLC, 2010

▸ F.D.: Surtout si on ne lui dit pas que la cuiller est en métal. (Rires) /72

▸ P.: Mais l'enfant avait trois mois. /72

▸ F.D.: Oui; et alors? Il faut le lui dire, bien sûr: 'Je te donne du lait à la cuiller. C'est le sein d'aujourd'hui.' Sinon, il ne comprendra rien: quand le sein reviendra, il le prendra pour une cuiller. (Rires) Tout peut être dit à un bébé, de ce qui peut soutenir ses perceptions de la réalité. /72

▸ P.: Mais comment le lui dire? /72

▸ F.D.: Comme vous le diriez à une autre personne: 'Ta maman n'est pas là pour te donner le sein et, comme ça a faim dans toi, je te le donne avec une cuiller, parce que je ne peux pas te le donner autrement.' Voilà comment vous pouvez parler à une bébé de huit jours. Pourquoi pas? /72

▸ P.: Vous pensez que cela fait quelque chose? /72

▸ F.D.: Ah oui! Ca fait sûrement quelque chose, parce qu'il se dit: 'Bon. Il faut bien bouffer. Ce n'est pas le sein, je suis d'accord: c'est la cuiller.' Et pourquoi pas? On peut très bien habituer un bébé à d'autres manières de se sustenter, de satisfaire sa soif et sa faim, qu'avec le sein, à condition de lui en parler. Et quand il n'en veut pas, on peut lui dire: 'Eh bien, du n'aimes pas la cuiller? Pourtant, ça a faim dans toi.' Et c'est vrai: il a faim, il a soif. Il peut rester un certain temps sans téter ni boire, mais non sans absorber de liquide au moins sous perfusion. /72

▸ Un bébé, c'est bien plus intelligent qu'on ne croit. C'est-à-dire que chacun de nous, quand il était bébé, était bien plus intelligent que ce qu'il est devenu, adulte. (Rires) Il comprend tout à fait le langage quand quelqu'un lui parle pour lui communiquer ce dont il a la perception par ailleurs, et pour lui mettre en paroles ce qu'il est en train de vivre, d'expérimenter. /72

▸ Certains psychanalystes même ont beaucoup de peine à admettre qu'on puisse parler à un bébé immédiatement, dès sa naissance. Pourtant, ce sont les premières choses entendues, dès sa naissance, qui le marquent toute sa vie et qui restent indélébiles sur la bande magnétique de sa mémoire. /95-96

▸ Il ne faut pas oublier qu'avant de le connaître comme une personne, le petit enfant a du père une image partielle, qui porte le nom de sein: le sein de la mère, c'est le père dans la mère. Voilà quelque chose d'archaïque chez l'être humain: le sein de la mère est phallique. Il y a une érectilité du téton; et, de même que téter provoque l'érectilité pénienne du garçon, cela excite, probablement, l'érectilité orbiculaire vaginale de la fille. C'est donc en tant que phallique que le sein est déjà porteur du sens du nom du père; peut-être pas du père de l'enfant, mais père en général. ... ; le sein est ainsi associé au pénis visiteur du corps de la mère, lors de la vie intra-utérine du fœtus. /126

▸ L'origine des potentialités du désir de viol chez un homme provient certainement de cette époque où le père est admiré en tant qu'urétral-phallique, indépendamment des paroles d'amour qu'il pourrait dire à la mère. C'est un désir de maîtrise de l'autre, de rentrer dans l'autre. Pourquoi pas? Pour un garçon, c'est magnifique de voir ça; pour une fille, c'est en même temps terrifiant, mais cette scène n'est nullement une initiation à la génitalité. C'est comme un rut respectable. Beaucoup d'enfants ont de la scène primitive une imagerie de rut accompli, spectaculaire, avec la représentation d'un patriarche qui a tous les droits. Cela fait partie pour l'enfant de quelque chose qui semble admettre.

Published by Sirius-C Media Galaxy LLC, 2010

Or, si on ne lui dit pas que le rut n'est pas l'amour entre humains, ou bien si on lui signifie de se taire, au cas où il assiste à une étreinte sexuelle, comme s'il avait mal agi, alors il ne peut pas y avoir d'Œdipe, chez un tel enfant. C'est dans ce cas, justement, qu'il y a désir de meurtre du père. /126

▸ Aucun garçon, aucune fille ne peut admettre que son père se comporte comme une bête en rut sur la mère soumise; un être qui parle ne peut admettre être né d'un acte dont ni le père ni la mère ne peuvent lui parler comme d'un acte beau et humain. /136-137

▸ De plus, je crois que le fait de désirer fusionner sexuellement avec l'adulte qui l'a représenté tout le temps de sa croissance fait retourner le petit à sa source; cela ralentit tout dynamique. Accomplir le désir incestueux produirait une sorte d'autisme à deux, entre des êtres fusionnés. Car il y a dédynamisation, s'il y a possession génitale de celui qui a été le modèle pour grandir. /137

▸ Freud a très justement vu, dans Totem et Tabou, ce qui est préalable à la parole; mais c'est la parole qui permet une sorte d'inceste parlé. Le désir peut se parler, se fantasmer culturellement, il ne peut se réaliser dans le corps-à-corps, sans conséquences destructrices à l'étage de la culture. /137-138

▸ Toute la scolarité primaire se fait avec les pulsions orales et anales. Apprendre des notions, avaler et en faire des rendus et comptes rendus. Tout le monde le sait bien. Tous les étudiants sont constipés avant un examen; puis, au dernier moment, on court au WC, on est plein à bloc de ce qu'il faudra rendre au prof, phallique et tout-puissant, qui donner le fouet si on ne satisfait pas son attente! (Rires) Il y a toujours une teinte de cette anxiété dans les façons d'apprendre, d'avaler: ce ne sont pas, d'ailleurs, de véritables sublimations puisqu'elles ne sont pas génitalisées. /138

▸ Ces pulsions pré-génitales continuent de jouer un certain rôle, toute la vie, mais surtout dans les situations où l'on se sent en danger de ne pas obtenir une promotion. /138

▸ Pour les filles, la castration primaire, c'est de reconnaître qu'elles n'ont pas de pénis; la castration primaire bis, d'accepter de ne pas avoir de seins. Elles s'en sortent, d'une façon qui n'est pas visible comme chez les garçons, par une croyance imaginaire dans le "faire" magique des mères qui produiraient les enfants de manière digestive, parthénogénétique. Si on ne les on dissuade pas, les filles peuvent rester, toute leur existence, attachées à ce fantasme, qui n'empêche pas la vie du corps mais qui fait obstacle aux relations mixtes comme à la castration symbolique; qui fait barrage à une Œdipe complet, comme au désir d'avoir un enfant du père. Laissés dans cet état d'ignorance, les filles imaginent que les enfants sont les produits magiques de la consommation orale d'un objet partiel, ou le résultat d'une piqûre, par exemple. C'était la théorie d'une jeune fille qui avait suivi, à l'âge de douze ans, des cours d'éducation sexuelle, que sa pauvre mère, veuve, lui payait fort cher. Elle en avait retenu que les filles avaient depuis toujours des bébés dans leur corps, mais qu'il fallait une piqûre que les messieurs font avec leur "truc", pour que les bébés puissent se développer et sortir. (Rires) Voilà ce qu'avait retiré de l'instruction sexuelle cette innocente, fille innocente! Quant aux hommes, ils avaient un "vagain"; ils n'avaient pas les mêmes règles que les femmes: elles étaient blanches chez les hommes, alors que pour les femmes c'était du sang. /138

▸ Vous voyez qu'il ne suffit pas de s'instruire (Rires). /138

▸ [Enfants psychotiques] Lorsque l'on a à faire à un enfant psychotique, il faut connaître les modalités selon lesquelles il satisfait les besoins de son corps: comment ça se passe; comment il mange; comment il dort; qui le

Published by Sirius-C Media Galaxy LLC, 2010

torche. Il est également important de ne pas laisser le parent tutélaire sans médiations entre son propre corps et celui de l'enfant. Si, par exemple, l'enfant a besoin de quelque chose, qu'il a faim, et que, du fait de l'incapacité où il se trouve de connaître son corps, il ne peut demander, c'est avec sa main à lui que ses parents doivent le faire manger, jamais directement avec leur propre main; de même pour qu'il se lave ou se torche. Sinon, ce n'est pas la peine de commencer un traitement: vous, psychanalystes, ne savez pas, dans de telles conditions, qui vous soignez puisque vous avez affaire à un corps qui se continue par un autre corps; c'est-à-dire à un sujet qui n'est pas castré, ses parents ne l'étant pas non plus. L'enfant est alors une partie de leur corps et de leur désir. Ils n'ont pas mis entre eux-mêmes et lui la médiation de cette partie distincte du corps de l'enfant: la main, laquelle, chez les humains, sert à faire ce qui est nécessaire à la satisfaction des besoins. / 138

▸ C'est toute la difficulté de la psychanalyse d'enfants. On ne peut pas entreprendre la cure d'un enfant si les parents ne vous envoient, en fait, qu'un bout d'eux-mêmes dont ils ne sont pas séparés dans la satisfaction des besoins du corps. C'est dans ce cas précisément que le traitement doit se faire devant les parents, jusqu'au moment où cette séparation sera acquise à domicile. Il faut alors s'adresser à l'enfant lui-même, souligner qu'il est limité à ses téguments pour la satisfaction de ses besoins, tandis que le corps et les mains de ses parents n'ont de contact avec son corps que pour sa sécurité. Les parents n'ont pas besoin que le corps de leur enfant soit collé au leur, comme un parasite. / 147

▸ D'où la question: pourquoi tant de psychoses d'enfants aujourd'hui? N'est-ce pas dû précisément à la rupture itérative, ou plutôt à l'absence de structuration par le corps-à-corps avec la mère? Car l'enfant d'aujourd'hui appartient à ce qu'on peut déjà appeler la deuxième génération du biberon. Lorsqu'une mère, elle-même élevée au biberon, le donne à son tour à son enfant, il n'y a pas pour celui-ci inscription du corps-à-corps à la mère, qui devrait lui donner une sécurité structurante (la mère représentant également le père pour l'enfant; mère et père se trouvant confondus dans la relation fusionnelle de l'enfant au sein). Autrefois, un enfant retrouvait aussi souvent qu'il le voulait le rythme de cette existence fusionnelle. Quand il était porté et allaité par / la mère, les vibrations de la voix maternelle parvenaient jusqu'à son estomac. Car, si une mère parle à son bébé en lui donnant la tétée, les vibrations de sa voix seront, bien sûr, portées par ce courant liquide bien chaud qui entre à l'intérieur de lui et qui dépose en son corps même une inscription langagière d'amour. C'est ce qui manque, de nos jours, aux enfants qu'on laisse dans leur berceau, qu'on porte moins souvent; autrefois, on les prenait toutes les trois heures pour leur donner le sein. / 148-149

▸ [Traitement des psychotiques] C'est très curieux: quelquefois, on se met à tutoyer un jeune à qui, d'ordinaire, on s'adresse en disant vous. Ça m'est arrivé. Cela signifie qu'une modification inconsciente dans la relation s'impose à la conscience. Dans ce cas, je demande à la fille, ou au garçon: 'Qu'en penses-tu? Lorsque tu es arrivé, je te disais vous; maintenant je te tutoie' (Ou bien c'est l'inverse: j'ai commencé par le tutoiement pour passer ensuite au vouvoiement). C'est à eux que je pose la question, c'est par eux qu'elle m'est venue. / 149

▸ C'est la même chose lorsque je m'endors en séance. C'est à la personne qui m'endort que je demande pourquoi. (Rires). Eh oui! Elle le sait sans doute mieux que moi. / 149

▸ Ce qui est terrible, c'est avec certains enfants psychotiques: je ne sais pas si vous l'avez remarqué, avec eux on est vraiment pris de sommeil. Chaque fois, je leur dis: 'Tu vois, je m'endors', ou bien, 'Tu as vu? J'ai dormi.' Or c'est étonnant de voir les progrès que cela leur fait

Published by Sirius-C Media Galaxy LLC, 2010

faire. Ils sont là, pendant qu'on somnole et, tout d'un coup, on est réveillé parce que quelque chose a été vécu. /149

▸ A être ainsi soumis à la libido du sujet, dans un contre-transfert, on le laisse seul maître de la situation. Il a besoin que nous abandonnions notre vigilance pendant un moment. C'est une manière pour l'enfant de castrer la psychanalyste, et c'est excellent pour lui. Il ne répond pas avec des mots; il répond/ avec sa libido qui prend de la présence et de la force: plus, même, il met de l'ordre. /149

▸ Ce qui est curieux, du reste, c'est que, par exemple, les psychotiques qui sont des 'casse-tout' sont le plus souvent ceux qui vous endorment; or, quand ils ont endormi le psychanalyste, ils ne font jamais de déprédations. /153-154

▸ Qu'on se sente pris de sommeil est donc très important pour eux: parce que cela signifie que notre inconscient communique avec le leur. D'ailleurs, quand on dort près de quelqu'un, on est vraiment avec cette personne; bien davantage qu'à l'état vigile. Se laisser aller au sommeil veut dire que nous faisons confiance tant à l'autre qu'à notre inconscient. Les enfants psychotiques sentent qu'on leur fait confiance ainsi. Nos pulsions de vie comme nos pulsions de mort communiquent alors avec les leurs, en sécurité. /154

▸ Ce désir narcissique, fusionnel, sait ce qu'il fait; il vise, dans l'impossible, incestueusement, la mère ou le père primitive, et se transfère sur tout autre acceptant la rencontre. Cet autre devient alors, pour le psychotique, à la fois désiré et dangereux. C'est pourquoi, de l'endormissement de l'autre, le psychotique reçoit/ l'apaisement d'être totalement accepté, avec son angoisse et ses fantasmes. /154-155

▸ La partie désirante de nos pulsions de vie restant au repos, les enfants psychotiques sont, eux, beaucoup plus libres de leur libido active, plus conscients d'eux-mêmes, lorsque justement nous cessons de l'être pour eux. L'ici-maintenant de la relation psychique entre deux sujets est laissé aux seules pulsions de l'enfant, l'analyste assumant ses propres pulsions de mort. C'est le résultat du transfert fusionnel. L'absence de notre présence assumée comme telle vis-à-vis de l'enfant permet à ce qui, en lui, est d'habitude absent de devenir présent et efficace. Ceci se produit donc dans un moment de contre-transfert, accepté par l'analyste, et correspondant aux nécessités fusionnelles du désir chez ces enfants. /155

▸ [Camille] Si, par exemple, vous faites promener un bébé par quelqu'un qu'il ne connaît pas, un bébé qui d'habitude ne dort pas à l'heure de la promenade, vous verrez que cette fois il s'endormira, parce que vous ne lui aurez pas présenté vraiment cette personne. On voit ce phénomène chez des enfants de deux ou trois mois, et chez certains, il se produit jusqu'à onze ou douze mois. C'est au moment de la marche qu'il disparaît. En effet, ils s'endorment pour fuir cette relation pour laquelle ils n'ont pas de code. C'est trop difficile pour eux, ils n'ont pas reçu de paroles médiatrices. /158

▸ C'est peut-être quelque chose du même ordre qui nous fait nous endormir, quand il devient trop difficile de suivre un psychotique dans une structure qui n'est qu'à lui seul. Une telle structure, qui a été totalement refoulée en nous, il faut aller jusqu'à s'endormir pour la retrouver, pour être, grâce à notre noyau psychotique, en bonne intelligence avec l'enfant. /158

▸ Mais oui! C'est ça, être psychanalyste, praticien: C'est se coltiner l'autre jusqu'à rencontrer en soi le noyau psychotique: le sien et puis celui de l'autre. (Rires) Quand on parle de 'psychotique', cela signifie: 'sans code connu'. Il est, en effet, possible que l'endormissement de l'analyste vienne d'une résistance à pouvoir dire en mots ce que ces psychotiques muets ne peuvent pas même dire par une expression graphique, plastique ou ludique lorsque l'analyste est attentif. / 159

▸ P.: Quand les parents d'un enfant sont morts, quelle aide symbolique peut-on lui apporter? / 159

▸ F.D.: Il faut que ces enfants dont les parents sont morts puissent exprimer une dette d'agressivité à leur égard. Ils sont furieux. Il faut donc les aider à être agressifs envers des parents qui n'ont pas été assez forts contre la mort. On peut dire à un enfant: 'Ils n'ont pas assez pensé à toi, mais, puisque tu as survécu, c'est que tu avais en toi suffisamment de la force de ta maman et de ton papa pour rester. Maintenant, c'est toi qui représente la famille. / 160

▸ Tel est le danger qui représentent les parents morts. C'est sans doute la raison pour laquelle, en général, les collatéraux ne veulent pas dire à un enfant que sa mère est morte. Ils pensent inconsciemment, peut-être: si on ne lui dit, il voudra mourir à son tour. Or, c'est le contraire: si on le lui dit, il sera agressif. Et, s'il est soutenu dans son agressivité à l'égard du mort, il sera soutenu dans ses pulsions de vie. / 160

▸ Il est difficile de comprendre pourquoi on cache aux enfants la mort de ceux qu'ils aiment, alors que leur dire la vérité est le seul moyen de les aider à n'être pas coupables de survivre. Or cet effort pour n'être pas coupable passe, pour l'enfant, par une phase d'agressivité contre la mort. / 161

▸ Il faut laisser à ces enfants leurs fantasmes sur la manière dont leurs parents sont morts, parce que tout ce que nous savons de vrai s'arrête à ce que nous leur disons et à ce qu'ils nous disent. Sur le reste, l'enfant peut fabuler. Ce qui importe, c'est que cela soit représenté.

S'il croit que ses parents sont morts en avion, en lui dit: 'Eh bien, dessine l'avion… Dessine comment ton père et ta mère sont morts.' /161

▸ Il faut que la mort puisse être représentée par un fantasme, médiatisée par des images. /161

▸ Les humains sont tous pervers: ne serait-ce que d'accepter le code du langage, lequel ne nous vient pas de la nature. /182

▸ P.: Vous dites que les pervers sont toujours soignables. /182

▸ F.D.: Oui, s'ils souffrent de leur perversion ou de ses effets, ils peuvent être traités en psychanalyse. /183

▸ Freud dit que la perversion, c'est le négatif de la névrose. Une perversion n'est pas organisée comme l'est une névrose; c'est une organisation qui peut déboucher, un beau jour, sur la santé. Je crois le névrosé plus fixé narcissiquement que le pervers. Une libido, ça évolue; on est poussé par un manque. Lorsque l'on a finalement assez répété la recherche d'un plaisir chiche, qui ne débouche sur rien, on se tourne vers autre chose. /184

▸ P.: Est-ce que le cas de la petite fille qui fait pipi sur son caca a quelque chose d'une perversion, du fait que c'est un acte et pas seulement un fantasme? /184

▸ F.D.: Oui; mais les enfants sont tous pervertissables. Dans ce cas, le père a prêté attention à quelque chose qui ne relève pas de l'éducation. Car la continence sphinctérienne est saine et normale chez tous les mammifères, sauf s'ils sont infirmes. Donc cette petite aurait été incontinente comme tous les enfants de son âge, si elle n'avait cherché à attirer l'attention de son père sur son sexe de fille. Les parents se laissent piéger par l'enfant en s'intéressant à son bassin. Il suffirait de lui dire: 'Ecoute, quand cela devra cesser, ça s'arrêtera; puisque tous les animaux deviennent propres d'eux-mêmes. C'est que tu n'as pas envie de devenir une fille, tu veux rester comme une guenon. Moi, ton pipi ne m'intéresse pas.' Ce qui importe, c'est de s'intéresser aux sublimations en cours chez l'enfant et non aux satisfactions brutes du corps (besoins ou désirs). /184

▶ P.: Dans le cas d'une perversion féminine, si tant est que cela puisse exister, par exemple celle qui commencerait par faire pipi sur le papa pour … /184

▶ F.D.: Pour le provoquer à donner un fessée. Plus tard, cela fera partie de son érotisation de femme que d'être fessée par son amant. C'est en ce sens qu'on fait de cette érotisation une prétendue perversion. Mais cela dépend aussi de l'intensité liée au fantasme: est-ce véritablement la fessée qui provoque chez cette femme l'orgasme, au lieu du fait de se donner à un homme? /185

▶ L'hystérie a pour but de manipuler l'autre: que l'autre tombe dans le piège du désir du sujet. L'hystérique manipule l'autre pour qu'il s'occupe de lui (ou d'elle). C'est la différence avec le domaine du psychosomatique où c'est soi-même qu'on manipule. C'est alors un surmoi qui sévit à l'intérieur. Tandis que, l'hystérie, il faut que l'autre y réponde pour que cela continue; sinon, cela s'arrête. /186

▶ Ce que j'appelle perversion, ici, c'est la conservation après l'Œdipe d'une attitude incestueuse, liée à une érotique anale et non à une érotique génitale: par exemple, qu'une femme maintienne dans ses rapports avec son amant la relation qu'elle avait avec son père, le père aux fessées. Il faut que l'amant soit pour elle le père avant que d'être un amant (c'est-à-dire un autre, hors de la famille). Elle n'est pas castrée de son père. /186

▸ On me reproche beaucoup d'être normative, de ne pas laisser dire simplement ce qui vient, que ce soit de l'imaginaire, du réel, du symbolique. C'est tout à fait impossible avec les enfants. On peut avoir cette écoute avec ceux qui sont au moment de l'Oedipe, lorsqu'ils sont continents, ou lorsqu'ils parlent déjà parfaitement; lorsqu'ils peuvent verbaliser des représentations orales ou anales, qu'ils ont, donc, déjà sublimées en partie, ou bien lorsqu'ils savent déjà faire quelque chose de leurs mains, en y prenant un plaisir créatif et idéatif. /186

▸ Mais nous ne pouvons pas laisser dire ni laisser faire n'importe quoi - qui ne dit mot consent. Par exemple, on ne peut pas ne pas réagir, au moins par une question, au déni du père qui nous raconte que son enfant - amené en crise oedipienne - couche dans le lit de la mère. A ce père complaisant que dort de son/coté, on peut dire: 'Eh bien, continuez! Mais moi je ne fais pas de psychanalyse.' /186

▸ On ne peut pas poursuivre un traitement en se faisant en même temps complice d'une perversion des parents. Peut-être ne parviendront-ils pas à renoncer à leur comportement dès la première semaine. Nous devons leur dire, alors, qu'ils sont nuisibles pour leur enfant. /187

▸ Je ne crois pas que l'on puisse faire de psychanalyse sans donner les castrations aux pulsions dans un champ de communication culturelle. /186-187

▸ - En revanche, si nous acceptons de tenir la place où l'enfant veut nous mettre pour nous faire assister à une inversion des rôles telle qu'il va par exemple prendre auprès de son père la place de la mère, et traiter son père comme son bébé, nous sommes alors complices d'une perversion que les parents ont eux-mêmes donnée en exemple, ou qu'ils ont subie parce qu'ils sont soumis au plaisir de leur enfant. Car c'est ça: quand une petite

Published by Sirius-C Media Galaxy LLC, 2010

fille fait pipi, dans la journée, pour provoquer son père, elle sait que cela va lui valoir une fessée. Et qu'est-ce qu'une fessée pour un enfant qui est encore au stade anal, ou même au stade pré-œdipien? C'est un substitut du coït! /187

▸   Eh bien, la petite dont nous parlions provoquait son père à un coït avec elle en lui désignant, par son pipi, son lieu de manque. 'A ne pas l'avoir' comme les garçons, 'Ca te provoque plus que si je l'avais'. Elle obligeait ainsi son père à la fesser, pour jouir masochiquement. /187

▸   Il me revient aussi le souvenir d'un cas extraordinaire d'enfant mutique. C'était une petite fille de trois ans; elle s'occupait à un jeu tel que j'ai demandé à la mère si elle avait fait une fausse couche. Elle me répondit: Oui, mais c'était avant la naissance de la petite. Elle avait, alors, subi un avortement sur le conseil d'un médecin. Ce n'était donc pas cela. Je dis à la mère: Alors, ce serait quelque chose d'autre. Elle commençait à rire: Ce serait trop drôle. Je lui dis: Non, il ne s'agit pas d'une fausse couche que vous auriez faite avant sa naissance, mais de quelque chose qui s'est produit du vivant de l'enfant. /187

▸   Oui, bien sûr, quand elle avait dix mois, j'ai été de nouveau enceinte. J'ai fait une IVG. Or, cela fait maintenant six mois que nous voudrions avoir un autre enfant, et je ne peux pas. Cela m'ennuie beaucoup,/mais je me demande si ce serait raisonnable, avec une enfant muette, une enfant qui sera un problème toute la vie.' /187

▸   Je la rassure: 'Je ne crois pas qu'elle sera muette toute sa vie; votre enfant est en train de dire avec son mutisme: 'Vous ne m'avez pas expliqué, ni papa, ni toi, pourquoi tu avais un enfant dans le ventre, et pourquoi il est parti.' /187

▸ A ce moment, la petite m'a regardée et elle a tiré son père: Viens papa, cette dame est une emmerdeuse; alors qu'elle n'avait jamais parlé. Elle avait cessé de dire papa, maman, vers douze ou quatorze mois, à l'époque où sa mère, enceinte, avait avorté. Au début, personne ne s'était aperçu de son mutisme. Elle avait gardé les mimiques, elle avait encore des jeux, mais elle était devenue triste et figée depuis que la mère essayait à nouveau d'être enceinte sans y parvenir. La femme avait dû en parler à ses amies et leur dire qu'elle allait voir un gynécologue. Elle ne parlait à personne du premier avortement qui était justifié, pour elle, par le médecin. Elle ne s'en sentait pas coupable du tout. En revanche, elle se sentait très coupable de la seconde IVG. /187

▸ Or cette petite fille, qui s'était bloquée, qui avait cessé de prononcer les quelques mots qu'elle connaissait, était vraiment très oedipienne. /198-199

▸ Il faut absolument dire la vérité aux enfants, il sont trop malins pour ne pas être en mesure de la recevoir. /199

▸ Je ne crois pas qu'on puisse terminer une cure sans parler à l'enfant de la mort, sans qu'il se la représente en fantasmes - la sienne, bien sûr, mais la nôtre d'abord, puis celle du père et de la mère. /199

▸ Or, le garçon dont vous parlez ne dit pas qu'il veut partir; c'est vous qui songez au terme du traitement. Qu'il veuille rester avec vous signifie justement qu'il n'accepte pas la mort de cette relation; car la mort de quelqu'un, c'est, pour les autres, la mort de la relation qu'ils avaient avec cette personne. /205

▸ Il y a ainsi des représentations de choses dont l'enfant parle tout le temps, et qu'il ne peut pas faire tenir debout. On ne peut pas laisser partir un enfant de six ou sept ans qui fait des bonshommes dont les pieds vont dans des directions opposées, l'un à droite, l'autre à

Published by Sirius-C Media Galaxy LLC, 2010

gauche. C'est impossible. Si vous le laissez partir, il va se casser la gueule. 'De quel côté va ce personnage? - Il va par là - Ah! Alors ces pieds n'avancent pas dans le même sens que lui.' Or, les pieds, c'est le sexe. /206

▸   Or, dans les dessins de certains d'entre eux, dont on pouvait suivre l'évolution en faisant des comparaisons, on pouvait remarquer trois niveaux, trois plans distincts dans lesquels il y avait des ronds bien centrés. J'avais observé que, dans un dessin à trois plans bien équilibrés, par exemple une route, une rivière, un train, s'il y avait trois roues rayonnées, correctement centrées, et trois personnages assez solidement campés, c'était que l'enfant avait dépassé ses sept, huit ans, et son Œdipe. C'était une chose simplette que j'avais trouvée là, mais elle est vérifiée. /207

▸   Un bébé ne peut pas parler, il ne peut que crier ou vomir. Le nouveau-né confond facilement le larynx et le pharynx, qui sont des lieux d'échanges si proches: l'un, pour l'échange substantiel de nourriture, qui ne devrait suivre que le sens de la bouche vers l'estomac, l'autre, pour l'échange subtil d'air dans les deux sens (inspirer et expirer), lequel, grâce au larynx et à la poussée pulmonaire, peut produire le cri et le son des paroles. /214

▸   [Filles anorexiques] Ce père, en revanche, peut avoir une fonction surmoïque très exigeante à l'égard des études de sa fille, de son emploi du temps, de ses allées et venues ou de ses lectures; il ne voit pas du tout en elle la jeune fille qu'elle devient pour les autres; il ne supporte pas qu'elle tente de s'insérer dans la société en tant que femme désirable, créatrice, et libérée de la tutelle paternelle. On pourrait appeler ces pères 'abusifs' bien qu'ils ne soient pas violeurs de leur fille; ils culpabilisent par leurs interdits et leur surveillance jalouse tout essor génital de celle-ci. Les pulsions érotiques génitales refoulées provoquent alors chez la fille l'inflation d'une recherche de plaisir oral, de gourmandise. Son désir reflue vers la pulsion de manger, à défaut d'attirer en son vagin le pénis des garçons. N'ayant pas connu le renoncement à leur père, ces jeunes filles ne sont pas génitalisées: elles n'ont pas connu les caractéristiques de l'Œdipe, ni surtout ses reviviscences au moment de la puberté, notamment l'angoisse de viol, ce fantasme structurant de l'adolescence de la jeune fille. Il n'existe plus que soumission à la parole morne et dévitalisée d'un père-patron. Ces filles, que nous voyons boulimiques ou anorexiques, sont débordées par des pulsions orales et anales, actives. Elles sont généralement travailleuses, mais leur but n'est pas d'en éprouver du plaisir; pourtant, cette activité compulsive semble leur apporter une satisfaction énorme. Elles réussissent à leurs examens, font du sport. Il faut voir comme certaines anorexiques abattent des besognes que des personnes très musclées ne parviendront pas à accomplir. Elles s'épuisent à faire la cuisine pour les autres ou pour elles-mêmes, cuisine que, d'ailleurs, elles ne mangent pas. /226

Published by Sirius-C Media Galaxy LLC, 2010

SÉMINAIRE DE PSYCHANALYSE D'ENFANTS

TOME 3

Inconscient et destins

Paris: Seuil, 1988

By Françoise Dolto

Review

There is so much hard stuff in this 3rd workshop on child psychoanalysis that I can't put it in a book review, so much the more as translating the language of psychoanalysts always bears a danger of error. So I have chosen just *one passage* that not only is very clear and unambiguous, but also important enough to be reviewed here.

It is very important because there are, especially in the Anglo-Saxon world, many psychoanalysts Dolto is referring to in this statement. I also know she had in mind, inter alia, the Swiss psychoanalyst Alice Miller.

I know this because in my interview with Dolto, in 1986 in Paris, we had discussed the matter, as I asked Dolto explicitly about the strange opinions of Alice Miller to blame parents, educators or other adults guilty of having erotic feelings

Published by Sirius-C Media Galaxy LLC, 2010

for children, *as if these feelings were the most murderous things in the world,* and as if the child was a dead puppet and had no feelings and desires of their own.

And Dolto told me that Miller's opinions were not 'psychoanalytic' in the Freudian sense, which means they represent non-professional utterings, or a personal bias, the result of her *basic denial to face and acknowledge the human child's natural sexuality.*

It is well possible that my question, and our subsequent correspondence triggered with Dolto a creative process, to bring this subject up in one of her later workshops on child psychoanalysis, which were, by the way, not open for the lay public, but only for graduated child psychoanalysts.

I leave it over to the reader to go through this passage, as I think it speaks for itself, and I can thus spare any further comment.

Françoise Dolto

Q. But there is also the child's narcissism as partial object of their mother.

D. Of course. There are in fact psychoanalysts who speak only about the parents' erotic attraction toward their child, as if the child did not have a desire. This is completely wrong! According to these psychoanalysts, the desire of parents for their child is of a more or less overwhelming nature. There are in fact cases where the child is completely trapped by the paraphilic desire of adults. But the child is not a partial object. He is affected, 'aspected', if I may say so, by the parents whose color he takes, but he himself has a developmental program inscribed in his corporal scheme; even if the parents do not authorize that his body image organizes itself in relation to them. I defend this *mordicus*, and the head under the butcher's knife. (Laughter)

With this construction, don't you think so, that says children were only the receivers, sponges or 'suggestion-receivers' of their parents' desire, we are no more scientific but really within the realm of magic. A human being is born because of their own mission coded in their body image as a member of their species, they have specific needs, and inevitably genital longings, but these longings can manifest only from the moment body coordination is sufficiently developed to manifest them: that means motor development must be put at the service of the genital needs. And this will not be before the child is three and a half years, four years old.

It begins, do you know, with *exhibitionism*. All small children, once they acquire motricity, show their genitals. They would even do it when raised as the only child because this need is simply there since they were small; to look oneself and others becomes an important pole of interest, because the motor desires will thus serve the genital desires of the child.

A child has desires all the way through their human evolution, and these are not just the desires of their parents. /27-28

Published by Sirius-C Media Galaxy LLC, 2010

Quotes

▸   P.: Est-ce que vous pourriez nous parler des symptômes obsessionnels? /17

▸   F.D.: En fait, le symptôme, c'est la demande: c'est grâce au symptôme qu'on vient demander à l'analyste une aide pour comprendre ce qui se passe; mais derrière la demande il y a tout un ensemble complexe, condensé dans le symptôme. /17

▸   Ce que l'on peut dire en premier lieu, sur le plan théorique, c'est qu'on appelle obsessionnels les symptômes, les comportements qui n'ont pas de sens utilitaire, et, surtout, qui sont répétitifs: on répète toujours la même chose. /17

▸   Il est certain que, du point de vue clinique, on ne doit jamais attaquer directement les symptômes obsessionnels, pas plus que tout autre symptôme d'ailleurs. Puisqu'ils sont répétitifs, c'est qu'il s'agit, par définition, des pulsions de mort. Cela nous oblige à nous demander comment les pulsions de mort oeuvrent dans le sujet, pris dans son histoire, engagé/ dans un désir progressif, c'est-à-dire un désir qui est tout le temps nouveau. /17

▸   A partir du moment où quelqu'un a un symptôme obsessionnel, on peut dire qu'il est sous tension d'un désir interdit. Mais toute problématique sur des symptômes obsessionnels revient toujours aux questions suivantes: Quel est l'objet obsédant? Lequel des sens du corps est concerné par l'obsession? Ou bien encore: Quel en est le médiateur? Est-ce une idée? Est-ce une forme du toucher? Est-ce un comportement? C'est toujours l'un de ces termes qui fait l'objet d'une analyse. En tout cas, l'obsession est toujours le signe d'une résistance à un désir; à un désir qui cogne contre un interdit surmoïque. Et pourtant, grâce à des symptômes obsessionnels, les gens vivent bien en société. Nous sommes tous des obsédés dans nos sociétés. Obsédés de l'heure, ne serait-ce que cela! Etre obsédé du temps de tout le monde, alors que chacun a son temps propre. /17

▸ Où commence le symptôme? Et s'agit-il toujours d'un mécanisme de défense contre ses propres désirs - puisque chacun est marginal quand il s'agit de désir? Comment évitons-nous une marginalité qui est en contradiction avec notre idéal du moi? Grâce à des symptômes obsessionnels qui se trouvent être ceux de tout le monde; alors, nous nous croyons en bonne santé. Quand nous sommes tous aliénés de la même façon, nous nous comprenons et nous nous trouvons très normaux.' /17-18

▸ Heureusement, les enfants vivent en analyse beaucoup plus de choses que nous n'en comprenons, et c'est grâce à cela qu'ils guérissent. Nous ne comprenons pas pourquoi ils guérissent. Ils ont revécu, dans le transfert, des émois du passé. Heureusement d'ailleurs, s'il en va ainsi. Nous sommes si démunis devant beaucoup de cas que nous sommes étonnés de les voir guérir. /21

▸ Il ne fait jamais déclarer à un enfant qu'il vous traduit ceci ou cela, mais ne lui proposer une interprétation que sous forme de question ou d'hypothèse: 'Peut-être veux-tu me dire, par ce moyen, quelque chose qui est autour de tel événement de tel âge de ta vie?' C'est déjà beaucoup, parce qu'il voit que nous faisons effort pour le suivre et que, quoi qu'il fasse, nous y cherchons un sens - un sens rémanent dans le transfert d'une relation passée. /21

▸ Je crois que c'est surtout cela notre rôle de psychanalystes: de parvenir à une écoute où tout comportement de l'enfant nous pose question de son sens, même si nous ne le comprenons pas. C'est par là que nous observons finement et que nous pouvons réagir à quelque chose que spontanément nous avons observé finement. /21

▸ [Un enfant qui tire ses cheveux] Il faut bien employer l'énergie qui va aux muscles. L'énergie qui va aux muscles striés, c'est l'énergie anale; et il fallait bien qu'elle l'utilise! Alors elle en a fait des symptômes de répétition. Comme on ne peut pas faire caca toute la journée, alors, on fait caca avec les muscles; on fait n'importe quoi, quelque chose qui n'a pas de sens, qui est de l'ordre du besoin: dépenser son énergie. Dans ce sens, c'était peut-être un processus sans idéation puisqu'elle avait un comportement - comment dire? - sans différenciation. Toute son activité était, sans distinction, obsessionnelle: tirant les cheveux à tout le monde, hurlant, se baladant. En réalité, cette enfant psychotique était une grande obsédée, par ce qui surnageait de symptômes compulsifs, avec un barrage de l'intelligence. Car je crois, quant à moi, que le barrage de l'intelligence scolaire est un symptôme obsessionnel passif. /22

▸ Certains enfants, par exemple, font des symptômes obsessionnels en changeant de chaussures, en refusant de porter des chaussures nouvelles. C'est un symptôme obsessionnel assez classique. Ce sont plutôt les pédiatres qui le voient. /22

▸ Cependant, comme il y a du désir, et que le désir se doit toujours être nouveau, alors l'obsession bouge un peu. On ne parle donc pas de symptômes obsessionnels, mais d'enfant inadapté, ayant des troubles. Troubles qui deviennent obsessionnels si on les dramatise et les stigmatise en donnant un nom à un comportement. /23

▸ [Sur le narcissisme] Au début, c'est un évitement de quelque chose de nouveau qui irait dans le sens du développement narcissique de/ l'enfant, selon son sexe. L'enfant veut alors nier ce désir de se développer en allant-devenant, selon son sexe, garçon ou fille, vers l'Œdipe. C'est toujours, ce qui apparaît en analyse. C'est peut-être une grille obsessionnelle que je vous donne à mon tour; je veux bien que vous disiez cela. En tout cas, jusqu'à présent, il se révèle tout à fait opérant, cliniquement, de comprendre que le symptôme obsessionnel se produit toujours soit pour éviter le développement vers l'Œdipe, soit parce que le sujet a calé sur une des composantes de l'Œdipe et qu'il la répète alors sans arrêt. /23

▸ Car c'est également un symptôme obsessionnel de se coller à sa mère, n'est-ce pas. Je crois qu'un enfant ne peut pas se développer en se collant à sa mère. C'est un symptôme obsessionnel avec une de composantes de l'Œdipe - l'homosexualité ou le narcissisme -, incluant la nécessité d'être l'objet partiel de la mère au lieu d'en être castré en devenant soi-même un objet total qui a le pénis ou qui n'a pas le pénis, en reconnaissant que l'image du corps est dans un moment de castration. Si l'enfant n'a pas les possibilités ou les modèles ou l'autorisation, à cause d'interdits latéraux qui lui ont été donnés, de se diriger vers une option génitale - réceptrice pour la fille et émettrice pour le garçon -, il entre dans un symptôme obsessionnel: Surtout je reste collé à maman. Vous connaissez tous un banal symptôme obsessionnel qui apparaît entre quatre et sept ans chez l'enfant qui demande à sa mère la permission d'aller faire pipi ou caca, alors qu'il est par ailleurs autonome. /23

▸ Ce n'est justement pas le comportement de l'enfant qu'il faut étudier, mais la triangulation, telle qu'elle apparaît dans le discours, et le rôle joué par la personne qui est le pôle d'identification de l'enfant dans cette situation triangulaire: pour savoir si ce tiers invite l'enfant à dépasser son attitude prégénitale, de sorte que, selon son sexe, il puisse investir l'objet partiel du corps qui est le lieu des pulsions génitales/ et les comportements transférés sur la culture qui sont en rapport avec son type de génitalité. /23-25

Published by Sirius-C Media Galaxy LLC, 2010

▸ [A l'adresse d'Alice Miller]

▸ P.: Mais il y a aussi le narcissisme de l'enfant objet partiel de sa mère. /25

▸ F.D.: Eh oui! Il y a, en effet, des psychanalystes qui ne
vous parlent que du désir des parents porté sur l'enfant,
comme si l'enfant n'en avait pas. C'est complètement
faux! Selon les psychanalystes, le désir de l'adulte projetant sur l'enfant apparaît plus ou moins prégnant. Il y a
des cas, effectivement, dans lesquels l'enfant est complètement piégé par le désir des adultes dont il est l'objet
partiel. Mais l'enfant n'est pas un/ objet partiel! Il est
affecté, il est aspecté, si l'on peut risquer ce mot, par ses
parents dont il prend la couleur, mais lui a toujours un
désir de développement qui est inscrit dans son schéma
corporel, toujours: même si les parents n'autorisent pas
que son image du corps se structure en relation à eux. Je
soutiens ça mordicus, et la tête sous le billot. (Rires) /27-
28

▸ Avec cette histoire, n'est-ce pas, selon laquelle les enfants ne seraient que le reflet, le support, l'éponge du
désir des parents, le 'suggestionné' du désir parental, on
vit en pleine magie. Un être humain naît du fait de son
schéma corporel en tant que spécimen de l'espèce: il a
des besoins, et inévitablement des besoins génitaux,
mais qui n'arrivent à se manifester comme tels que s'il a
déjà acquis la motricité pour les traduire: c'est-à-dire
qu'il faut que cette motricité puisse se mettre au service
de l'expression du désir génital. Et ce ne peut pas être
avant trois ans et demi, quatre ans. /28

▸ Cela commence - vous le savez tous - par l'exhibitionnisme. Tous les petits enfants, avec l'acquisition de la
motricité, exhibent leur sexe. Ils le feraient certainement
s'ils étaient élevés tout seuls, parce que ça fait partie des
besoins depuis qu'ils sont petits; mais se voir et voir les
autres devient un pôle d'intérêt très important, puisque

les pulsions motrices vont servir ainsi à exprimer les pulsions génitales de l'enfant. /28

▸ Donc, parmi les besoins, il y en a toujours qui sont des besoins qui alertent le symbolique, c'est-à-dire le désir du sujet. Toujours. /28

▸ Mais les parents, que font-ils dans ce cas? Ils adoptent un style de réactions inhibiteur, ampoulé, plus ou moins camouflé. Or, quand un enfant ne se développe que névrosé, au moment où il arrive à la parole, c'est-à-dire à une castration orale, il parle de désirs qui inhibent les siens, mais les siens sont là tout de même. Je ne parle pas de ceux qui ne font que la bande magnétique d'une voix pointue qui n'est pas la leur: "Papapapapapa … Tatatatata..." Ce ne sont pas eux qui parlent par leur voix; ils répètent d'ailleurs uniquement des paroles entendues. Pourtant, quand ils répètent ces choses dites, ça veut dire: 'Maman-avec-moi'. Ils sont en train d'introjecter la mère. Mais leurs désirs ne sont pas du tout ceux que la mère énonce. Ils en ont d'autres. Un enfant a des désirs tout au long de son évolution, et ce ne sont pas seulement les désirs des parents. /28

▸ Le narcissisme de l'enfant est construit quand ses désirs sont sortis des sublimations de ses pulsions, sortis de paroles sensées pour les dire ou pour les cacher - parce que le mensonge est la plus grande des vérités: l'intelligence de cacher son désir, cela prouve déjà une très grande évolution. Un enfant qui ment est plus évolué qu'un enfant qui ne ment pas. Il a donc la parole pour servir ses désirs: soit pour les camoufler, soit pour les médiatiser en vue de les réaliser; et ses comportements moteurs visent alors à conjuguer ses désirs avec le comportement d'autrui pour garder bonne entente avec lui. /28-29

▸ D'une part, nous sommes constamment dans ce que j'appelle narcissisme fondamental, dont la traduction est l'équilibre en nous des rythmes biologiques. D'autre part, ce qu'on appelle, je crois, le narcissisme primaire, c'est de se materner, de se conduire sur le désir prégnant qui fait entrer l'enfant dans l'Œdipe sous la forme normale: celle d'un désir conforme à son sexe. C'est au moment de l'entrée dans l'Œdipe que le désir se dialectise - l'élément féminin du triangle valorisant davantage le garçon dans son sexe puisqu'il rivalise/ avec le père, et la fille dans le sien, puisqu'elle rivalise avec la mère. Cette rivalité n'étant jamais satisfaite. Si cette rivalité n'est jamais satisfaite, l'enfant arrive d'autant plus vite à l'Œdipe qu'il peut exprimer verbalement ses désirs, ou les mimer, sans éveiller de jouissance chez l'adulte de l'autre sexe - si celui-ci ne voit rien. Car il y a des pères qu'on voit ne pas voir que leur enfant se masturbe sur eux. Mais c'est parfait! Il ne faut surtout pas leur dire. Eh oui! le père ne le voit pas: il est occupé d'autre chose; l'enfant est chocolat! c'est ce qu'il faut. /29

▸ C'est là, aujourd'hui, le danger de ce que l'on prend pour des connaissances psychanalytiques: en face de situations de ce genre, il a y des jeunes thérapeutes qui croient qu'il faut normaliser les parents. Or, quand on voit l'enfant se masturber ainsi, il n'est pas question de le dire aux parents qui, eux, ne voient rien. On peut en parler avec l'enfant. Jouer corporellement son désir, c'est muet: il fait donc comme un animal. Puisqu'il a une ébauche des rapports sexuels de type animal, c'est qu'il fait un animal du conjoint de son parent rival, pour éviter justement la rivalité, alors que, ce qui lui est nécessaire, c'est d'entrer, en tant que garçon ou en tant que fille, dans la culture, au niveau des autres enfants. /29-30

▸ Pour l'enfant petit, parler avec ses parents, c'était prendre langue et c'était en même temps une relation érotisée. Or souvent, elle n'a pas été assez désérotisée par l'Œdipe. Pourquoi? Parce que les parents veulent que les enfants leur parlent. Alors que, s'ils n'obligent pas l'enfant à leur parler, il leur parlera. Si l'enfant voit que les

parents jouissent quand il leur parle et qu'ils sont flaga-
da quand il ne leur dit rien, alors que l'inceste continue
de jouer et que les parents ont besoin que leur enfant
jouisse de leurs paroles, et vice versa. C'est à nous, analystes, de comprendre ces troubles, qu'on dit caractériels, qui se manifestent en famille et qui disparaissent
complètement dès que l'enfant est dans une collectivité
ou dans une autre famille, parce qu'il n'y rencontre pas
de menace d'inceste. 'Chez nous, il ne dit pas un mot.
Ailleurs, il est gai, il parle', déclarent les parents. C'est
parce que l'enfant sent chez ses parents une pointe d'inceste dans leur désir de le voir se confier à eux; il y perçoit comme un désir de viol par intermédiaire de la
parole. Cela ne signifie pas que ses parents soient pervers; mais tout de même, c'est plus intéressant pour eux
que l'enfant parle. Cela ne veut pas dire qu'ils pren-
draient l'enfant dans leur lit - pas du tout -, mais seulement que l'enfant n'a pas été castré sur le plan de sa
parole: c'est-à-dire que, dans le triangle oedipien, il n'a
pas été confronté au fait que la parole du conjoint avait
plus de valeur que la sienne pour l'autre parent, lorsque
ce conjoint était présent. /31

▸ Et, quand la castration orale est obtenue et qu'on a parlé du sexe de l'enfant, lui poser la question de ses éven-
tuels succès amoureux dans sa classe d'âge; rien que de
la poser lance l'enfant dans la vie sociale. /35

▸ On dit aux parents: 'Vous avez bien expliqué à votre
fille, n'est-ce pas, qu'elle ne sera jamais la femme de son
père ni d'aucun de ses frères et que, tout ce qui est 'du
zizi', ça peut se faire dehors, mais pas à la maison?' Les
parents entendent, l'enfant aussi. On ajoute alors à son
adresse: 'L'important, c'est: as-tu des fiancés? Est-ce que
tu en as?' Elle regarde la mère avec affolement. 'Tu n'es
pas forcée de le dire à ta mère. Ca ne regarde personne
que tu sois fiancée.' /35

Published by Sirius-C Media Galaxy LLC, 2010

▸ De ce moment, les pulsions anales de l'enfant peuvent se vivre. Ce n'est plus dans l'analité que se trouve la libido. Elle est appelée vers la génitalité; seulement, l'enfant ne savait pas que c'était son droit. Ce n'est pas du tout la peine de faire aux enfants des cours sur l'obstétrique, sur le coït, bref de faire de l'éducation sexuelle. Les choses doivent se passer tout autrement: dans le langage et dans l'échange affectif. /35

▸ P.: La puberté ne pose-t-elle pas, selon vous, un problème différent? /35

▸ F.D.: A la puberté, précisément, l'enfant va pouvoir parler à des personnes qui ne sont ni son père ni sa mère. Je parle ici de la puberté chez des enfants qui, ayant bien traversé la phase de latence, se trouvent coincés dans une confusion de l'amitié et de l'amour, c'est-à-dire qu'ils ne peuvent pas aimer sur le plan culturel sans que cela mette en jeu le corps à corps. Il n'ont pas compris que le corps à corps n'était pas une consommation obligatoire. Nous sommes aujourd'hui à une époque où les filles sont extrêmement manœuvrées: au point de croire que tout amour doit se matérialiser par 'coucher avec' - sans quoi, elles se croient idiotes. Je pense que notre rôle est d'appeler la fille à une réflexion critique là-dessus. Car le garçon, lui, baiserait en effet une chèvre, une table, n'importe quoi. Alors, naturellement, il monte le bourrichon à la fille, parce que pour lui 'ça fait mieux de baiser une fille'. Mais la fille n'est pas du tout dans la même situation par rapport à son propre sexe: qu'elle porte ou non un fruit vivant d'un contact sexuel, elle en garde toujours un fruit narcissant ou dénarcissant; le garçon, pas du tout. Pourquoi cette différence? C'est la question de la sexualité féminine. Je crois que cela tient à ce que pour une femme la sexualité se situe à l'intérieur du corps, à l'intérieur du schéma corporel. Une fille ne sait pas ce que c'est que le coït: pour elle, c'est jouer à l'objet partiel. Or la fille n'est pas un objet partiel. L'homme a un objet partiel; il peut être urétral dans sa génitalité. La fille, elle, ne peut qu'être frigide. C'est tout ce qu'elle a pour se défendre d'avoir des relations d'objet partiel. En effet, chez une fille, le plaisir sexuel vient d'une éducation. Elle peut arriver à coucher avec tout le monde sans être frigide, mais pas au départ. Au début, elle peut coucher avec tous les garçons en croyant qu'elle jouit, or elle ne jouit pas du tout. C'est du 'frotti-frotta'. Ce comportement-là, c'est du langage. Elle est très maligne, très avancée, mais elle arrête son narcissisme de femme en deçà de la jouissance et elle se fixe sur une éternelle adolescence. /35

▸   C'est la différence des filles et des garçons. /36-37

▸   Je me rappelle à ce propos une histoire tragique, car elle a fini par la mort subite du père, événement dont je crois qu'il était en rapport avec le traitement de l'enfant. /37

▸   Il s'agissait d'un enfant qui se présentait avec ce visage typique qu'on appelle le 'faciès adénoïdien' - ça ne donne pas l'air très intelligent. Cet enfant avait, entre autres symptômes, une débilité mentale (60 de QI). Il était le cinquième/ d'une famille de sept enfants; un petit frère était mort à deux ans, quand lui-même avait quatre ans. Il était un peu retardé au départ. Il avait beaucoup sucé son pouce. C'était, disait-on, à cause de cela qu'il avait déformé à ce point son palais: il avait une voûte palatine tout à fait ogivale et les dents un peu en avant. Vous voyez le visage de cet enfant. Mais, le symptôme qui dérangeait le plus ses parents - il avait à ce moment-là huit ans -, c'était qu'il avait un priapisme constant, qui ne se calmait que quand il dormait profondément. Si bien qu'il était assez impressionnant à voir. C'était au point qu'il fallait qu'il soit habillé par le tailleur du père - ces gens étaient très aisés: le père était un responsable dans une banque. On le faisait donc habiller par le propre tailleur du père. D'ailleurs, les vêtements de cet enfant juponnaient par-devant, tant ce priapisme constant était 'dangereux' pour tout le

Published by Sirius-C Media Galaxy LLC, 2010

monde, si je puis dire, d'autant qu'il 'blessait' le regard. Cet enfant, que son visage faisait déjà remarquer, avait de plus ce sexe pointé, et énorme d'ailleurs, disait-on. /37

▶ Il m'avait été envoyé par un grand pédiatre de l'époque. Son médecin avait suspecté l'éventualité d'une tumeur surrénale, en voyant ce sexe proéminent dans son pantalon. C'était l'enfant dont il semblait qu'il n'y avait rien à tirer (Rires). Je veux dire: comme paroles! (Rires) /37

▶ Il venait à la table, écrasait de la pâte à modeler, faisait des traits. Il était de très bonne volonté et complètement con. (Rires) Et puis, un beau jour, il s'est mis sur le divan. /37

▶ Le père et la mère étaient venus me voir. Tous les enfants étaient en bonne santé. Lui semblait le seul un peu en retard, mais de caractère doux et en bonne santé physique. On avait tenté en vain de lui ôter la petite serviette qu'il suçotait constamment; enfin, on avait essayé les moyens habituels de stimulation. Il est vrai qu'il avait perdu, à six mois, une bonne avec laquelle il riait beaucoup. De ce moment-là, il était devenu triste. La mère était très occupée avec les aînés - c'était, je l'ai dit, une famille nombreuse - et, d'ailleurs, si/elle avait des gens pour l'aider, c'est qu'elle avait des obligations de représentation sociale. Et puis, cet enfant-là était un peu décourageant pour elle: il avait toujours le même désir de reprendre sa mimique de suçotement du pouce, en prenant son nez et sa couche. Voilà les symptômes que présentait cet enfant. /37

▶ Le père m'avait dit, dans les premières séances, à propos du priapisme de ce petit: 'Il faut absolument que ce symptôme disparaisse. Le médecin me dit qu'il n'a rien organique, mais il a évidemment un sexe beaucoup plus développé que ses frères au même âge [à huit ans]. Mais enfin, il paraît que c'est d'ordre psychologique et qu'une psychothérapie peut l'aider. Ah! Madame, cet enfant, c'est vraiment le seul que j'aime. Mes enfants aînés [le plus âgé avait dix-sept ans] me donnent beaucoup de satisfactions. Ils réussissent, mais aucun n'est affectueux avec moi comme celui-là.' Il avait ajouté: 'C'est drôle à dire, mais, pour moi, c'est un teckel. Vous savez combien les teckels sont affectueux.' Je lui ai demandé alors: 'Eh bien, est-ce qu'il a avec vous, du fait de ce priapisme, des attitudes déplacées? - Oh non! jamais. Il est comme ça physiquement, mais jamais il ne se touche, jamais rien.' /37

▸ Je prends donc cet enfant en psychothérapie au rythme de deux séances par semaine, et, je vous le répète, il n'y avait pas grand-chose en fait de communication de sa part, mais une très très bonne volonté. Or, un beau jour, il quitte la table et va se mettre sur le divan. Il ouvre sa braguette, il prend son membre, il s'y cramponne comme à un mât de bateau et se balance, de gauche à droite, sans arrêt, en chantant parfaitement en latin les deux premières phrases du De Profundis, de la messe des morts. (Rires) De toute la séance, je n'ai pas dit un mot: j'écoutais la messe des morts (Rires) Enfin, j'ai dit: 'La séance est finie. Rhabille-toi.' (Rires) Ce qu'il fit. /37

▸ Et la mère me le ramène à la séance suivante en déclarant:/ 'Son symptôme a disparu.' Il n'avait plus de priapisme. Il retourne au divan. Je lui dis: 'Non, ce n'est pas la peine aujourd'hui. (Rires) On va parler de ce qui s'est passé la dernière fois.' J'ai vu alors qu'il ne voulait pas venir trop près de moi, je lui ai dit de s'asseoir plus loin et je lui ai demandé: 'Qu'est-ce qui s'est passé la dernière fois?' Il m'a regardée, étonné. Je lui ai rappelé: 'Tu étais sur le divan'. Alors je lui raconte tout ce qu'il a fait, et je lui dis: 'C'était la mort de qui? - La mort de moi quand j'étais le petit frère'. C'est formidable!' /37-38

▸ Il s'en va, cette fois après avoir vraiment parlé. Puis, dans la semaine, la mère me téléphone au lieu de le ramener à sa séance, et me dit: 'Nous avons un grand malheur. Mon mari est mort d'une crise cardiaque à la banque. Moi, je ne sais pas, je ne sais rien.' Je lui dis: 'Mais il faudra que je revoie le petit. - Mais, vous savez, il va très bien. Il parle avec tout le monde, il est complètement transformé.' /38

▸ J'ai seulement appris par la suite, par le médecin qui me l'avait adressé et qui le connaissait lui-même par les Enfants Malades, que, sauf un petit retard scolaire, cet enfant était devenu comme les autres. /38

▸ Qu'est-ce que c'est qu'une histoire comme celle-là? Je n'en sais rien; mais voilà ce à quoi parfois nous nous heurtons. Or je n'ai rien poussé, si je peux dire, et pourtant cet enfant a liquidé son problème de jalousie, de mort, de perte d'identité de lui-même à la mort du frère. Il avait retrouvé la messe des morts, et il avait assisté à la messe des morts. Etais-ce là l'intuition de la mort de son père? Je n'en sais rien. Je n'en ai pas su davantage. Le symptôme avait disparu après cette séance tout de même mémorable. /40-43.

▸ Vous savez certainement que beaucoup d'enfants très musiciens sont incapables de dessiner. D'ailleurs, la plupart des/ adultes musiciens dessinent mal. Ils veulent représenter le plan de leur maison, et ça ressemble à la tour Eiffel. Quand les pulsions auditives sont prévalantes, il n'y a pas de représentation dans l'espace par des lignes géométriques mais par des rythmes; leur dessin n'est pas le transfert d'une représentation visuelle. /47-48

▸ Voici une histoire qui m'a été rapportée, un petit morceau d'anthologie psychanalytique qui est bien intéressant à discuter au point de vue théorique. /48

▸ Il s'agit d'un enfant de cinq ans qui a un cousin de dix ans. Le cousin le plus âge a été invité chez le plus jeune. Une nuit - ils couchaient dans la même chambre -, le petit a été pris dans un cauchemar de façon si dramatique qu'on aurait pu penser qu'il souffrait en réalité d'un trouble neurologique. On n'arrivait pas à le sortir de son cauchemar. On se demandait ce qui s'était passé entre les deux cousins. Le petit, qui ne parlait pas encore bien, ne pouvait pas dire ce qui s'était passé. Il a eu ce cauchemar épouvantable, il est allé dans le lit des parents. Il a été rassuré par le père et s'est finalement rendormi. /48

▸ C'est quinze jours plus tard qu'il a donné la clé de ce qui s'était passé à la mère qui lui demandait: 'Tu avais fait quelque chose?' - Non. - Il [le cousin] avait dit quelque chose? - Oui.' Le garçon de dix ans avait dit au petit, qui était en âge oedipien: 'Je suis amoureux de ta mère'. C'était cela qui avait provoqué ce cauchemar chez le petit. Pourquoi? Parce qu'un garçon de dix ans est pour un enfant de cinq ans un moi idéal; et un enfant de cinq ans a déjà la notion de la /castration oedipienne, il sait que sa mère lui est interdite à lui. Ainsi, lorsque ce grand garçon, qui était son modèle, lui a dit: 'Je suis amoureux de ta maman', cela a réveillé en lui ses fantasmes: 'Je veux être comme lui. Donc, je suis amoureux de la même personne que lui, donc de ma maman', ce qui a produit, dans un court-circuit intérieur, ce cauchemar épouvantable. /102-103

▸ On voit, là, comment peut jouer l'interrelation de deux enfants. Il est certain que, pour le grand, c'était très bien de pouvoir être amoureux d'une maman qui ne soit pas la sienne, désir qui soutenait la résolution de son Œdipe à lui. /104

▸ J'ai actuellement en psychothérapie une petite fille de six ans - c'est une enfant abandonnée -, qui à quatre ans et demi encore restait des heures à se balancer dans le

Published by Sirius-C Media Galaxy LLC, 2010

foyer où on l'a prise, Maintenant, elle ne le fait plus du tout. C'est une enfant charmante, intelligente, mais la dernière nourrice chez laquelle elle avait été placée préférait son frère. La petite s'est sentie alors complètement abandonnée. Du fait d'avoir été définitivement rejetée par cette nourrice, elle est restée dans ce balancement depuis son arrivée chez elle. Elle n'a pas été amenée en psychothérapie à ce moment-là. C'est maintenant seulement qu'elle vient: grâce aux éducateurs et éducatrices du foyer qui se sont occupés d'elle et qui ont fait en sorte qu'elle ne soit jamais seule, même quand elle se balançait. On lui parlait; et peu à peu elle est revenue à un état d'enfant de six ans qu'elle n'avait même jamais véritablement atteint chez sa nourrice. C'est donc maintenant qu'on me l'amène, parce que dans ce foyer de passage on ne voit pas comment la placer ailleurs, sans qu'elle régresse; car c'est une enfant qui a fait une régression chez une première nourrice, une régression chez une deuxième nourrice. Vers trois ans et demi, on l'a placée chez une troisième nourrice. Elle avait fait une régression intense à chaque changement, mais sans avoir été rejetée par les deux premières. Elle était donc passée d'une nourrice à une autre, et les choses s'étaient arrangées, à chaque fois grâce à la nourrice. Et puis, là, chez la troisième, elle s'est déglinguée. Ne sachant que faire, on l'a placée dans un foyer avant de la mettre, peut-être, en hôpital psychiatrique. / 106-107

▶   Ce balancement, je crois que c'est le rythme fœtal pendulaire. Il s'accompagne quelquefois de l'émission de sons rythmés: 'hun hun/ hun hun/ hun hun', à deux temps. Je pense que c'est la symbolisation minimale du rythme pendulaire in utero; mais c'est une symbolisation cependant, puisqu'il y a une émission d'une sonorité qu'il n'y a probablement pas in utero et le mouvement du bassin qu'il n'y a pas in utero. Le rythme du cœur fœtal et celui de l'enfant, plus rapide, sont tout le temps en co-action. Cette enfant fait ce bruit rythmé ('hun hun') pour retrouver la vie fœtale, en accompagnant quelqu'un. In utero, on ne savait pas encore

qu'on était tout seul. La compagnie la plus régressive, ce
doit être ce bruit: 'hun hun/ hun hun', que fait entendre la circulation sanguine de la mère. Je ne sais pas.
/107

▸ Cela a l'air grave, or il est possible que cela ne le soit
pas. Quand on voit un comportement comme celui-là,
on se dit: 'C'est un enfant très arriéré'. Oui; mais peut-
être un enfant très intelligent, dans une épouvantable
solitude, en état de déréliction narcissique, prêt à récu-
pérer rapidement un niveau de schéma corporel correspondant à son âge, même si l'image du corps n'est pas
encore détachable de quelqu'un. /108

▸ Le traitement n'a pas été très long; il s'agissait vraiment,
jusqu'au fond, d'une fixation homosexuelle à son frère
aîné, avec une absence d'investissement hétérosexuel sur
d'autres personnes de son entourage. Sur le plan scolaire, il n'avait d'investissement qu'en une seule discipline: il aimait les maths; or ce professeur enseignait les
maths. Alors, les maths lui étaient barrées depuis qu'il y
avait ce professeur: il ne comprenait plus rien aux
maths. Le professeur en était navré. C'était un homosexuel spectaculaire, puisqu'il choisissait des chouchous;
mais son amant n'était pas du nombre. C'était un homosexuel qui vivait en couple avec un homme viril. Lui,
il était le féminin. Il se mettait de la poudre et du rouge
aux lèvres; il ne pouvait pas faire autrement, paraît-il
(Rires). Il avait en plus une moumoute blonde décolo-
rée. Le tableau devait être, en effet, assez curieux. (Rires) Les élèves se marraient, tout en disant: 'C'est tout
de même drôle qu'il soit si bon professeur.' Ça ne les
gênait pas, une fois qu'ils avaient pu en parler avec le
directeur. Et les parents étaient au courant; ils savaient
tous que ce professeur 'était drôle', mais excellent ensei-
gnant. /111

▸ Si l'on se réfère à l'Ombilic et la Voix' (Paris: Seuil,
1974) de Denis Vasse, la voix est comme l'ombilic.

Published by Sirius-C Media Galaxy LLC, 2010

Changer de voix, c'est vouloir changer de mère, ne plus avoir envie de cette mère-là et aller vers une autre femme qui serait équivalente. C'est ce qui se passe pour les adolescents: la mère est bonne à jeter aux chiens parce qu'on a découvert une petite amie ou une autre femme. /124

▸ Quand on a saisi quelque chose de vrai dans les images du corps, c'est fantastique comme l'enfant le comprend. On lui parle d'un signifiant qui n'est pas dans les mots, mais qui est dans la gestuelle humaine. Je pense que, chez les bébés noirs - auxquels jamais les mères ne donnent de soins au siège pour leur faire caca -, cela se passe tout à fait autrement que chez nous. Maintenant, elle vont procéder à l'européenne, sans doute: mais on voit encore - et pas seulement dans une tribu, mais un peu partout en Afrique - qu'elles procèdent tout autrement: les bébés petits sont glissés entre les chevilles des mères. Ils sont assis et font caca entre les pieds de la maman qui les reprend après. Elle les essuie à peine à la main/ ou avec un chiffon qu'elle a. Elle doit écarter les fesses du bébé avec ses pieds. Et il n'est pas sale. C'est extraordinaire! Car les enfants d'ici en ont toujours plein les fesses quand ils font caca. Mais là-bas, non. Il paraît que non. (Rires) On en rit, mais c'est important, car ce sont les relations premières. Or, dans ce cas, l'enfant ne donne pas à sa mère: il donne à la terre - ce qui tout à fait différent. Chez les Africains, l'enfant ne donne pas à sa mère ses excréments. Il les donne à la terre directement, comme l'adulte, et ce, du fait du style donné à la défécation de l'enfant. Dès que la maman sent que le bébé a envie de déféquer, elle le glisse le long de ses jambes. C'est très joli comme geste, d'ailleurs. Elle le maintient, avec ses chevilles à angle droit, et ensuite elle le reprend. En le portant sur le dos, elles ont un rythme fusionnel avec leur enfant tel que jamais, paraît-il, leur pagne n'est mouillé. Il y a des gens qui disent: 'Non... ce n'est pas possible.' Or, c'est exceptionnel que l'enfant soit mouillé, parce que la mère le sent et le descend aussitôt. Et il fait pipi de la même façon qu'il fait caca, maintenu entre les pieds de sa mère. /124

▸ Donc, chez ces enfants africains ne doit pas s'établir ce même geste réflexe de ne pas pouvoir faire autrement que de donner ce qu'on a à une tête penchée. Alors que, chez ces petits qu'on voyait dans le film, les observateurs ont trouvé que c'était un pattern de comportement; ils étaient visiblement pris dans une impossibilité de résister à ce geste qu'on leur faisait: mains tendues, tête penchée. /135-136

▸ A propos de cette question du don, voici ce que je voulais expliquer: c'est que nous, thérapeutes, sommes parfois complices de perversions avec les enfants. Et cela risque surtout de se produire lorsque l'on nous amène des enfants qui sont en crise oedipienne, si nous mettons en route une psychothérapie sans savoir pourquoi ni pour combien de temps: alors que, en étudiant bien ce qui se passe à la maison, quand le père arrive et que l'enfant fait la tête, ou quand le père - ce qui est tellement fréquent au moment de la crise oedipienne - s'en va dans une autre pièce, quand l'enfant est avec la mère, et qu'il laisse la place ou que, comme souvent, il met l'enfant dans le lit, avec sa mère, quand celui-ci pleure la nuit. /136

▸ Il est impossible de mener un traitement dans ces conditions. Qu'est-ce que l'on va faire en étant complice de ça? Au lieu/ de soutenir le père, en disant: 'Comment les choses en sont-elles arrivées là?' Peut-être est-ce sa femme qui a gémi, et demandé à avoir l'enfant dans le lit en l'absence de son mari. Peut-être l'a-t-elle supplié et s'est-il laissé avoir. Tout le monde est mené par la libido du tonnerre que l'enfant développe à l'âge oedipien si le père n'est pas à la hauteur de dire: 'C'est moi qui commande ici. Ce n'est pas toi. Ta mère, c'est ma femme. Si tu n'es pas content, tu partiras de la maison.' Et c'est

Published by Sirius-C Media Galaxy LLC, 2010

fini: en deux jours, c'est terminé! Au lieu de faire une psychothérapie de six mois.' / 138-139

▶   P.: Le corps et la mémoire, est-ce la même chose? / 139

▶   F.D.: Le corps et la mémoire? Ah, eh bien non, ce n'est pas du tout la même chose, quoique les cicatrices soient la mémoire écrite dans le corps. Mais c'est bien calé, ce que vous me demandez! (Rires) Notre corps, nous l'avons constamment de façon actuelle, tandis que la mémoire, elle, est virtuelle et 'réveillable'; le corps est réel; la mémoire, c'est une virtualité qui peut s'actualiser. Ce n'est pas tout à fait pareil. Le corps est une sorte de parole figée, certainement; mais c'est un fruit de paroles échangées qui peut, lui aussi, être sec ou vivant, et se mettre alors à communiquer à son tour. / 139

▶   Je peux peut-être vous l'illustrer par un exemple récent. Il s'agit d'un enfant de quinze mois qui n'a jamais bien dormi la nuit. Dans la journée, c'est un enfant superbe qui a très bon contact avec tout le monde. Les parents en sont venus à se disputer gravement du fait que la mère est très fatiguée, à force de se réveiller plusieurs fois toutes les nuits. Or, la nuit, l'enfant semble ne pas reconnaître sa mère, et encore moins son père. Si le père, qu'il aime beaucoup dans la journée, s'approche de lui la nuit, l'enfant se met en opisthotonos, en hurlant de terreur; quand c'est la mère, il ne faut pas qu'elle/ s'approche; mais sa voix le rassure un peu. Il s'endort et se réveille ainsi depuis sa naissance; il est épuisant pour ses parents. / 139

▶   Alors, qu'est-ce que c'est que ce corps qui, dans la journée, est tout à fait dans l'échange - c'est un enfant doué, visiblement en contact avec tous les objets -, et qui devient la nuit lieu de conflits et d'angoisses? C'est comme ça que se pose le problème corps/mémoire. / 139

▸ Ce qui s'est passé dans ce cas pourrait peut-être éclaircir la question. J'ai essayé de comprendre la situation avec les parents, et d'abord avec l'enfant qui avait un extraordinaire langage avec ses gestes, dans un jeu. Je l'ai vu une fois avec ses parents, puis trois fois en présence de sa mère seule, au rythme d'une séance par quinzaine. Or, à la deuxième séance avec sa mère, j'ai expliqué à l'enfant quelque chose que j'avais compris, sans savoir du tout si ça porterait ou non. Ca a dû avoir un effet sur la relation mère-enfant, mais pour lui ça a porté immédiatement, alors que la mère n'a rien compris sur le coup. C'est après qu'elle s'est dit: 'Mais pourquoi est-ce que Mme Dolto m'a dit cela? Et pourquoi l'a-t-il regardée de cette façon quand elle lui a parlé?' L'enfant était en train de jouer à des jeux très, très signifiants avec des poupées et deux corbeilles à papier. Je savais qu'il y avait actuellement dans cette famille une fillette de quatre ans qui allait très bien; et il y avait eu un fils, qui était mort tout de suite à la naissance. Or, s'il avait été nommé, il aurait porté le prénom que l'on avait donné ensuite à ce petit garçon de quinze mois, pour des raisons de traditions familiales: le fils aîné porte tel prénom - tradition acceptée par les parents. /139

▸ Avant de voir l'enfant, à la première séance, j'avais écouté les parents me parler de cette pénible situation, le petit ne pouvant pas dormir, tellement angoissé toute la nuit qu'il se réveillait. J'avais demandé à la mère de me parler de cette histoire douloureuse de cet enfant qui était mort à la naissance. Elle m'en a parlé, avec certainement plus d'affect que le père. / Les parents avaient beaucoup souffert de la mort de cet enfant et avaient décidé qu'ils n'en auraient plus jamais d'autre, tant ce drame les avait éprouvés. Ils se sont pourtant guéris, puis ils ont eu leur fille. Et, lorsque le second est né, ce petit de quinze mois maintenant, ils lui ont donné le prénom destiné à l'enfant mort. Etait-ce ainsi qu'il s'était débrouillé: en ne trouvant pas sécurité la nuit? /139

Published by Sirius-C Media Galaxy LLC, 2010

▸ A la deuxième séance, j'ai pensé, étant donné qu'à la première il avait joué tout le temps avec deux poupées garçons, les sortant de la corbeille, les rentrant dans la corbeille, qu'il était relié à ce premier enfant mort dont on ne lui avait pas parlé. Il jouait tout à fait tranquillement, sans angoisse, devant moi, entre ses deux parents. /139

▸ (Je cherche à répondre à votre question sur la mémoire). (Rires) /139

▸ C'est à la troisième séance - c'était la deuxième fois qu'il venait avec sa mère seulement -, pendant qu'il était encore en train de jouer avec des objets à des jeux signifiants (que j'ai notés à toute allure), que j'ai pensé que c'était le moment de lui dire qu'il avait eu un grand frère qui était mort à la naissance. Je lui ait dit que ce grand frère aurait porté le même prénom que lui et que sa maman avait eu le chagrin de ne pas pouvoir penser à ce frère sous un nom; et peut-être avait-il lui-même pensé que, quand il dormait, il représentait un enfant mort, puisque sa maman n'avait pas d'autre nom pour son frère que le sien. A partir du moment où j'ai commencé à parler du grand frère qui était mort, cet enfant a laissé ses jouets et s'est approché de moi, en me regardant. Et, dès que je lui ai dit que son frère n'était pas fâché contre lui, qu'il lui avait donné son prénom, comme le père l'avait décidé, comme le grand-père l'avait décidé, et que sa maman savait que, même quand il dormait, il n'était pas un enfant mort lui, il a aussitôt dit à sa mère (car il articule déjà quelques phonèmes): 'mené, mené'; il voulait s'en aller. J'ai dit à la mère: 'Eh bien, partez tout de suite!' Ils sont/ partis; et, à la séance suivante, quelques jours plus tard, elle m'a dit: 'Ce qui est extraordinaire, c'est qu'il est rentré le soir, il s'est endormi et il a dormi dix heures.' Depuis, il a dormi normalement, sauf cinq nuits de suite. La personne qui les garde habituellement, lui et sa sœur, quand ses parents s'en vont dîner en ville, est venue un soir; dès son arrivée, il a pleuré et cela, sans arrêt jusqu'au retour des parents. Cette personne leur a dit: 'Mais il a fait comme d'habitude.' En effet, puisqu'elle était habituée à ce qu'il ne dorme pas. Alors les parents se sont dit: 'Ça y est! Ça va être démoli.' En effet, le lendemain, il a recommencé à pleurer; les parents ne savaient pas quoi lui dire. Ça a duré quatre jours et, le cinquième, il a retrouvé complètement le sommeil. /139

▸ Ce qui est étonnant, c'est qu'en quinze jours cet enfant de quinze mois, qui jusqu'alors trottinait seulement comme un petit qui joue par terre, a voulu s'asseoir, a dessiné, fait du modelage, a coupé de la pâte à modeler. J'ai dit à la mère quels progrès il avait faits: il a dit trois ou quatre mots, dont certains de trois syllabes. En tout cas, il donnait le nombre de phonèmes correspondant au nombre de syllabes des mots. /139

▸ Qu'est-ce que c'est que cette mémoire d'avoir été porté par sa mère avec l'angoisse d'être un garçon mort? Car il a répété, à la naissance, ce qui s'était produit pour le frère aîné: il a fait une légère asphyxie; et on a été angoissé pour lui. L'accoucheur s'en est aperçu tout de suite et lui a donné de l'oxygène. Les parents ne l'ont su qu'après. En tout cas, il a failli mourir à la naissance, comme son frère. /139

▸ Qu'est-ce que c'est que cette répétition? On peut toujours mettre au compte du désir des parents tout ce qu'on veut. Mais nous sommes ici au niveau de l'enfant, pour lequel un mot a dû être la clé qui lui a rendu son corps de sommeil sans l'aliéner à lui-même la nuit. Ca, c'est la force du signifiant. Qu'est-ce que c'est que le signifiant? C'est certainement autre chose qu'un objet transitionnel; c'est autre chose qu'un fétiche,/ le signifiant 'grand frère qui est mort'. Tu n'es pas le grand frère qui est mort; le grand frère qui est mort t'a donné son nom et u peux l'avoir pour toi. /145-146

Published by Sirius-C Media Galaxy LLC, 2010

▸ Quand on ne donne pas de nom à un être humain, on ne lui donne pas le droit de mourir, pour ainsi dire, puisqu'on ne lui a pas donné le droit de vivre. Un être humain ne vit que nommé. /147

▸ Je trouve que c'est une histoire extraordinaire en rapport, justement, avec mémoire du corps à propos de laquelle vous m'avez interrogée. /149

▸ C'était vraiment étonnant de voir cet enfant de quinze mois venir s'asseoir, dessiner et modeler, alors que je ne lui avais rien demandé. /149

▸ P.: La mémoire fœtale, dont vous parlez par ailleurs, n'est-ce pas aussi la mémoire de la mère se transmettant à l'enfant? /149

▸ F.D.: Justement, justement; c'est bien possible. /149

▸ P.: Je ne comprends pas très bien comment vous arrivez à différencier l'une de l'autre. /149

▸ F.D.: Mais je ne les différencie pas. Je crois que pour un petit enfant tout est médiatisé par la mère et par le père. C'est pour ça que je ne fais jamais de traitement de petits sans que les parents soient présent, au moins l'un des deux en réalité, et l'autre dans la parole. Lorsqu'il s'agit d'enfants de l'Assistance publique, par exemple, qui n'ont plus leurs parents, je leur rends également présents leur père et leur mère; c'est-à-dire: 'la maman qui t'a porté dans son ventre et le papa qui avait donné la graine à maman pour que tu naisses.' Les parents doivent toujours être présents dans la parole. Je ne parle jamais à un enfant sans le référer à un pôle du triangle oedipien. Pourquoi? Parce que c'est ma conviction profonde qu'un être humain est le représentant d'un couple. Si je parle à un enfant, je suis obligée de m'adresser à lui en tant que représentant du couple qui l'a constitué vivant, dans son corps. /149

▸ Je crois que c'est une chose à retenir. Ce n'est pas un truc. C'est une vérité. /150

▸ Avec cet enfant de quinze mois, je crois que c'est mon transfert qui a joué. Selon moi, le transfert de l'analyste est très important pour appeler à l'existence l'image du corps d'un enfant. C'est le transfert de l'analyste qui l'appelle à exister. /150

▸ Quand je me suis adressé à lui, c'est que j'ai senti qu'il y avait eu pour sa mère un deuil impossible à faire, précisément parce qu'elle n'avait pas pu nommer l'aîné. Quand elle pense à son premier-né, me suis-je dit, comment peut-elle penser à lui, puisqu'il n'a pas eu de nom, et qu'enceinte de lui elle voulait lui donner ce même prénom qui est aujourd'hui celui de son second fils? Alors, si j'étudie ce qu'a été mon transfert, j'ai dû m'identifier - en tant que femme probablement - à cette mère, et me dire: comment peut-elle penser à son enfant mort? Elle ne peut penser à lui qu'à travers celui qui est vivant et qui porte le prénom qu'elle avait choisi pour celui qui est mort. /150

▸ Donc, dans son sommeil, le petit ne pouvait que se confondre avec le frère mort. Dans le sommeil de la mère aussi ils étaient confondus, et depuis la naissance du petit elle n'avait jamais eu de sommeil complet: elle était tout le temps, tout le temps dérangée; elle était d'ailleurs à bout des nerfs, cette femme. /150-151

▸ Je crois que maintenant cet enfant peut avoir la mémoire de cette mort, alors qu'avant c'était son corps seul qui avait mémorisé. Ça n'avait pas été signifié à sa personne. /151

Published by Sirius-C Media Galaxy LLC, 2010

▸ Il y a eu pour moi un moment très intense, celui où il m'a regardée quand je lui ai parlé du frère mort. La mère aussi a été très frappée de voir cet enfant qui jouait se mettre à me regarder dans les yeux quand je me suis adressée à lui. D'autant qu'aussitôt après il a dit : 'mené, mené'. C'est rare, pour un enfant de quinze mois. Peut-être justement a-t-il eu peur que je le détache trop vite de sa mère. / 152

▸ J'ai appris récemment une histoire qui est intéressante pour tout le monde. Il s'agit d'un petit garçon qui n'a pas encore trois ans. Il va entrer prochainement en maternelle. Cet enfant est le fils d'un homme qui, d'un premier mariage, a eu un fils, lequel a lui-même un enfant du même âge que son demi-frère de trois ans, et un autre enfant plus jeune. Les enfants jouent ensemble souvent. Je le sais par la demi-sœur aînée du petit qui, elle, a vingt-cinq ans et n'est pas mariée. Le dimanche, tout ce monde-là se voit, le père accueillant ses deux enfants du premier lit et les petits-enfants qu'il a de son fils. / 152

▸ Tout allait bien jusqu'il y a trois mois. Du reste, rien ne s'est mal passé. Ce petit avait véritablement une passion pour sa grande sœur – sa demi-sœur en réalité. Il parle déjà bien. Mais il ne comprenait pas du tout – n'ayant pas encore verbalisé ces rapports qu'elle appelle son père (qui est donc aussi le sien) 'papa' et qu'elle appelle pas 'maman' la deuxième femme du père (sa mère à lui). Le dimanche, il entendait son grand frère, son demi-frère, appeler son père 'papa', et lui-même, très souvent, appelait 'papa' ce demi-frère adulte. Son père est d'âge à être grand-père, mais, paraît-il, d'aspect très jeune. / 152

▸ Vous voyez déjà que c'est très compliqué. Or, quand il parlait à quelqu'un de cet homme qu'il appelait 'papa' – son demi-frère -, il disait toujours 'le papa de Pierre' ; Pierre, c'est le petit du même âge que lui, son neveu. Et, quand il parlait de son demi-frère à sa demi-sœur qu'il aime tant, il l'appelait 'ton Jean-Paul' – c'est le prénom de cet homme. /152

▸ Par ailleurs, il connaissait bien la mère de ses petits neveux que ceux-ci appelaient 'maman'. Mais lui l'appelait 'la sœur à Jean-Paul'. Autrement dit, il appelait la femme la sœur. /152

▸ Vous voyez dans quelle confusion il se trouvait pris. /152

▸ Un jour, la jeune femme, la demi-sœur du petit, qui me rapporte cette histoire, me dit : 'Comment va-t-on lui expliquer ?' Elle avait déjà recommandé à son père d'expliquer à l'enfant qu'il s'était marié une première fois. Le père était complètement inhibé ; de plus, il n'est pas du tout content que son petit garçon l'appelle 'papa' ; il voudrait se faire appeler par son prénom. Ce qui ne fait qu'augmenter la complexité de la situation. /152

▸ Un dimanche, la jeune femme va à la campagne chez son père. 'Tu n'es pas avec ton Jean-Paul ?' demande l'enfant à sa demi-sœur. Elle répond : 'Non'. Alors il lui dit : 'Mais c'est ton papa?' 'Non, ce n'est pas mon père'./ 'Non, ce n'est pas ton père, mais c'est ton papa.' 'Non, ce n'est pas mon papa.' 'Alors qui c'est?' Elle commence à lui expliquer. L'enfant interrompt : 'Ah ! Mais je n'ai pas besoin de le savoir. C'est trop compliqué.' C'est tout. Et il s'en va. Et puis, alors qu'elle était déjà dans l'escalier, il court après elle et dit : 'Tu me diras la prochaine fois qui c'est.' /152-153

▸ Elle n'a pas eu l'occasion de le revoir ce jour-là. Elle m'en a parlé pour me demander comment on pourrait lui expliquer la situation. Quelque temps après, elle a téléphoné à son père à propos de cette question : 'Il m'a demandé cette explication. Est-ce que tu ne pourrais pas lui expliquer, toi, qui est Jean-Paul et qui je suis ?'

Son père lui a répondu : 'Eh bien, justement, je voulais t'en parler; nous sommes très inquiets, parce que, depuis que tu es venu l'autre jour, il ne mange plus, il veut dormir toute la journée, il dit tout le temps qu'il a mal aux oreilles. Nous l'avons conduit deux fois chez l'otorhino qui n'a rien vu d'anormal. Il pense qu'il faudrait faire des examens plus approfondis, peut-être un encéphalogramme. Le petit est complètement apathique, il n'est plus du tout vivant comme tu l'as vu il y a dix jours. / 153

▸ Elle est retournée là-bas, le dimanche suivant. Elle m'a dit ensuite : 'Vous savez, c'était extrêmement intéressant : dès que je suis arrivée, le petit est venu, il a fermé la porte et m'a dit : 'Toi, tu seras toujours ma chérie, mais qui tu es ?' (Rires) Il fait un transfert hétérosexuel sur sa demi-sœur.' / 153

▸ Elle lui a alors expliqué que son papa s'était marié une première fois et qu'elle était sa fille, et Jean-Paul son fils ; c'est pourquoi tous deux l'appelait aussi 'papa'. L'enfant, paraît-il, écoutait avec la plus grande attention. Or, à un moment, il s'est secoué une oreille, puis l'autre, en s'exclamant : 'Oh la la ! Oh la la ! C'est compliqué.' Elle a dit : 'Tu veux que j'arrête ? – Non, continue.' / 153

▸ Elle a donc essayé de lui expliquer toute la situation, en indiquant la place de chacun dans la famille. 'J'ai compris. Alors là, j'ai compris', a-t-il dit. Et il s'est jeté sur la nourriture. Il n'avait pas bien mangé depuis trois semaines. Il a bouffé comme quatre. Le père a déclaré : 'Je ne le reconnais pas'. Sa fille lui a dit : 'Tu vois bien qu'il fallait lui expliquer.' Alors que les parents partaient déjà pour des électro-encéphalogrammes. / 153

▸ Cet enfant avait somatisé dans les issues de la compréhension – les oreilles. Il avait commencé une régression, de façon un peu larvaire, un peut fœtale, ne mangeant plus, ne voulant plus entendre en 'dormaillant' toute la journée. /153

▸ C'est intéressant de voir des situations de ce genre qui peuvent conduire même des médecins à entrer dans un processus de réactions en chaîne, à l'occasion, faute de savoir qu'il s'agit d'une somatisation. /156

▸ Je crois qu'on ne peut pas s'occuper d'un enfant qui a des difficultés scolaires sans aller d'abord justement à ses relations génétiques. /162

Published by Sirius-C Media Galaxy LLC, 2010

RESEARCH FAQ

Frequently Asked Questions

Part One

Child Sexuality and Child Abuse

Q-01. Do you endorse or defend child abuse?

The motivation for my research is *academic*, not based upon defending any lifestyle or group opinions. To say it clearly, I have no affiliations to organized pedophilia anywhere in the world. I say this right at the top of this FAQ because at least one scientist worried about it and actually insulted me, without having anything at hand against me, just by making up assumptions. As this is very common today, which doesn't actually astonish me when you see the public hysteria around these subjects, I am explicit.

In addition, I have found that among people who are fanatically 'fighting child-abuse', it suffices you research on child sexuality, and they put you already on their agenda of suspicious individuals. So I have to be outspoken.

Published by Sirius-C Media Galaxy LLC, 2010

Q-02. What is your motivation for researching about sexual abuse?

I have been facing violence against children at repeated occasions in my life, most of the time in the school and home setting, and here most often with religious institutions. In addition, I have been physically abused in my childhood by the female directors of a Catholic home in Germany.

I would like to make a contribution for *substantially reducing the battery and abuse of children* in whatever setting and therefore started a research on violence against children back in 1985.

My goal is to help society overcome limitations that are exactly bringing about what it most fights, abuse. All abuse is society-made, man-made, a direct consequence of moralism, that is, of coercive, compulsive morality. Abuse is not necessary and not natural. All abuse is the result of the repression of our emotions, not of the intelligent understanding of our emotional life. All abuse is anti-life, not pro-life. All abuse is a misunderstanding of the human nature, a self-programming that can be made undone. All abuse is the result of taboos and restrictions in communication together with a denial of complexity, general complexity and specific, emotional and erotic complexity; in other words, all abuse is the result of a *fascist worldview.*

Western society is thoroughly fascist; it needs abuse for allowing many of its implicit software features to function. Without abuse, this society's consumerist worldview would crash like a cardhouse. When you study tribal cultures, you see that abuse is the exception while in mainstream dominator cultures, and especially in white Western culture, abuse is the rule.

Q-03. What is your solution?

My solution, if there is any, is not 'my' solution. There is no proprietorship for solutions that benefit humanity. But there are solutions, and I found that some of them are effective. Working with our *inner selves,* dialoguing with our inner mind, is one of them. I have made it an integral part of a more encompassing personal growth technique that I came to call *Life Authoring.*

Q-04. What do you think about political solutions?

As long as politicians are concerned about being voted instead of being concerned to find solutions for our problem, there can be no political solutions. Sounds logical?

Hence, solutions come from another angle of society. Or in other terms, the solution to evil can be found *within evil,* not outside of it. The solution for healing abuse can be found when you exchange with abusers, instead of lobbying with ignorant politicians. I have done several years of free counseling to people who struggle with their unruly emotions, who were either at the point to commit crimes, and I could readily interfere and help changing their fatal course of conduct, or else they already had committed offenses and I have

Published by Sirius-C Media Galaxy LLC, 2010

have tried to help them gaining self-awareness of their emotional life and needs.

By so doing, I could gain much insight in the nature and the problems of abuse and also the consequences in terms of self-condemnation and guilt. I found, for example, that without helping the person to get over that guilt, and to really quit with self-condemnation, the person cannot change, and the *abuse pattern* cannot be erased on the level of the inner mind, within the luminous body.

However, our whole prison and correction system does the very contrary, by labeling offenders as 'abusers' which is why it actually contributes to raise abuse in our society, instead of fighting effectively against it.

Q-05. Why do some people feel uncomfortable about child sexuality?

Every culture has its specific means of sexual conditioning, its own taboos, restrictions, repressions and prohibitions in order to ensure the closest adaptation of its newborn individuals to the ethical code of the community. In this process, societies tend to be particularly sensitive with regard to deviances from its sexual code of conduct. In Western culture, the child's sexual life was not questioned before the industrial age. However, with the beginning of industrialization, it became a question of good mores to keep children 'pure and innocent' and the denial of the child's sexuality became a societal concern.

Within post-industrial culture, child sexuality while in the meantime being widely recognized in psychoanalytical research and practice, became even a matter of global concern because a free sexual child is a bad consumer. Hence, free child sexuality is *not economically correct* in the sense that the present consumer culture needs asexual children to function.

With the denial of the child's sexuality, brutality against children, justified as corporal punishment for the child's best, and, worse, the denial of the child's unique personality, became part of the educational paradigm. At the same time, individual and collective aggression against childlovers, so-called *pedophiles*, raised, probably because they questioned the myth of the sexual purity of children.

However, the notion of the pedophile is in itself a myth made up by modern consumer culture for various purposes. The problem barely existed in ancient cultures because girls could be married from early age, and pederasty with boys was tolerated in many tribal and also some of the larger civilizations of Antiquity such as Greece, Rome, old Egypt, Persia or Russia. Even today, in many of the more exotic island cultures, girls are married before they are ten years of age and nobody, in those cultures, would label a male a 'pedophile' because he marries a young virgin. In the Bible, which is notoriously the book of 'good mores' for exactly those who today persecute pedophiles, it is reported that King Solomon was supposed to gain new forces through intercourse with a young virgin that was put in his bed for testing his vitality and predicting his death. As he did not touch the girl, it was

Published by Sirius-C Media Galaxy LLC, 2010

concluded he was going to die soon, and so it was. Needless to add that nobody called the mighty King a pedophile.

In my view, the present public child sexual abuse and pedophilia debate, was it not a dangerous avatar of world-wide fascism to come, is the most ridiculous parade of imbeciles that world history has ever seen. The truth about it was clearly to be seen at the starting point of it all, that is, the *Industrial Revolution.*

The repression of children's sex life by the industrial bourgeoisie and the ruthless exploitation of children for industrial labor were namely the two sides of the same medal. Concern for the child's best, then, is but a pretext that hides a total disconcern for the *child as a person*, as an individual with his or her own desires and preferences. This is still today so, while children are no more, in industrialized nations, subjected to child labor; the exploitation has become more subtle. The consumer child is exploited as an economic force, spoken to by media publicity, and thus represents an important element for economic growth of all nations today. But as a human being, that same child is shunned, their emotions and sexual urges are denied or repressed, or the child is turned into an intellectual robot with a starved body and a forgotten soul.

As a general rule, it can be stated that sexual repression and exploitation always go together, whereas tolerant and comprehensive forms of educating children typically begin with *sexual permissiveness.* Wilhelm Reich and Françoise Dolto coincided in saying that sexual education always comes too late. Any instruction of children has to take into account the emotional dimension sexuality has for children; any kind of instruction that is not rooted in the *emotional life of the child* has no sense and will only engender confusion in the child's psyche and behavior code. This means that sex education focused upon reproduction and complicated biological processes not only completely misses its goal, but creates more damage than no sex education.

A change in the traditional and still present attitudes toward child sexuality can only be effected by changing the education of the next generation of parents our present-day children, by introducing a consciousness-based and permissive education for all children, independently of gender and social status.

Q-06. Why do adult-child sexual interactions have to be socially coded?

Pedoemotions and the whole spectrum of sexual behavior between adults and minors must be coded socially. A social code – which is much more than a legal statute in that it judges certain forms of conduct as socially acceptable – is the only way to progress on the level of culture, while the present irresponsible attitude produces *chaos, confusion, insecurity* and, at worst, *civil war.* The late child therapist *Françoise Dolto,* when I interviewed her back in 1986 in Paris, was sharing my view and clearly emphasized the need to *socially code adult-child sexual relations* because, as she said, the very fact that children project their 'Oedipal desires' outside of the family was a good thing to happen as it helped avoid incest, but that those relations, as long as they are not socially coded, survive in a grey area of uncoded behavior and therefore are *potentially chaotic* because of fear, and psychological pressure through the secrecy they are surrounded with. Besides chaos, confusion, anxiety and guilt, the fact these desires are largely repressed results in a high level of violence in our society. It has been shown by different research that there is a *functional link* between the repression of human sexual pleasure and the upsurge of violence.

It is first of all the repression of the child's natural sexual function and the social disapproval of tactile pleasure for certain age groups that prepares the ground for societal violence. In our culture, violence serves a *compensatory function for the frustration of body pleasure.* The age-old collective denial of emotional and sexual freedom for children has greatly facilitated the rise of authoritarian, totalitarian, fascist, violent and irresponsible forms of government. This is why the quest for liberalizing child sexuality in all its forms is a vital political issue! For it has to be seen that the reason why conservative circles do not wish the child to choose partners for love and sex freely is precisely that children then would also at times opt for an adult love mate, and that would then act counter to the pedophilia taboo.

I encountered this contradiction even with authors and scientists who are by and large in favor of child sexuality; the moment one renders them aware that if children are to be granted *free choice relations*, this implies the child may choose an adult love mate at times, they are scandalized and shout and yell that such was a 'typically pedophile' argument.

When that happens with a scientist, it renders us strangely aware of the irrationality of the human race. As Goethe said in his *Faust* drama, 'what must not be cannot be'.

Q-07. Is your sociopolitical agenda different from that of pedophile groups?

Decidedly so. That is inter alia the reason I was shunned and impersonated, back in 1998, by group of boylovers, and messages were posted on their forums about me, where it was alleged I was a psychiatrist out to brainwash pedophiles, or else a police spy. As ridiculous as I found this when I first heard about it, it has shown me to what extent most of these people live in a world of fear, a world of depression and paranoia, a world of almost constant anguish.

From their point of view, what they said made sense to me. They saw I was not signed up with joining their group-ings, and at the same time they noticed I was not signed up for mainstream propaganda. So they wondered what kind of green frog I was? It seems to me that not only pedophiles, but generally many people in our society do not like self-thinkers, people like me, who do not join groupings and are single fighters.

It has to be seen that I do not make money from this en-gagement. All what I have done with publishing since the fourteen years I am now on the Internet, was done with my own money invested, with no returns, and even with as good as no feedback. It also has to be seen that I have an agenda as a lawyer that dates back to my times in law school. This

Published by Sirius-C Media Galaxy LLC, 2010

agenda can be called *social reform,* so this is actually an old idea of mine. I was about in the 3rd semester, and not yet twenty years old, that I joined a seminar on *criminology* and paid a visit to our local prison; and I was so scandalized that I talked to the prison director and tried to mobilize our criminal law professor to do a petition for improving the terrible conditions in that prison. In the coming years I have done prisoner care and have learnt much from it, and my conviction that criminal laws and law enforcement have to be thoroughly reformed was deepening still more.

In addition, I have done my doctoral thesis in international law also on a subject that was highly controversial at the time, *sovereign immunity litigation.* I have actually never, in all my studies, worked on something that was mainstream, and not in some way controversial. It would simply not interest me.

Q-08. What are the main points where you differ in terms of strategy?

It's dead simple. I am against the cause of pedophilia, period! It's the wrong cause. The right cause is the cause of the child, to work for more permissiveness in education, for parents, caretakers and society respecting the emotional and sexual integrity of the child.

I am against any social cause where a sexual minority uses their sexual orientation as a hanger identity, thereby circumventing to build a real soul identity.

It's the same with the cause of homosexuality that suggests homosexuality was something inevitable, a fate people are born with, and other ideological nonsense. The truth is that homosexuality is an emotional distortion that is man-made, not nature-made; it's the result of wrong education, wrong upbringing, specifically the consequence of some decisive events of a traumatic nature that have catapulted the child out of the natural course of psychosexual growth and into introverting their bioenergy.[9]

With pedophilia it is similar, there is a reason, or there are reasons why adults are sexually attracted to children. The etiology is not yet clear, much is still in research, but pedophilia surely is not something that is set as such by nature. One thing is certain, people *are not born as pedophiles,* as some politicians who play around with fascist and euthanasia ideas, assume it nowadays. By the same token, if the person wants to change their sexual attraction, which is just an outflow of their emotional predilection for the young, they can do so. In my *Idiot Guide to Love (2010)*, I am showing effective ways to change one's love map, and I address the concerned directly, showing them work tools for personal and emotional transformation. But it's of course a choice that must be made by the person herself, and here we see that sexual attraction is not an automatism, but is choice.

There are reasons, good reasons, why adults choose to be around children, and these are valid reasons in a society that has pretty much lost its soul and its humanity. Children are our angels, they are our gods and goddesses, our princes and princesses, they can teach us so much, they are full of wis-

Published by Sirius-C Media Galaxy LLC, 2010

dom and love. I personally do not have relations with people who are indifferent to children or are violent against children as I know that these people are deeply ignorant about life and the destiny of humanity. I know since many years that those who are naturally religious, sensitive and intelligent love children, if they talk about it or not. This is simply so.

Q-09. Is there any message you would want to give to childlovers?

Yes. Childlovers could be integrated socially in that they can take on important tasks in education and social welfare, especially in charity work for neglected or destitute children.

This is one of the policies to be implemented in order to reduce violence and aggression, and violent sexual crime involving children, in our society. But they would have to accept society's social code, as it is for now, and thus would have to do some work on themselves, as I suggest it in my books, and as I practice it with two different coaching methods I have coined, that is, *Pedoemotions Consulting (PEC),* which is addressed to educators and will be proposed to governments as an effective alternative to law enforcement, and Emosexcoaching as a 1-2-1 life coaching method.. I practically suggest that laws should be changed and pedophiles and among them convicted pedophiles should be made eligible for educational work with children after having passed a course in handling their *Pedoemotions.* I am convinced that after they have gained emosexual awareness, these people are the most valuable as educators we can find in society. They are the born educators, and society needs them badly! But for this change to happen, a lot of objective information has to be spread, as for now public opinion is very badly and wrongly informed about the real world of pedophiles.

The ambience is one of bewilderment, secrecy and fear, and the myths about so-called 'pedophile predators' are really overshadowing reality. So the message I have for pedophiles is to remain positive, accept themselves, and help publishing objective information about their desire and their lives, their reality, instead of hiding, making depressions and indulging in a negative and fatalistic attitude. In my view, pedophiles have to seek out exchanges also with straight people and any kind of people, instead of just meeting and discoursing in their forums, for this will root them more in reality and help them to live with their desire, as conflictual as that may be in our judgmental and actually very little rational society.

In my view, pedophiles should eventually understand that it is futile and ineffective to indulge in so-called scientific explanations or justifications for child sexuality and begin to act, wherever possible, for the dignity of children. As I put it in a slogan, we have to get away from child protection in order to get to be at the service of children!

The grand public is simply not interested in what a pedophile has to say about himself, about children or about his relationships with children. The grand public has no true interest in children and therefore no interest in those who love them! What matters is action! There are many fields of productive action for childlovers, for example in education,

Published by Sirius-C Media Galaxy LLC, 2010

in youth work and generally in all areas where children can be benefited by love, patience and true understanding. This work should be oriented as a long-term goal to free children from the enslavement they are subjected to under the reigning paradigm and, as a result, at helping to change the old patriarchal authoritarian societal model into a viable modern paradigm of shared citizenship.

I also repeat myself saying that childlovers should rather opt to be around children than breeding out depressions and suicidal ideas, and they should accept the social norm and hence, stay away from being sexual with children. The emotional relationship and closeness they can enjoy with children, for example in the sports setting, in the educational or the family setting, are so much more important and so much more rewarding than a haphazard and in our society outright dangerous sexual interaction with a child.

While I do not deny or belittle the importance of sexual activeness, in such a negative situation as in our society right now regarding childlove, the better way is to use restraint but make sure to be around children as much as possible. The danger to lose one's mind in such an obvious value conflict, or to attract a fatal disease such as cancer, is greater when the concerned close themselves up in their four walls and accumulate and pent-up their urges.

Moreover, childlovers should be conscious of the drawbacks, but remain persistent in their goal setting and motivation. They should always be on the watch for conservative and tradition oriented individuals or groups because extremist and ideological response almost always comes from those ranges of pluralistic society that preach 'high morality'. Politically conscious childlovers will be aware that they live on the edge of society without resenting this somewhat Herculean role. They understand that we must surpass child protection in order to really serve children. As a result, the politically conscious pedophile may be asked for a higher human investment than this can be expected from ordinary people in that he or she has to struggle against conservativism and fascism in politics and release sustained effort in reforming or restructuring social, legal and political instruments that have proved to be damaging to the freedom and dignity of children.

As long as children are regarded as possessions either of their parents or the state, anyone interested in freeing them from that bondage will meet with defensive social attitudes and a certain deeply rooted and often unconscious resistance.

In the long run, politically conscious childlovers help bringing about a new society that is nurturing instead of controlling, understanding instead of judging and supportive instead of destructive, a society that favors freedom and respect for intergenerational love and that does not condition sexual behavior but accepts sexual attraction in any form, provided it is nonviolent and constructive.

Q-10. Why are you against child protection?

I am not against child protection, when this term is used as a *general term* and not a term *loaded with a hidden ideological*

Published by Sirius-C Media Galaxy LLC, 2010

agenda. Most of the time, today, when people use that term, they connote the ideological vintage of child protection.

The ideology behind this kind of child protection defends a worldwide business that was established over the last two decades by people situated rather on the right wing of society, and by people close to churches and sects, among them many Christian fundamentalists and world puritans, that is, *Oedipal Heroes,* to use my terminology, people who have a persecutor mindset and who are emotionally immature if not infantile.

This ideology of protecting children from life comes over to me, honestly, as a very blatant and stringent perversion in the sense that it's a paranoid worldview, that puts life upside down in every respect.

And it's no fun for the children, to be true. The rose and blue world of modern civilization babies represents the plastic shell in which they are incarcerated for 'their own good'; it is the clean façade of a culture that has lost the sense of birth and death and, as such, of living.

The truth of childhood that child protectors tend to invoke authoritatively to justify their paranoid assumptions is in fact a very relative concept; among hundred fifty cultures in a survey, ours showed to be one of the three most sexually restrictive.

Thus, from a global perspective, such kind of statements are not only relative, they are simply invalid in their pretended universality. Research on sexual conduct over times shows that the *only difference between now and the past* is that since three hundred years sexuality has become a privilege for adults, whereas formerly it was a shared enjoyment of all members of the community, except within the family structure. Thus, it can be said that the task to liberalize the child's sexual life is a truly democratic endeavor. By the same token, liberalizing adult-child sexual relations means to act counter to the devastating effects of incest and to free the child from widespread emotional and sexual abuse within the family. Mainstream society is *well equipped to exploit children through keeping them innocent*, that is, ignorant in matters of love. Authoritarian education together with *emotional abuse* set the ground state for incest as an institutional collective perversion in modern society. In the sexually repressive and nuclear family structure the child is forcibly trapped into the Oedipal triangle, a problem that is nonexistent in sexually permissive cultures where children enjoy free sex with peers.

The paradigm of total obedience in patriarchal society ensures that the child is unable to say *no* to an adult, a concept that really opens the gate for potentially *unlimited emotional, physical and sexual abuse of the child* by the tutelary adult or educator. The dimension of emotional exploitation of children is inevitable in the nuclear family because of the mutual exclusive emotional fixation of the members of the vicious triangle. Emotional incest is probably more damaging for the child's healthy sexual development in that sexual behavior is proved to be a result of unconscious emotional patterns and not of physical (genital) contacts or experiences.

Reported sexual incest cases where child trauma has been assessed all show the same pattern: a subtle or blunt submission of the child under the power of the tutelary adult

Published by Sirius-C Media Galaxy LLC, 2010

for the exclusive gratification of the adult's desire. Another factor for trauma is the child's lasting guilt feelings that result from their knowledge that the tutelary adult, while having illicit sex, endangers the peaceful perpetuation of the family ensemble.

The incest problem is above all a power problem. Over-protectiveness serves the hero culture in that it ensures the child to be available *as the cheapest and most willing sex slave and dummy partner* to ever think of. Fear of sexuality is to a large part fear of sexploitation. Sex, when it becomes *a weapon for the stronger against the weaker,* is perverted into a fascist terror instrument.

We can by no means combat sexual exploitation of chil-dren if we do not attack the larger framework of *emotional exploitation of children* that is part of the hidden agenda of all fanatic religions, fascist ideologies and undemocratic gov-ernments.

Emotionally and sexually healthy and strong children cannot be victimized for they defy seduction and are not eas-ily trapped by manipulative education. But this means to concede children the right for leading their own love life and to restrain from interfering in their personal power and deci-sion making. Sexploitation of children is not a matter of choice nor of social conditions. It is the result of systematic manipulation and seduction of children by tutelary adults. This exploitation, while itself not being sexual in most cases, nonetheless entices children to become sexual slaves *through putting on their back the welfare of the family;* the market does the rest through its demand for fun sex with minors. In countries where sexploitation is a part of tourism, the child sex market is part of a neo-colonial pattern. However, it has to be seen that exploiting children sexually is not in any way a result of permissiveness toward adult-child sexual relations, but a pure money affair, a business, and it cannot be taken as a value judgment for adult-child sexual relations in general.

To confuse both leads to the same unwanted results as depriving girls from premarital sex. The mere fact that some people abuse of young girls if they can is not an argument against premarital sex, in the contrary. The fact that something is mishandled, exploited or done in a negative way, in a harmful way, cannot be taken as an argument against that matter in its natural state. If smuggling alcohol is bad, if black markets are bad where youngsters can buy alcohol, it is not bad for an adult to drink a glass of wine with lunch or dinner. But this is how child protectors argue, really, that dead-stupid is their rhetoric! They say that because child sex is a exploited somewhere, for some reasons, all child sex is a matter of the devil. To reason that way is childish, immature and sorry, in my view it borders mental derangement and *cannot be taken into account by serious research on the matter.*

Mutual sexual attraction of children and adults are a historical fact; fixation of children upon their parents only came up as a result of the repression of the natural sexual play between children and adults not related to each other. The question of childlove is almost exclusively discussed under the heading of the adult's desire for young partners while the desire of the child for older partners is wiped under the flying carpet of socially institutionalized hypocrisy.

Published by Sirius-C Media Galaxy LLC, 2010

Research on pederasty, for example, has shown that adolescent boys can exhibit a fervent emotional longing for male adult company, friendship and sexual gratification in which they like to constitute the passive and yielding partner in the relation.

Our protectiveness toward children sadly results in depriving them of life and thus perpetuates fascism and tight social control. The main argument against pederasty, i.e. that it turns boys into homosexual lovers, is a pure myth. Reality is that temporary love and sex relations that occur in adolescence have been shown to enhance stable heterosexual relations later in life.

This was already the shared opinion in ancient times, and it is showing through all honest and non-manipulated interviews with men, provided the love relations had been lived without coercion from the side of the adult and on a basis of mutual consent and respect.

Child protectors would quickly be disqualified in public if the masses were informed about their most basic contradiction, namely their declaring war to what at the same time they declare as being *non-existent.* I am talking about child sexuality.

The child protectors, within their child sexual abuse rhetoric, argue that the child is basically non-sexual and that if a child shows signs of sexual interest, the child has invariably been molested or has spied out something that traumatized and thus psychically damaged him or her. At the same time however, these same child protectors become very inventive when it is about turning those asexual beings away from any potential source of erotic interest.

If a provincial and basically life-denying environment grants them their requested freedom of action, they will do as they did at the beginning of this century and attach every baby's hands at the wooden frame of the cradle, to defend sinning, as they put it.

To say it in modern language, they will inhibit the child from engaging in self-satisfaction through body pleasure.

What they want to prevent, in fact, is not pleasure, but *knowledge*. Pleasure is harmless while knowledge is a weapon. Knowledge about the body is against the consumerist system. It is the only true danger of the *manipulative system* modern consumer society is based upon. A child who is free, happy and fulfilled does not need expensive treatments since their self-healing capacities are excellent.

An erotically satisfied child does not develop high interest in plastic toys. Their body is their primary focus for play, and not a *plastic ersatz,* readily fabricated in the child toy industry that is the younger brother of the child protection industry and its foremost capitalizer. Thus, the erotically fulfilled child is per se a heretic in a system that feeds on the repression of the child's primary eroticism.

That is why the modern debate about child sexuality and pedophilia is an absurd theatre where the actors are automatons that repeat formulas. Those formulas have no root in real life since they grow from a hyper-virtual moralistic life paradigm that is the production of a water-headed science.

Published by Sirius-C Media Galaxy LLC, 2010

It is absurd to prohibit something that doesn't exist. A parent or educator who has never seen an expression of their children's natural sexuality should resign from parenthood or as an educator, because they are deeply ignorant. More generally put, people who deny child sexuality have their reasons to do so! People who try to prohibit child sexuality in reality try to prohibit their own *pedoemotive desires* that they project on others or a group they label pedophiles or else. People who have problems with their own adult sexuality or certain parts of it should seek professional advice or counseling before they viciously attack or molest others for their pretended sexual problems.

The only way out of this truly Minotaurean labyrinth of projections, absurd conclusions and publicly spread lies and myths is *understanding*. People who have problems when being in contact with natural sexual children or with childlovers should make serious efforts to understand *their own repressed pedophilia* – and the problems will disappear.

Of course, if a whole society reacts hysterically, the only conclusion is that such a society is intrinsically pedophile. As absurd as it sounds, it is only logical that as long as a society is in itself pedophile, it will not be ready to accept or to tolerate pedophilia. Societies, like individuals, react hysterically, aggressive and violent only if feeling attacked at their most sensitive, most vulnerable points and in their most secret engagements and desires.

Only in deeply *pedophile societies*, pedophilia is met with hysteria, public outrage, aggression, violence and prohibition. In tribal cultures, for example, pedophile attraction may be a matter of ridicule and joke, but never one of aggression and violence. Typically, in those cultures pedophilia is tolerated as a random phenomenon of possible, while marginal, sexual human conduct.

Q-11. Do you opt for modernizing laws of consent or for abolishing them?

Abolish them completely. They are useless. They are counterproductive and have proven to be completely ineffective for preventing violent sex crimes against children, child abduction, child rape and child murder. So once an attempt of modernizing laws of consent is made, legislators should consider if we need sex laws at all. The aggression and humiliation of another as part of forced sex is punishable under general criminal law. Why, beyond that, sex as such should be penalized is questionable. Responsible lawmaking must understand that nobody is inclined to follow legal rules that are outmoded, arbitrary and persecutory. The present situation does not prevent crime in that sex laws are no more part of a moral behavior code that once made sense, at least for a majority. Laws that are not rooted in a basic code of conduct are felt as oppression; they produce black markets and thus *more crime* and as such they are simply counterproductive. Aggression against children as part of strict education is part of a scheme of structural violence that supports the strong and powerful and oppresses the weak and dependent members of the community.

Published by Sirius-C Media Galaxy LLC, 2010

Denying children tactile pleasure is a logical add-on in the oppression scheme that results in manipulating children's emotions so as to comply to the oppressors' expectations. The sexless child is the ideal consumer in a fake culture, for the sexually experienced child would not be satisfied with a fake life, but prefer real life. An industry that lives from producing fake goods needs consumers *that are alienated from their body and their true identity.* In a system that holds sex being some form of violence, it is not surprising that violent child battery, on one hand, and a tender caress of the child's genitalia, on the other, would be punished in pretty much the same way.

The perversity of this situation stems from the premise. It is a form of perversion from nature to regard sexuality as a form of assault whatever be the age of the people involved in the sex game.

The fake culture is a killing culture. It kills life. That is why it hates the sexy child with its highly vibrant and sensitive organism. The fake culture needs consumer puppets, not living humans, not vibrant sexual children who have a strong self-identity because they have real knowledge of their body and their emotional and sexual response. Only art can draw a slightly accurate picture of the child's beautifully lively and marvelously formed body; no scientific study can render that picture. To write about questions of love in scientific readers is an attempt to render respectable publications that otherwise would be treated as marginal. However, this trick does not work in that the truly interested reader already knows and the rest does not want to know. Only art and art publishing can transform a human soul and open barred minds and hearts. It is a waste of time to reform laws that have no basis in the natural moral structure of a democratic society. The best way to deal with such laws is to abolish them.

Q-12. It is often argued sex was dangerous for children. Do you agree?

Life is risk. When a child plays in a busy street, the child is equally in danger, that is, to be run down by a car, and that danger is probably higher than having sex with an adult. We cannot live without danger, for we would have to live in a shell, and no sun would reach us, and we would starve. So this argument is per se a tricky one. I would say, it's a paranoid argument most of the time issued by paranoid people, while these people may look very normal in real life. To be paranoid in a paranoid society does look very normal, to be true, as a matter of logic!

Sexual development is much more a question of factual life experiences than of biological events. For the sexually healthy child, having sex with peers or adults is merely a result of emotional bonding, as a prolongation of that bonding into the tactile realm. It's all about giving and taking, caressing, expressing love in a physical way. Most of the time when adults talk about child sex, they project their own notion of sexuality upon the life and play of children. This can only lead to a distorted view.

Children truly perceive sexuality in a different way, without any compulsion, more as something to be tried out, not something that needs to be done. There is no must about it,

Published by Sirius-C Media Galaxy LLC, 2010

while for many adult males, for example, there is well a must about being sexual, and frequently sexual, and sexual with females, in order to prove to oneself that one is a man. While all such reasoning is of course non-sexual, it's purely intellectual. And the child, the normal child, is not in that intellectual overdrive and thus perceives sexuality as something one may do, or not do, without being judgmental in any way about it. If a child does want to engage in it, it's because it feels good, and feels good when one loves the partner. That's about all there is to say about it.

The inherent dangers in sex are not different from the inherent dangers in living!

Those who fear sexploitation of children experience their own sexuality in a childish way, lacking sexual aggressiveness so as to live their love and to enjoy life to its fullest. All of us carry a part of the responsibility for every child raped by our consenting to the perpetuation of laws that kill children emotionally from birth and transform them into sexless puppets.

An obedient puppet invites rape while a lively human is in control of all their relations, including sexual ones. It is our duty, then, as parents or educators to help children assume their sexual desire and to *handle sexual encounters of every possible kind.* This is done better through non-action than through action since the natural self-regulation has prepared the child to grow early into sexual exchange as part of emotional bonding so as to satisfy the narcissistic ego. Nature has provided the right way if only we could become sensitive enough to perceive this truth again!

Q-13. How then to cope responsibly with children's sexual life?

The answer is non-interference and permissiveness. It is part of a true understanding of democracy to work for *more autonomy for children and more respect of their privacy and their friendships.* As emotionally mature adults, we are bound to not interfere in the child's emotional and sexual life instead of perpetuating persecution and control. Strangely, while people agree that persecution and tyranny are undemocratic measures, they nonetheless practice them with their own children, unaware that in doing this they maintain archaic and highly destructive forms of control that impede humankind from progressing into a new age of peace and enlightenment.

A child's consent to sex, even though such consent may be the result of seduction or financial compensation, is still consent. Hence, if a child accepts favors, gifts or money in return for consenting to sex with an adult, it cannot be said the child has been raped or otherwise forced into sex if intercourse has taken place.

The present state of the law that declares the consent of the child as legally invalid implicitly states that the life of the child is legally invalid, for if the will of the child is legally not valid, their will to live is neither.

Hence, the high incidence of child rape and murder in societies that maintain such laws is not a mere coincidence. It is a direct consequence of the lacking social code. As a result, we need to change or abolish these laws and find better ways to handle our emotions.

Published by Sirius-C Media Galaxy LLC, 2010

I have proposed those changes in a draft bill that is published in my *Idiot Guide to World Peace (2010)* and in my monograph *Love or Morality (2010)*. Other important contributions are made, as already mentioned, in the *Idiot Guide to Love (2010)*, and my views for transforming our educational system are expressed in the *Idiot Guide to Sanity (2010)*. How to handle our emotions is explained in detail in the *Idiot Guide to Emotions (2010)*, and in the *Idiot Guide to Soul Power (2010)* I show how important it is for our young people to build a personal identity that is based on their true soul values.

Part Two

Myths and Reality About Adult-Child Erotic Attraction

Myth One

The history of childhood is written with the blood of children. It was invariably a history of abuse, slavery, rape and torture.

Reality

To conclude from the great number of child abuse reports over written history that childhood has always been abusive is a manner of jumping to conclusions that is not scientific, and rather serves to corroborate the inner program of the researcher.

First of all, it is obvious that abusive or forced sex is more easily reported and made a matter of statistics than loving and mutually consenting sex relations. Who, other than poets and nowadays anthropologists, would have an interest in

Published by Sirius-C Media Galaxy LLC, 2010

documenting mutually consenting and lavishly positive love relations?

Historians are looking for descriptions! If there had been letters, documents, written from boys or girls that clearly indicated their love and respect for adult lovers while being explicit about their sexual love play, historians would have more ease to admit as biased the present research that depicts the child being invariably *damaged, mutilated, abused, raped or killed* when being exposed to sexual contact with adults. At present, in our postmodern times adult-child sex is starting to be discussed in public, however not as a matter of love, but as a form of crime! Postmodern society obviously is unable *to perceive love in a pure dimension* without adding a distorted value system to this perception, thus forming a general picture that is perverted by its projected rather than by its original content.

Finally, I say that the material at hand is incomplete. I guess there is a lot that was simply suppressed because it is not politically correct. A lot was burnt during the Church's holocaust of witches, because witches, as newer research shows, were usually not old and lame elder ladies, but young and sexually attractive girls who defied the norm and did not let the clergy tell them what they had to do sexually, and not to.[10] If they had any love diaries or books, these were of course burnt with them on the stake.

Myth Two

Children always say the truth when interrogated about sexual experiences, especially with adults. They can be trusted in what they say and their evidence can be used in court against adults without thoroughly testing the child's psychological integrity and honesty.

Reality

Depending on the cultural conditioning they are submitted to, children will either say the truth, or lie, or just keep silent. In my experience, the reactions of children in this respect are quite predictable for the reason of the overwhelmingly strong influence of conditioning in sexual matters. Let's look at the following examples.

– Children from sexually repressive, punitive and highly religious (in the sense of mass doctrine) cultures will keep silent or lie. They are not likely to tell the truth about their feelings and experiences or they have repressed them to such an extent that they do not even know what they feel or experienced.

Example: Orthodox upbringing

– Children from non-repressive yet patriarchal cultures tend to make up stories about early sex, especially the boys. They tend to make believe to have had all the girls (and even smaller boys) in their neighborhood which may be true to the extent that both heterosexual and homosexual play is frequent among children in those cultures although it is hidden

Published by Sirius-C Media Galaxy LLC, 2010

to the foreign observer.

Example: Latin-American culture

– Children from non-repressive modern societies are likely to tell the truth, in a straightforward, unashamed manner.

Example: Denmark, Sweden, Norway

This is only a general structure, of course, and there are great variations within one cultural model or another, depending on other factors, such as religious belonging of the family (father), provincial setting or metropolis, low-class environment or middle or up-per class setting.

To summarize, the matter is so complex that it cannot responsibly be dealt with by naively assuming a child would say invariably the truth when the matter is a sexual experience with an adult. Many factors are in play here, and with small children the fantasy world cannot be neglected or discarded out, because at that age (before seven years of age), myth and reality, dream and waking state are not yet very clearly separated and distinct.

Myth Three

Pedophilia is a modern-day kind of thing that shows the decadence of moral standards in Western society. In good old times such things never happened.

Reality

Most people, I guess, think that now the time has come to either exterminate childlove completely or get a turn in installing it, like a new sex software, in human society. The exterminators are very busy. The whole state machinery is at their disposition. The installers are fearful and their actions are ineffective for the most part. The good news is that this software does not need to be installed nor reinstalled on the human computer because it has always been running as a silent (and hidden) software kit all through the millennia of human existence.

Grown-up people have always been attracted to the young. Adolescents always were emotionally and sexually attracted to pre-pubescent ones. What today is called *heterosexual pedophilia* is a true non-sense since, historically, the ages of consent were such that a man could enjoy the young female in just the same way as he could enjoy the grown-up female. For both application needs, appropriate software was available.

Myth Four

People are invariably negative about pedophilia. It is clear that the pedophiles themselves speak *pro domo* and thus are the only positive ones about it. No responsible citizen can be positive about adult-child sex.

Published by Sirius-C Media Galaxy LLC, 2010

Reality

The most given responses to the question of childlove are:

> ▸ *Love with children, and sex, possible, I don't know.*
> Emotional attitude: Positive indifference

> ▸ *I don't care, I'm not aroused by small stuff.*
> Emotional attitude: Negative indifference

> ▸ *I have lived through that myself when I was a child. I liked it very much. It has enriched me emotionally.*
> Emotional attitude: Positively subjective

> ▸ *I had such experience. I felt like a stone, powerless, to say the least. It was ugly. I was victimized, abused.*
> Emotional attitude: Negatively subjective

> ▸ *I abhor it. People who do that have to be killed. Children are sacred.*
> Emotional attitude: Moralistic, judgmental, projective, defensive, idealistic, pseudo-objective, negative, generalizing

> ▸ *I think we have to distinguish violence and love. I affirm it and do it sometimes with children who are close to me, where there is bonding and care over a considerable period of time and where I have a clear affirmative response from the child.*
> Emotional attitude: Positively affirmative, subjective, conscious

Myth Five

Pedophiles are per se evil because they seek to fulfill their sick desires through abuse. In addition, Judeo-Christian morality is against the sexual abuse of children.

Reality

What could possibly be the psychoanalysis of the current pedophilia witch hunt paradigm? The answer to this question is quite complex, but some of the more obvious reasons is our past that favors male supremacy, monotheism and what Joseph Campbell called the *Murder of the Goddess*. What could possibly be the tactics of a society that is deeply involved in exploiting children as *objects for material and immaterial possessiveness* rather than valuing them as subjects to relate to on a level of equality? The emotional and sexual control that is inflicted upon children in this society is obviously in contradiction with society's claim to care for their best and to be concerned with their growth.

From this *schizoid split between motivation and real results,* on a group level, a very defensive if not intransigent attitude results with regard to opinions and evidence that validates children's power and lucidity regarding their self-protection and personal power for love choices.

To secure the paradigm of parental control that is the exact pendant to an all-pervasive punitive and jealous male God, a set of values is inflicted upon the community that publicly and legally denies children's rights and power to decide for their own bodies and pleasures as far as love is concerned – *while icecream is allowed!* Ice cream and plastic toys, industrially produced for the child that is not allowed to accept his or her body as a pleasure organ – that it of course originally is – are among the most powerful conditioning devices of modern society. They ensure that the early human is being transformed into a consumerist robot that is needed for the functioning of a robot society.

An abuse-centered culture needs abuse to happen. It will unconsciously turn events in such a way that what it silently and openly predicts is really going to happen. I am convinced that much of the abuse today happening is the result of self-fulfilling prophecies and a generally very negative outlook upon modern life – and the lack of creativity that results from such a stiffening point of departure. And not to forget, the abuse-centered culture needs abuse to happen, and to happen repeatedly, because it makes a lot of money on abuse, and this in the meantime on a global scale. That means if we find today a way to stop all abuse, this would go against the interests of many power people in our society, which is why they do all they can to perpetuate abuse, because they earn money with abuse, not with the absence of abuse! That is why they tend to suppress all research that shows how abuse can be prevented, avoided and coped with, and uphold the persecutor system that uses the myth of the sex traveling world pedophile as its latest construct and projection device.

In the modern-day battlefield of fake-values, the pedophiles serve a witch-function, just as people with shamanic knowledge back in the dark age.

They have become projection-containers for a majority of hypocrites who deny their own natural *Pedoemotions* for fear of discovery of their utter falseness and brutality, and their inherent moral corruption. Where morality preaches holy wars and slaughters children as unavoidable war-victims, it has since long become *immorality*. And where such moral corruption is the order of the day, it is a well-known fact that those with the roaring voice of righteousness have the most of reasons to hide their multiple abuses.

Myth Six

Pedophiles invariably are sex offenders.

Reality

The expression is typical in its associating sexual heresy. Offending – what or whom? If I have offended a person sexually I am still not a sex offender and remain a person offender. I cannot offend sexuality, can I? Can you offend the sun? The expression targets at persons who actually offend the reigning paradigm of sexuality which is exactly the Church's traditional view of heresy. The very notion of offending comes from witchhunt times and it is no wonder that those masses of neo-witchhunters today use it again.

Abusers and abused are sitting in the same boat and they are caught in the same trap. That is why healing for both groups is very similar in that it must deal with the same scars.

These scars are neither physical, nor sexual, nor emotional in the first place. They are related to the problem of accepting self and the sometimes karmic inability to live one's power and natural aggressiveness in a way that is positive and integrative.

Published by Sirius-C Media Galaxy LLC, 2010

To love the abused and hate the abusers is a *common dichotomy* that comes from not understanding the complexities of love and abuse; it shows the utter helplessness of most people to face the human nature; in addition it is often a cover-up of the true roots of abuse. Social mores are such that the true and unsentimental emotions that cause us to desire a child are covered-up with a *smear of hypocrisy* that is the worst form of abuse since it kills the child as a sexual being without even touching them. It's the most common and most widespread form of child murder in our culture. What moralistic child rearing brings about is death, not life, cripples, not powerful humans and ill-responsive citizens instead of healthy and sexually responsive ones. The core message I get from most people who publicly spread their abuse story it not very different from what was formerly called *confessions*, with the difference only that the priest has been replaced by the psychiatrist and the term 'sin' by the expression 'abuse'. The Church punished the victim for having let it happen, modern culture punishes the victim for not being aggressive enough to defend herself. Accordingly, the Church admonished sinners to comply with Church morals and repress most if not all of their sexual wishes; modern culture admonishes victims to get into therapy to boost up their aggressiveness – in order to comply to modern society's paradigm of 'violence is better than sex'.

Essentially, nothing has changed. It is often the punishment or the therapy more than the initial abuse that triggers the guilt that erodes self-esteem, especially in cases where this alleged abuse was nothing but consenting sex between a minor and an adult. However, society's hypocrisy and the pink-ish foam of sentimentality as well as the black mask of panic and mass hysteria that surrounds this whole subject renders it almost impossible to leave what happened how it happened – without making it up, sensationalizing it or falsifying it in the most absurd way.

Myth Seven

Judeo-Christian culture was always more caring than animistic or pagan cultures in that it gives women and chil-dren, as the weaker elements, a special place, trying to pro-tect them against abuse. This is one of the reasons why mod-ern sex laws are getting tighter as ever before.

Reality

The present hero culture as the last vintage of the patri-archal rut recognizes women and children first of all in their quality as passive victims and somewhat stupid yet enduring assault-objects. The reigning paradigm classifies their rights as derived from the adult male as the primary power holder.

The Hero-Yahweh culture postulates that God-Yahweh created the female *as a derivative of the male's body*, a feat that contradicts all and every other creation myth as showed an eminent expert on the matter, Joseph Campbell.

Women in our culture are encouraged to be helpless and to play the role of the eternal victim. This is an old hat in

Published by Sirius-C Media Galaxy LLC, 2010

patriarchal culture and society, but it has been given new life in the run of the child-abuse hysteria. Instead of validating abuse as a symptom for a disease to be found out and healed, they take it for the disease itself and begin to fight on a social, community level.

These self-declared victims were institutionalized within the abuse culture. The special place they have in Judeo-Christian culture is exactly the place that, during Colonial times, slaves was given. Slavery never has been justified openly by the hypocrite slave holders, but in a hidden way, precisely in the way women and children are given their place. They are given the place of slaves. The argument of slavery always was *protection*. A slave must be protected from evil, it was said, since they are 'too stupid' to decide about their fate, because they are 'too primitive' to know what civilization is about, because they are 'too brute' to know what sensitivity is, because they 'have no soul' and thus 'cannot understand' what distinguishes a master-Christian.

The same *hypocrite sentimental foam* is smeared around our mouths today regarding women and children. It is argued they were too weak to protect themselves, and that therefore they had to be protected by the hero, the archetypal male protector who acts like 'a true Christian' in holding evil far from them, in taking them under his protective umbrella and in watching over them. Golden slavery! That is their status within the hero culture.

The truth is that in all of human history, it was only tribal, shamanic cultures that have treated the female and the child as equals, on all levels. But this is something the hero culture takes much care to hide, and obviously succeeds in hiding since most people eat what they are given to eat and do not watch over the fence.

Myth Eight

Hating pedophiles is normal since we cannot expect a majority to like what only few people like, even if we have a tolerant mindset. That was always so. People mistrust what they cannot feel.

Reality

A large part of this hatred may be nothing but disguised jealousy. This may be the reason that, while pedophilia is brutally smashed down in recent years to a point that there is virtually no more child sex on the Internet, incest seems to be on the rise in those same cultures, especially father-daughter incest.

Myth Nine

Pedophiles not only attack individual children; by their doing they attack society itself, the holy family, the institution of marriage and family order that defends other adults to intrude into the harmony between father, mother and child. As such, they are state-offenders and their doctrine in some way represents a strange new form of communism.

Published by Sirius-C Media Galaxy LLC, 2010

Reality

Really? If the holy family is so easily upset, so easily torn down and destroyed, it can't be so holy after all, it can't be so strong after all, and it can't be so firmly rooted in nature after all, as otherwise it would surely be more resilient.

We should consider why, by contrast, highly repressive and abusive governments are so successful in subduing large masses of people under the pseudo-protective umbrella of the holy family as the breeding cell of all fascist attitudes. It is simply because those governments tend to be highly emotional, irrational and very little intellectual. Hence, the base layer of the population is attracted toward their message even though they may know that the people behind the screens are nothing but mafia in uniform.

We should be careful with projections. The family is surely important, as the earth, the plant realm and other planets in our galaxy. To render the family holy in a Biblical sense is to project a content on it that it originally doesn't bear.

Or formulated as a question, is my penis holy when it enters the vagina of an adult spouse?

BIBLIOGRAPHY

General Bibliography

A

Abrams, Jeremiah (Ed.)

Reclaiming the Inner Child
New York: Tarcher/Putnam, 1990

Die Befreiung des Inneren Kindes
Die Wiederentdeckung unserer ursprünglichen kreativen Persönlichkeit
und ihre zentrale Bedeutung für unser Erwachsenwerden
München: Scherz Verlag, 1993

Adrienne, Carol

The Numerology Kit
New American Library, 1988

Agni Yoga Society

COEUR : Signes de l'Agni Yoga
Toulon: Sté Edipub, 1985
Publication originale date de 1932

Albrecht, Karl

The Only Thing That Matters
New York: Harper & Row, 1993

Alston, John P. / Tucker, Francis

The Myth of Sexual Permissiveness
The Journal of Sex Research, 9/1 (1973)

Appleton, Matthew

A Free Range Childhood
Self-Regulation at Summerhill School
Foundation for Educational Renewal, 2000

Summerhill
Kindern ihre Kindheit zurückgeben
Demokratie und Selbstregulierung in der Erziehung
Hohengehren: Schneider Verlag, 2003

Arcas, Gérald, Dr
Guérir le corps par l'hypnose et l'auto-hypnose
Paris: Sand, 1997

Ariès, Philippe
L'enfant et la famille sous l'Ancien Régime
Paris, Seuil, 1975

Centuries of Childhood
New York: Vintage Books, 1962

Geschichte der Kindheit
Frankfurt/M: DTV, 1998

Arntz, William & Chasse, Betsy
What the Bleep Do We Know
20th Century Fox, 2005 (DVD)

Down The Rabbit Hole Quantum Edition
20th Century Fox, 2006 (3 DVD Set)

Bleep
An der Schnittstelle von Spiritualität und Wissenschaft
Verblüffende Erkenntnisse und Anstösse zum Weiterdenken
Berlin: Vak Verlag, 2007

Arroyo, Stephen
Astrology, Karma & Transformation
The Inner Dimensions of the Birth Chart
Sebastopol, CA: CRSC Publications, 1978

Astrologie, Karma und Transformation
Die Chancen schwieriger Aspekte
Frankfurt/M: Heyne Verlag, 1998

Relationships and Life Cycles
Astrological Patterns of Personal Experience
Sebastopol, CA: CRCS Publications, 1993

Handbuch der Horoskop-Deutung
Berlin: Rowohlt, 1999

Atlee, Tom

The Tao of Democracy
Using Co-Intelligence to Create a World That Works for All
North Charleston, SC: Imprint Books / WorldWorks Press, 2003

B

Bachelard, Gaston

The Poetics of Reverie
Translated by Daniel Russell
Boston: Beacon Press, 1971

Poetik des Raumes
Frankfurt/M: Fischer Verlag, 2001

Bachofen, Johann Jakob

Gesammelte Werke, Band II
Das Mutterrecht
Basel: Benno Schwabe & Co., 1948
Erstveröffentlichung im Jahre 1861

Baggins, David Sadofsky

Drug Hate and the Corruption of American Justice
Santa Barbara: Praeger, 1998

Bagley, Christopher

Child Abusers
Research and Treatment
New York: Universal Publishers, 2003

Balter, Michael

The Goddess and the Bull
Catalhoyuk, An Archaeological Journey
to the Dawn of Civilization
New York: Free Press, 2006

Bandler, Richard

Get the Life You Want
The Secrets to Quick and Lasting Life Change
With Neuro-Linguistic Programming
Deerfield Beach, Fl: HCI, 2008

Barbaree, Howard E. & Marshall, William L. (Eds.)

The Juvenile Sex Offender
Second Edition
New York: Guilford Press, 2008

Barnes, A. James, Dworkin, Terry and Richards Eric L.

Law for Business, 9th Edition
New York: McGraw-Hill, 2006

Barnes, J. (Ed.)

The Complete Works of Aristotle, Vol. 1
Princeton: Princeton University Press, 1971

Barron, Frank X., Montuori, et al. (Eds.)

Creators on Creating
Awakening and Cultivating the Imaginative Mind
(New Consciousness Reader)
New York: P. Tarcher/Putnam, 1997

Published by Sirius-C Media Galaxy LLC, 2010

Bateson, Gregory

Steps to an Ecology of Mind
Chicago: University of Chicago Press, 2000
Originally published in 1972

Bender Lauretta & Blau, Abram

The Reaction of Children to Sexual Relations with Adults
American J. Orthopsychiatry 7 (1937), 500-518

Benkler, Yochai

The Wealth of Networks
How Social Production Transforms Markets and Freedom
New Haven, CT: Yale University Press, 2007

Bennion, Francis

Statutory Interpretation
London: Butterworths, 1984

Bernard, Frits

Paedophilia
A Factual Report
Amsterdam: Enclave, 1985

Pädophilie ohne Grenzen
Theorie, Forschung, Praxis
Frankfurt/M: Foerster Verlag, 1997

Kinderschänder?
Pädophilie, von der Liebe mit Kindern
3. Auflage
Frankfurt/M: Foerster Verlag, 1982

Bertalanffy, Ludwig von

General Systems Theory
Foundations, Development, Applications
New York: George Brazilier Publishing, 1976

Besant, Annie

An Autobiography
New Delhi: Penguin Books, 2005
Originally published in 1893

Karma
4e édition
Paris: Adyar, 1923

Bettelheim, Bruno

A Good Enough Parent
New York: A. Knopf, 1987

The Uses of Enchantment
New York: Vintage Books, 1989

Kinder brauchen Märchen
Frankfurt/M: DTV, 2002

Beutler/Bieber/Pipkorn/Streil

Die Europäische Gemeinschaft
Rechtsordnung und Politik
2. Auflage
Baden-Baden: Nomos, 1982

Block, Peter

Stewardship
Choosing Service Over Self-Interest
San Francisco: Berrett-Koehler, 1996

Blofeld, J.

The Book of Changes
A New Translation of the Ancient Chinese I Ching
New York: E.P. Dutton, 1965

Published by Sirius-C Media Galaxy LLC, 2010

Blum, Ralph H. & Laughan, Susan

The Healing Runes
Tools for the Recovery of Body, Mind, Heart & Soul
New York: St. Martin's Press, 1995

Boadalla, David

Wilhelm Reich, Leben und Werk
Frankfurt/M: Fischer, 1980

Bodin, Jean

On Sovereignty (1576)
Six Books of the Commonwealth
Edited by Professor Julian Franklin
New York: Seven Treasures Publications, 2009

Böhm, Wilfried

Maria Montessori
2. Auflage
Bad Heilbrunn: Julius Klinkhardt, 1991

Bohm, David

Wholeness and the Implicate Order
London: Routledge, 2002

Die implizite Ordnung
Grundlagen eines dynamischen Holismus
München: Goldmann Wilhelm, 1989

Thought as a System
London: Routledge, 1994

Quantum Theory
London: Dover Publications, 1989

La plénitude de l'univers
Paris: Rocher, 1992

La conscience de l'univers
Paris: Rocher, 1992

Boldt, Laurence G.

Zen and the Art of Making a Living
A Practical Guide to Creative Career Design
New York: Penguin Arkana, 1993

How to Find the Work You Love
New York: Penguin Arkana, 1996

Zen Soup
Tasty Morsels of Zen Wisdom From Great Minds East & West
New York: Penguin Arkana, 1997

The Tao of Abundance
Eight Ancient Principles For Abundant Living
New York: Penguin Arkana, 1999

Das Tao der Fülle
Vom Reichtum, der uns glücklich macht
Mittelberg: Joy Verlag, 2001

Bordeaux-Szekely, Edmond

Teaching of the Essenes from Enoch to the Dead
Sea Scrolls
Beekman Publishing, 1992

Gospel of the Essenes
The Unknown Books of the Essenes
& Lost Scrolls of the Essene Brotherhood
Beekman Publishing, 1988

Gospel of Peace of Jesus Christ
Beekman Publishing, 1994

Gospel of Peace, 2d Vol.
I B S International Publishers

Published by Sirius-C Media Galaxy LLC, 2010

Das Friedensevangelium der Essener
Saarbrücken: Neue Erde/Lentz, 2002

Évangile essénien de la paix
La vie biogénique
Genève: Éditions Soleil, 1978

Die unbekannten Schriften der Essener
Saarbrücken: Neue Erde/Lentz, 2002

Branden, Nathaniel

How to Raise Your Self-Esteem
New York: Bantam, 1987

Die 6 Säulen des Selbstwertgefühls
Erfolgreich und zufrieden durch ein starkes Selbst
München: Piper Verlag, 2009

Brant & Tisza

The Sexually Misused Child
American J. Orthopsychiatry, 47(1)(1977)

Brassai

Conversations with Picasso
Chicago: University of Chicago Publications, 1999

Brennan, Barbara Ann

Hands of Healing
A Guide to Healing Through the Human Energy Field
New York: Bantam, 1988

Brongersma, Edward

Aggression against Pedophiles
7 International Journal of Law & Psychiatry 82 (1984)

Loving Boys
Amsterdam, New York: GAP, 1987

Das verfemte Geschlecht
Berlin: Lichtenberg Verlag, 1970

Bruce, Alexandra

Beyond the Bleep
The Definite Unauthorized Guide to 'What the Bleep Do we Know!?'
New York: Disinformation, 2005

Bullough & Bullough (Eds.)

Human Sexuality
An Encyclopedia
New York: Garland Publishing, 1994

Sin, Sickness and Sanity
A History of Sexual Attitudes
New York: New American Library, 1977

Burgess, Ann Wolbert

Child Pornography and Sex Rings
New York: Lexington Books, 1984

Burwick, Frederick

The Damnation of Newton
Goethe's Color Theory and Romantic Perception
New York: Walter de Gruyter, 1986

Butler-Bowden, Tom

50 Success Classics
Winning Wisdom for Work & Life From 50 Landmark Books
London: Nicholas Brealey Publishing, 2004

Published by Sirius-C Media Galaxy LLC, 2010

50 Klassiker des Erfolgs
Die wichtigsten Werke von Kenneth Blanchard, Warren Buffet,
Andrew Carnegie, Stephen R. Covey, Spencer Johnson,
Benjamin Franklin, Napoleon Hill, Nelson Mandela, Anthony Robbins,
Brian Tracy, Sun Tsu, Jack Welch und vielen anderen
Frankfurt/M: MVG Verlag, 2005

50 Lebenshilfe Klassiker
Frankfurt/M: MVG Verlag, 2004

50 Klassiker der Psychologie
Die wichtigsten Werke von Alfred Adler, Sigmund Freud,
Daniel Goleman, Karen Horney, William James, C.G. Jung, Jean Piaget,
Viktor Frankl, Howard Gardner, Alfred Kinsey, Abraham Maslow, Iwan
Pawlow, Stanley Milgram, Martin Seligman und vielen anderen
Frankfurt/M: MVG Verlag, 2004

50 Klassiker der Spiritualität
Die wichtigsten Werke von Augustinus, Khalil Gibran, Mahatma Ghandi,
Dag Hammarskjölkd, Hermann Hesse, C. G. Jung, Eckhart Tolle,
J. Krishnamurti, Thich Nhat Hanh, Mutter Teresa, Dan Millman
und vielen anderen
Frankfurt/M: MVG Verlag, 2006

Buxton, Richard
The Complete World of Greek Mythology
London: Thames & Hudson, 2007

C

Cain, Chelsea & Moon Unit Zappa
Wild Child
New York: Seal Press (Feminist Publishing), 1999

Calderone & Ramey
Talking With Your Child About Sex
New York: Random House, 1982

Campbell, Herbert James

The Pleasure Areas
London: Eyre Methuen Ltd., 1973

Der Irrtum mit der Seele
München: Scherz Verlag, 1973

Les principes du plaisir
Paris: Stock, 1974

Campbell, Jacqueline C.

Assessing Dangerousness
Violence by Sexual Offenders, Batterers and Child
Abusers
New York: Sage Publications, 2004

Campbell, Joseph

The Hero With A Thousand Faces
Princeton: Princeton University Press, 1973
(Bollingen Series XVII)
London: Orion Books, 1999

Der Heros in Tausend Gestalten
München: Insel Verlag, 2009

Occidental Mythology
Princeton: Princeton University Press, 1973
(Bollingen Series XVII)
New York: Penguin Arkana, 1991

The Masks of God
Oriental Mythology
New York: Penguin Arkana, 1992
Originally published 1962

Mythologie des Ostens
Die Masken Gottes Bd. 2
Basel: Sphinx Verlag, 1996

Published by Sirius-C Media Galaxy LLC, 2010

The Power of Myth
With Bill Moyers
ed. by Sue Flowers
New York: Anchor Books, 1988

Die Kraft der Mythen
Düsseldorf: Patmos Verlag, 2007

Cantelon, Philip L. (Ed.)

The American Atom
A Documentary History of Nuclear Policies from the
Discovery of Fission to the Present
With Richard G. Hewlett (Ed.) and Robert C. Williams (Ed.)
Philadelphia, PA: University of Pennsylvania Press, 1992

Capacchione, Lucia

The Power of Your Other Hand
North Hollywood, CA: Newcastle Publishing, 1988

Capra, Bernt Amadeus

Mindwalk
A Film for Passionate Thinkers
Based Upon Fritjof Capra's *The Turning Point*
New York: Triton Pictures, 1990

Capra, Fritjof

The Turning Point
Science, Society And The Rising Culture
New York: Simon & Schuster, 1987
Original Author Copyright, 1982

Wendezeit
Bausteine für ein neues Weltbild
München: Droemer Knaur, 2004

Le temps du changement
Science, société et nouvelle culture
Paris: Rocher, 1994

The Tao of Physics
An Exploration of the Parallels Between Modern
Physics and Eastern Mysticism
New York: Shambhala Publications, 2000
(New Edition) Originally published in 1975

Das Tao der Physik
Die Konvergenz von westlicher Wissenschaft und östlicher Philosophie
Neue und erweiterte Auflage
München: O.W. Barth bei Scherz, 2000
Ursprünglich erschienen 1975 bei Droemersche Verlagsanstalt
in Hamburg

Le tao de la physique
Paris: Sand & Tchou, 1994

The Web of Life
A New Scientific Understanding of Living Systems
New York: Doubleday, 1997
Author Copyright 1996

Lebensnetz
Ein neues Verständnis der lebendigen Welt
München: Scherz Verlag, 1999

The Hidden Connections
Integrating The Biological, Cognitive And Social
Dimensions Of Life Into A Science Of Sustainability
New York: Doubleday, 2002

Verborgene Zusammenhänge
München: Scherz, 2002

Steering Business Toward Sustainability
New York: United Nations University Press, 1995

Uncommon Wisdom
Conversations with Remarkable People
New York: Bantam, 1989

Published by Sirius-C Media Galaxy LLC, 2010

The Science of Leonardo
Inside the Mind of the Great Genius of the Renaissance
New York: Anchor Books, 2008
New York: Bantam Doubleday, 2007 (First Publishing)

Complete List of Publications
http://www.fritjofcapra.net/publishers.html

Cassou, Michelle & Cubley, Steward

Life, Paint and Passion
Reclaiming the Magic of Spontaneous Expression
New York: P. Tarcher/Putnam, 1996

Castaneda, Carlos

The Teachings of Don Juan
A Yaqui Way of Knowledge
Washington: Square Press, 1985

Journey to Ixtlan
Washington: Square Press: 1991

Tales of Power
Washington: Square Press, 1991

The Second Ring of Power
Washington: Square Press, 1991

Castel, Robert

L'ordre psychiatrique, l'âge d'or de l'aliénisme
Paris: Éditions de Minuit, 1977

Cayce, Edgar

Modern Prophet
Four Complete Books
'Edgar Cayce On Prophecy'
'Edgar Cayce On Religion and Psychic Experience'
'Edgar Cayce On Mysteries of the Mind'

'Edgar Cayce On Reincarnation'
By Mary Ellen Carter
Ed. by Hugh Lynn Cayce
New York: Random House, 1968

Chaplin, Charles

My Autobiography
New York: Plume, 1992
Originally published in 196

Chevalier, Jean & Gheerbrant, Alain

A Dictionary of Symbols
Translated from the French by John Buchanan-Brown
New York: Penguin, 1996

Cho, Susanne

Kindheit und Sexualität im Wandel der Kulturgeschichte
Eine Studie zur Bedeutung der kindlichen Sexualität unter besonderer
Berücksichtigung des 17. und 20. Jahrhunderts
Zürich, 1983 (Doctoral thesis)

Chopra, Deepak

Creating Affluence
The A-to-Z Steps to a Richer Life
New York: Amber-Allen Publishing (2003)

Life After Death
The Book of Answers
London: Rider, 2006

Leben nach dem Tod
Das letzte Geheimnis unserer Existenz
Berlin: Allegria Verlag, 2008

Synchrodestiny
Discover the Power of Meaningful Coincidence to Manifest Abundance
Audio Book / CD
Niles, IL: Nightingale-Conant, 2006

Published by Sirius-C Media Galaxy LLC, 2010

The Seven Spiritual Laws of Success
A Practical Guide to the Fulfillment of Your Dreams
Audio Book / CD
New York: Amber-Allen Publishing (2002)

Die Sieben Geistigen Gesetze des Erfolgs
Berlin: Ullstein Verlag, 2004

The Spontaneous Fulfillment of Desire
Harnessing the Infinite Power of Coincidence
New York: Random House Audio, 2003

Cicero, Marcus Tullius

Selected Works
New York: Penguin, 1960 (Penguin Classics)

Clarke, Ronald

Einstein: The Life and Times
New York: Avon Books, 1970

Clarke-Steward, S., Friedman, S. & Koch, J.

Child Development, A Topical Approach
London: John Wiley, 1986

Cleary, Thomas

The Taoist I Ching
Translated by Thomas Cleary
Boston & London: Shambhala, 1986

Constantine, Larry L.

Children & Sex
New Findings, New Perspectives
Larry L. Constantine & Floyd M. Martinson (Eds.)
Boston: Little, Brown & Company, 1981

Treasures of the Island
Children in Alternative Lifestyles
Beverly Hills: Sage Publications, 1976

Where are the Kids?
in: Libby & Whitehurst (ed.)
Marriage and Alternatives
Glenview: Scott Foresman, 1977

Open Family
A Lifestyle for Kids and other People
26 FAMILY COORDINATOR 113-130 (1977)

Cook, M. & Howells, K. (Eds.)
Adult Sexual Interest in Children
Academic Press, London, 1980

Coudenhove-Kalergi, Richard N.
Paneuropa
Wien-Leipzig: Paneuropa Verlag, 1926

Covey, Stephen R.
The 7 Habits of Highly Effective People
Powerful Lessons in Personal Change
New York: Free Press, 2004
15th Anniversary Edition
First Published in 1989

Die 7 Wege zur Effektivität
Prinzipien für persönlichen und beruflichen Erfolg
Offenbach: Gabal Verlag, 2009

The 8th Habit
From Effectiveness to Greatness
London: Simon & Schuster, 2004

Der 8. Weg
Von der Effektivität zur wahren Grösse
Offenbach: Gabal Verlag, 2006

Published by Sirius-C Media Galaxy LLC, 2010

Covitz, Joel

Emotional Child Abuse
The Family Curse
Boston: Sigo Press, 1986

Cox, Geraldine

The Home is Where the Heart is
Sydney: Macmillan, 2000

Craze, Richard

Feng Shui
Feng Shui Book & Card Pack
London: Thorsons, 1997

Cross, Sir Rupert

Cross on Evidence
5th ed.
London: Butterworths, 1979

Introduction to Criminal Law
10th Edition
London: Butterworths, 1984

Currier, Richard L.

Juvenile Sexuality in Global Perspective
in : Children & Sex, New Findings, New Perspectives
Larry L. Constantine & Floyd M. Martinson (Eds.)
Boston: Little, Brown & Company, 1981

D

Daco, Pierre

Les triomphes de la psychanalyse de Pierre Daco
Bruxelles: Éditions Gérard & Co., 1965 (Marabout)

Dalai Lama

Ethics for the New Millennium
New York: Penguin Putnam, 1999

David-Neel, Alexandra

Magic and Mystery in Tibet
New York: Dover Publications, 1971

The Secret Oral Teachings in Tibetan Buddhist Sects
New York: Secrets of Light Publishers, 1981

Initiations and Initiates in Tibet
New York: Dover Publications, 1993

Immortality and Reincarnation
Wisdom from the Forbidden Journey
New York: Inner Tradition, 1997

Davidson, Gustav

A Dictionary of Angels
Including Fallen Angels
New York: Free Press, 1967

Davis, A. J.

Sexual Assaults in the Philadelphia Prison System and Sheriff's Van
Trans-Action 6, 2, 8-16 (1968)

Dean & Bruyn-Kops

The Crime and the Consequences of Rape
New York: Thomas, 1982

De Bono, Edward

The Use of Lateral Thinking
New York: Penguin, 1967

The Mechanism of Mind
New York: Penguin, 1969

Published by Sirius-C Media Galaxy LLC, 2010

Sur/Petition
London: HarperCollins, 1993

Tactics
London: HarperCollins, 1993
First published in 1985

Taktiken und Strategien erfolgreicher Menschen
Frankfurt/M: MVG Verlag, 1995

Serious Creativity
Using the Power of Lateral Thinking to Create New Ideas
London: HarperCollins, 1996

Delacour, Jean-Baptiste

Glimpses of the Beyond
New York: Bantam Dell, 1975

Deleuze, Gilles, Guattari, Felix

L'Anti-Oedipe
Capitalisme et Schizophrénie
Nouvelle Édition Augmentée
Paris: Éditions de Minuit, 1973

DeMause, Lloyd

The History of Childhood
New York, 1974

Foundations of Psychohistory
New York: Creative Roots, 1982

DeMeo, James

Heretic's Notebook
Emotions, Protocells, Ether-Drift and Cosmic Life Energy
with New Research Supporting Wilhelm Reich
Pulse of the Planet, #5 (2002)
Ashland, Oregon: Orgone Biophysical Research Laboratories, Inc., 2002

Nach Reich, Neue Forschungen zur Orgonomie
Sexualökonomie / Die Entdeckung der Orgonenergie
Herausgegeben zusammen mit Professor Bernd Senf, Berlin
Frankfurt/M: Zweitausendeins Verlag, 1997

Saharasia
The 4000 BCE Origins of Child Abuse, Sex-Repression,
Warfare and Social Violence in the Deserts of the Old World
Ashland, Oregon: Orgone Biophysical Research Laboratories, Inc., 1998

Deshimaru, Taisen

Zen et vie quotidienne
Paris: Albin Michel, 1985

Diamond, Stephen A., May, Rollo

Anger, Madness, and the Daimonic
The Psychological Genesis of Violence, Evil and Creativity
New York: State University of New York Press, 1999

DiCarlo, Russell E. (Ed.)

Towards A New World View
Conversations at the Leading Edge
Erie, PA: Epic Publishing, 1996

Dicta et Françoise

Tarot de Marseille
Paris: Mercure de France, 1980

Dolto, Françoise

La Cause des Enfants
Paris: Laffont, 1985

Mein Leben auf der Seite der Kinder
Ein Plädoyer für eine kindgerechte Welt
Hamburg: Lübbe Verlagsgruppe, 1993

Published by Sirius-C Media Galaxy LLC, 2010

Psychanalyse et Pédiatrie
Paris: Seuil, 1971

Psychoanalyse und Kinderheilkunde
Frankfurt/M: Suhrkamp, 1997

Séminaire de Psychanalyse d'Enfants, 1
Paris: Seuil, 1982

Séminaire de Psychanalyse d'Enfants, 2
Paris: Seuil, 1985

Séminaire de Psychanalyse d'Enfants, 3
Paris: Seuil, 1988

Praxis der Kinderanalyse. Ein Seminar.
Hamburg: Klett-Cotta, 1985

Alles ist Sprache
Kindern mit Worten helfen
Berlin: Quadriga, 1996

Über das Begehren
Die Anfänge der menschlichen Kommunikation
2. Auflage
Hamburg: Klett-Cotta, 1996

Kinder stark machen
Die ersten Lebensjahre
Berlin: Beltz Verlag, 2000

L'évangile au risque de la psychanalyse
Paris: Seuil, 1980

Dover, K.J.
Greek Homosexuality
New York: Fine Communications, 1997

Dreher & Tröndle

Strafgesetzbuch und Nebengesetze
42. Aufl.
München: Beck, 1985

Dürckheim, Karlfried Graf

Hara: The Vital Center of Man
Rochester: Inner Traditions, 2004

Hara
Die Erdmitte des Menschen
Neuausgabe
München: O.W. Barth bei Scherz, 2005

Zen and Us
New York: Penguin Arkana 1991

The Call for the Master
New York: Penguin Books, 1993

Absolute Living
The Otherworldly in the World and the Path to Maturity
New York: Penguin Arkana, 1992

The Way of Transformation
Daily Life as a Spiritual Exercise
London: Allen & Unwin, 1988

Der Alltag als Übung
Vom Weg der Verwandlung
Bern: Huber, 2008

The Japanese Cult of Tranquility
London: Rider, 1960

Kultur der Stille
Frankfurt/M: Weltz Verlag, 1997

Published by Sirius-C Media Galaxy LLC, 2010

E

Eden, Donna & Feinstein, David

Energy Medicine
New York: Tarcher/Putnam, 1998

The Energy Medicine Kit
Simple Effective Techniques to Help You Boost Your Vitality
Boulder, Co.: Sounds True Editions, 2004

The Promise of Energy Psychology
With David Feinstein and Gary Craig
Revolutionary Tools for Dramatic Personal Change
New York: Jeremy P. Tarcher/Penguin, 2005

Edmunds, Francis

An Introduction to Anthroposophy
Rudolf Steiner's Worldview
London: Rudolf Steiner Press, 2005

Edwardes, A.

The Jewel of the Lotus
New York, 1959

Einstein, Albert

The World As I See It
New York: Citadel Press, 1993

Mein Weltbild
Berlin: Ullstein, 2005

Out of My Later Years
New York: Outlet, 1993

Ideas and Opinions
New York: Bonanza Books, 1988

Einstein sagt
Zitate, Einfälle, Gedanken
München: Piper, 2007

Albert Einstein Notebook
London: Dover Publications, 1989

Eisler, Riane

The Chalice and the Blade
Our history, Our future
San Francisco: Harper & Row, 1995

Kelch und Schwert, Unsere Geschichte, unsere Zukunft
Weibliches und männliches Prinzip in der Geschichte
Freiburg: Arbor Verlag, 2005

Sacred Pleasure: Sex, Myth and the Politics of the Body
New Paths to Power and Love
San Francisco: Harper & Row, 1996

The Partnership Way
New Tools for Living and Learning
With David Loye
Brandon, VT: Holistic Education Press, 1998

The Real Wealth of Nations
Creating a Caring Economics
San Francisco: Berrett-Koehler Publishers, 2008

Eliade, Mircea

Shamanism
Archaic Techniques of Ecstasy
New York: Pantheon Books, 1964

Ellis, Havelock

Sexual Inversion
Republished
New York: University Press of the Pacific, 2001
Originally published in 1897

Published by Sirius-C Media Galaxy LLC, 2010

Analysis of the Sexual Impulse
Love and Pain
The Sexual Impulse in Women
Republished
New York: University Press of the Pacific, 2001
Originally published in 1903

The Dance of Life
New York: Greenwood Press Reprint Edition, 1973
Originally published in 1923

Elwin, V.

The Muria and their Ghotul
Bombay: Oxford University Press, 1947

Emerson, Ralph Waldo

The Essays of Ralph Waldo Emerson
Cambridge, Mass.: Harvard University Press, 1987

Emoto, Masaru

The Hidden Messages in Water
New York: Atria Books, 2004

Die Botschaft des Wassers
Burgrain: Koha Verlag, 2008

The Secret Life of Water
New York: Atria Books, 2005

Die Heilkraft des Wassers
Burgrain: Koha Verlag, 2004

Encyclopédies d'Aujourd'hui

Encyclopédie de la Franc-Maçonnerie
Paris: Librairie Générale Française, 2000
(La Pochothèque)

Erickson, Milton H.

My Voice Will Go With You
The Teaching Tales of Milton H. Erickson
by Sidney Rosen (Ed.)
New York: Norton & Co., 1991

Complete Works 1.0, CD-ROM
New York: Milton H. Erickson Foundation, 2001

Erikson, Erik H.

Childhood and Society
New York: Norton, 1993
First published in 1950

Erman/Ranke

Ägypten und Ägyptisches Leben im Altertum
Hildesheim: Gerstenberg, 1981

Evans-Wentz, Walter Yeeling

The Fairy Faith in Celtic Countries
London: Frowde, 1911
Republished by Dover Publications
(Minneola, New York), 2002

F

Farson, Richard

Birthrights
A Bill of Rights for Children
Macmillan, New York, 1974

Feinberg, Joel

Harmless Wrongdoing
The Moral Limits of the Criminal Law, Vol. 4
New York: Oxford University Press, 1990

Published by Sirius-C Media Galaxy LLC, 2010

Fensterhalm, Herbert

Don't Say Yes When You Want to Say No
With Jean Bear
New York: Dell, 1980

Fericla, Josep M.

Al trasluz de la Ayahuasca
Antropología cognitiva, oniromancia y consciencias alternativas
Barcelona: La Liebre de Marzo, 2002

Finkelhor, David

Sexually Victimized Children
New York: Free Press, 1981

Finkelstein, Haim N. (Ed.)

The Collected Writings of Salvador Dali
Cambridge: Cambridge University Press, 1998

Flack, Audrey

Art & Soul
Notes on Creating
New York: E P Dutton, Reissue Edition, 1991

Forte, Robert (Ed.)

Entheogens and the Future of Religion
Council on Spiritual Practices, 2nd ed., 2000

Fortune, Mary M.

Sexual Violence
New York: Pilgrim Press, 1994

Foster/Freed

A Bill of Rights for Children
6 FAMILY LAW QUARTERLY 343 (1972)

Foucault, Michel

The History of Sexuality, Vol. I : The Will to Knowledge
London: Penguin, 1998
First published in 1976

The History of Sexuality, Vol. II : The Use of Pleasure
London: Penguin, 1998
First published in 1984

The History of Sexuality, Vol. III : The Care of Self
London: Penguin, 1998
First published in 1984

Fourcade, Jean-Michel

Analyse transactionnelle et bioénergie
Paris: Delarge, 1981

Foxwood, Orion

The Faery Teachings
Arcata, CA: R.J. Steward Books, 2007

Franz Anton Mesmer

Franz Anton Mesmer und die Geschichte des Mesmerismus
Beiträge zum internationalen wissenschaftlichen Symposium
anlässlich des 250. Geburtstages von Mesmer
Stuttgart, 1985

Freud, Anna

War and Children
London: 1943

Published by Sirius-C Media Galaxy LLC, 2010

Freud, Sigmund

Three Essays on the Theory of Sexuality
in: The Standard Edition of the Complete Psychological
Works of Sigmund Freud
London: Hogarth Press, 1953-54
Vol. 7, pp. 130 ff
(first published in 1905)

Drei Abhandlungen zur Sexualtheorie
Frankfurt/M: Fischer, 1991

The Interpretation of Dreams
New York: Avon, Reissue Edition, 1980
and in: The Standard Edition of the Complete Psychological
Works of Sigmund Freud , (24 Volumes) ed. by James Strachey
New York: W. W. Norton & Company, 1976

Die Traumdeutung
Frankfurt/M: Fischer, 2005

Totem and Taboo
New York: Routledge, 1999
Originally published in 1913

Totem und Tabu
Einige Übereinstimmungen im Seelenleben der Wilden und
der Neurotiker
Frankfurt/M: Fischer Verlag, 1972

Freund, Kurt

Assessment of Pedophilia
in: Cook, M. and Howells, K. (eds.)
Adult Sexual Interest in Children
Academic Press, London, 1980

Frisch, Max

Biedermann und die Brandstifter
München: Suhrkamp, 1996
Erstmals 1955 als Hörspiel veröffentlicht

Fromm, Erich

The Anatomy of Human Destructiveness
New York: Owl Book, 1992
Originally published in 1973

Anatomie der menschlichen Destruktivität
Berlin: Rowohlt, 1977

Escape from Freedom
New York: Owl Books, 1994
Originally published in 1941

Die Furcht vor der Freiheit
München: DTV Verlag, 1993

To Have or To Be
New York: Continuum International Publishing, 1996
Originally published in 1976

Haben oder Sein
Die seelischen Grundlagen einer neuen Gesellschaft
München: DTV Verlag, 2005

The Art of Loving
New York: HarperPerennial, 2000
Originally published in 1956

Die Kunst des Liebens
Berlin: Ullstein, 2005

G

Gates, Bill

The Road Ahead
New York, Penguin, 1996
(Revised Edition)

Published by Sirius-C Media Galaxy LLC, 2010

Gawain, Shakti

Creative Visualization
Use the Power of Your Imagination to Create What You Want
Novato, CA: New World Library, 1995

Creative Visualization Meditations (Reader)
Novato, CA: New World Library, 1997

Geldard, Richard

Remembering Heraclitus
New York: Lindisfarne Books, 2000

Gerber, Richard

A Practical Guide to Vibrational Medicine
Energy Healing and Spiritual Transformation
New York: Harper & Collins, 2001

Geller, Uri

The Mindpower Kit
Includes Book, Audiotape, Quartz Crystal And Meditation Circle
New York: Penguin, 1996

Gesell, Izzy

Playing Along
37 Group Learning Activities Borrowed from Improvisational Theater
Whole Person Associates, 1997

Ghiselin, Brewster (Ed.)

The Creative Process
Reflections on Invention in the Arts and Sciences
Berkeley: University of California Press, 1985
First published in 1952

Gibson, Ian

The Shameful Life of Salvador Dali
New York: Norton, 1998

Gil, David G.

Societal Violence and Violence in Families
in: David G. Gil, Child Abuse and Violence
New York: Ams Press, 1928

Gimbutas, Marija

The Language of the Goddess
London: Thames & Hudson, 2001

Glucksmann, André, Wolton, Thierry

Silence On Tue
Paris: Grasset, 1986

Goethe, Johann Wolfgang von

The Theory of Colors
New York: MIT Press, 1970
First published in 1810

Goethes Farbenlehre
Leipzig: Seemann-Henschel Verlag, 1998

Goldenstein, Joyce

Einstein: Physicist and Genius
(Great Minds of Science)
New York: Enslow Publishers, 1995

Goldman, Jonathan & Goldman, Andi

Tantra of Sound
Frequencies of Healing
Charlottesville: Hampton Roads, 2005

Tantra des Klanges
Mehr Liebe und Intimität in der Partnerschaft
Mit CD
Hanau: Amra Verlag, 2009

Healing Sounds

Published by Sirius-C Media Galaxy LLC, 2010

The Power of Harmonies
Rochester: Healing Arts Press, 2002

Klangheilung
Die Schöpferkraft des Obertongesangs
Hanau: Amra Verlag, 2008

Healing Sounds
Principles of Sound Healing
DVD, 90 min.
Sacred Mysteries, 2004

Goldstein, Jeffrey H.

Aggression and Crimes of Violence
New York, 1975

Goleman, Daniel

Emotional Intelligence
New York, Bantam Books, 1995

EQ. Emotionale Intelligenz
München: DTV Verlag, 1997

Goodwin, Matthew O.

The Complete Numerology Guide
New York: Red Wheel/Weiser, 1988

Gordon, Rosemary

Pedophilia: Normal and Abnormal
in: Kraemer, The Forbidden Love
London, 1976

Gordon Wasson, R.

The Road to Eleusis
Unveiling the Secret of the Mysteries
With Albert Hofmann, Huston Smith, Carl Ruck and Peter Webster
Berkeley, CA: North Atlantic Books, 2008

Goswami, Amit

The Self-Aware Universe
How Consciousness Creates the Material World
New York: Tarcher/Putnam, 1995

Das Bewusste Universum
Wie Bewusstsein die materielle Welt erschafft
Stuttgart: Lüchow Verlag, 2007

Gottlieb, Adam

Peyote and Other Psychoactive Cacti
Ronin Publishing, 2nd edition, 1997

Grant

Grant's Method of Anatomy
10th ed., by John V. Basmajian
Baltimore, London: Williams & Wilkins, 1980

Greene, Liz

Astrology of Fate
York Beach, ME: Red Wheel/Weiser, 1986

Saturn
A New Look at an Old Devil
York Beach, ME: Red Wheel/Weiser, 1976

The Astrological Neptune and the Quest for Redemption
Boston: Red Wheel Weiser, 1996

The Mythic Journey
With Juliet Sharman-Burke
The Meaning of Myth as a Guide for Life
New York: Simon & Schuster (Fireside), 2000

Die Mythische Reise
Die Bedeutung der Mythen als ein Führer durch das Leben
München: Atmosphären Verlag, 2004

Published by Sirius-C Media Galaxy LLC, 2010

The Mythic Tarot
With Juliet Sharman-Burke
New York: Simon & Schuster (Fireside), 2001
Originally published in 1986

Le Tarot Mythique
Une nouvelle approche du Tarot
Paris: Solar, 1988

The Luminaries
The Psychology of the Sun and Moon in the Horoscope
With Howard Sasportas
York Beach, ME: Red Wheel/Weiser, 1992

Sonne und Mond
Die Bedeutung der grossen Lichter in der Mythologie und im Horoskop
Saarbrücken: Neue Erde/Lentz, 2000

Greer, John Michael

Earth Divination, Earth Magic
A Practical Guide to Geomancy
New York: Llewellyn Publications, 1999

Grinspoon, Lester

Marihuana
The Forbidden Medicine
With James B. Bakalar
New Haven, CT: Yale University Press, 1997
First published in 1971

Groeben/Boeckh/Thiesing/Ehlermann

Kommentar zum EWG-Vertrag
Band 2, Dritte Auflage
Baden-Baden: Nomos, 1983

Grof, Stanislav

Ancient Wisdom and Modern Science
New York: State University of New York Press, 1984

Beyond the Brain
Birth, Death and Transcendence in Psychotherapy
New York: State University of New York, 1985

LSD: Doorway to the Numinous
The Groundbreaking Psychedelic Research into Realms of the
Human Unconscious
Rochester: Park Street Press, 2009

Psychologie transpersonnelle
Paris: Rocher, 1984

Realms of the Human Unconscious
Observations from LSD Research
New York: E.P. Dutton, 1976

The Cosmic Game
Explorations of the Frontiers of Human Consciousness
New York: State University of New York Press, 1998

The Holotropic Mind
The Three Levels of Human Consciousness
With Hal Zina Bennett
New York: HarperCollins, 1993

When the Impossible Happens
Adventures in Non-Ordinary Reality
Louisville, CO: Sounds True, 2005

Wir wissen mehr als unser Gehirn
Die Grenzen des Bewusstseins überschreiten
Freiburg: Herder, 2007

Groth, A. Nicholas

Men Who Rape
The Psychology of the Offender
New York: Perseus Publishing, 1980

Published by Sirius-C Media Galaxy LLC, 2010

Grout, Pam

Art & Soul
New York: Andrews McMeel Publishing, 2000

Gunn, John

Violence
New York/Washington, 1973

Gurdjieff, George Ivanovich

The Herald of Coming Good
London: Samuel Weiser, 1933

H

Hall, Manly P.

The Pineal Gland
The Eye of God
Article extracted from the book: Man the Grand Symbol of the Mysteries
Kessinger Publishing Reprint

The Secret Teachings of All Ages
Reader's Edition
New York: Tarcher/Penguin, 2003
Originally published in 1928

Hameroff, Newberg, Woolf, Bierman et al.

Consciousness
20 Scientists Interviewed
Director: Gregory Alsbury
5 DVD Box Set, 540 min.
New York: Alsbury Films, 2003

Hargous, Sabine

Les appeleurs d'âmes
L'univers chamanique des Indiens des Andes
Paris: Albin Michel, 1985

Harner, Michael

Ways of the Shaman
New York: Bantam, 1982
Originally published in 1980

Der Weg des Schamanen
Das praktische Grundlagenbuch zum Schamanismus
Genf: Ariston, 2007

Chamane
Les secrets d'un sorcier indien d'Amérique du Nord
Paris: Albin Michel, 1982

Hasegawa, Tsuyoshi

Racing the Enemy
Stalin, Truman, and the Surrender of Japan
Cambridge, MA: Belknap Press of Harvard University Press, 2006

Henkin/Pugh/Schachter/Smit

International Law
Cases and Materials
St. Paul (West): American Casebook Series, 1980

Herman, Dean M.

A Statutory Proposal to Prohibit the Infliction of Violence upon Children
19 FAMILY LAW QUARTERLY, 1986, 1-52

Hermes Trismegistos

Corpus Hermeticum
New York: Edaf, 2001

Héroard, J.

Journal de Jean Héroard sur l'Enfance et la Jeunesse de Louis XIII
Paris: Soulié/Barthélemy, 1868

Published by Sirius-C Media Galaxy LLC, 2010

Herrigel, Eugen

Zen in the Art of Archery
New York: Vintage Books, 1999
Originally published in 1971

Hicks, Esther and Jerry

The Amazing Power of Deliberate Intent
Living the Art of Allowing
Carlsbad, CA: Hay House, 2006

Hobbes, Thomas

Leviathan (1651)
New York: Longman Library, 2006

Hofmann, Albert

LSD, My Problem Child
Reflections on Sacred Drugs, Mysticism and Science
Santa Cruz, CA: Multidisciplinary Association for Psychedelic Studies, 2009
Originally published in 1980

LSD, Mein Sorgenkind
Die Entdeckung der 'Wunderdroge'
München: DTV Verlag, 1999

Holmes, Ernst

The Science of Mind
A Philosophy, A Faith, A Way of Life
New York: Jeremy P. Tarcher/Putnam, 1998
First Published in 1938

Holstiege, Hildegard

Montessori Pädagogik und soziale Humanität
Freiburg: Herder, 1994

Hood, J. X.

Scientific Curiosities of Love, Sex and Marriage
A Survey of Sex Relations, Beliefs and Customs of Mankind in
Different Countries and Ages
New York, 1951

Houston, Jean

The Possible Human
A Course in Enhancing Your Physical, Mental, and Creative Abilities
New York: Jeremy P. Tarcher/Putnam, 1982

Howells, Kevin

Adult Sexual Interest in Children
Considerations Relevant to Theories of Aetiology in:
Cook, M. and Howells, K. (eds.): Adult Sexual Interest in Children
Academic Press, London, 1980

Huang, Alfred

The Complete I Ching
The Definite Translation from Taoist Master Alfred Huang
Rochester, NY: Inner Traditions, 1998

Hunt, Valerie

Infinite Mind
Science of the Human Vibrations of Consciousness
Malibu, CA: Malibu Publishing, 2000

Huxley, Aldous

The Doors of Perception and Heaven and Hell
London: HarperCollins (Flamingo), 1994
(originally published in 1954)

The Perennial Philosophy
San Francisco: Harper & Row, 1970

Published by Sirius-C Media Galaxy LLC, 2010

I

Innocenti Declaration

Declaration on the Protection, Promotion and Support of Breastfeeding
http://www.innocenti15.net/inno.htm

J

Jackson, Nigel

The Rune Mysteries
With Silver RavenWolf
St. Paul, Minn.: Llewellyn Publications, 2000

Jackson, Stevi

Childhood and Sexuality
New York: Blackwell, 1982

Jaffe, Hans L.C.

Picasso
New York: Abradale Press, 1996

James, William

Writings 1902-1910
The Varieties of Religious Experience / Pragmatism / A Pluralistic
Universe / The Meaning of Truth / Some Problems of Philosophy / Essays
New York: Library of America, 1988

Jampolsky, Gerald

Aimer c'est se libérer de la peur
Genève: Éditions Soleil, 1986

Janov, Arthur

Primal Man
The New Consciousness
New York: Crowell, 1975

Das Neue Bewusstsein
Frankfurt/M: Fischer Verlag, 1988
Urausgabe 1975

Johnson, Paul

A History of the Jews
New York: Harper & Row, 1987

Johnston & Deisher

Contemporary Communal Child Rearing: A First Analysis
52 PEDIATRICS 319 (1973)

Jones, W.H.S., Litt, D.

Pliny Natural History
Cambridge, Mass.: Harvard University Press, 1980

Jung, Carl Gustav

Archetypen
München: DTV Verlag, 2001

Archetypes of the Collective Unconscious
in: The Basic Writings of C.G. Jung
New York: The Modern Library, 1959, 358-407

Collected Works
New York, 1959

Dialectique du moi et de l'inconscient
Paris, Gallimard, 1991

Published by Sirius-C Media Galaxy LLC, 2010

On the Nature of the Psyche
in: The Basic Writings of C.G. Jung
New York: The Modern Library, 1959, 47-133

Psychological Types
Collected Writings, Vol. 6
Princeton: Princeton University Press, 1971

Psychologie und Religion
München: DTV Verlag, 2001

Psychology and Religion
in: The Basic Writings of C.G. Jung
New York: The Modern Library, 1959, 582-655

Religious and Psychological Problems of Alchemy
in: The Basic Writings of C.G. Jung
New York: The Modern Library, 1959, 537-581

Symbol und Libido
Freiburg: Walter Verlag, 1987

Synchronizität, Akausalität und Okkultismus
Frankfurt/M: DTV, 2001

The Basic Writings of C.G. Jung
New York: The Modern Library, 1959

The Development of Personality
Collected Writings, Vol. 17
Princeton: Princeton University Press, 1954

The Meaning and Significance of Dreams
Boston: Sigo Press, 1991

The Myth of the Divine Child
in: Essays on A Science of Mythology
Princeton, N.J.: Princeton University Press Bollingen
Series XXII, 1969. (With Karl Kerenyi)

Traum und Traumdeutung
München: DTV Verlag, 2001

Two Essays on Analytical Psychology
Collected Writings, Vol. 7
Princeton: Princeton University Press, 1972
First published by Routledge & Kegan Paul, Ltd., 1953

Zur Psychologie westlicher und östlicher Religion
Fünfte Auflage
Olten: Walter Verlag, 1988

K

Kahn, Charles (Ed.)

The Art and Thought of Heraclitus
Cambridge: Cambridge University Press, 2008

Kaiser, Edmond

La Marche aux Enfants
Lausanne: P.-M. Favre, 1979

Kalweit, Holger

Shamans, Healers and Medicine Men
Boston and London: Shambhala, 1992
Originally published with Kösel Verlag, Munich, in 1987

Kant, Immanuel

Kant's Werke
Band VIII, Abhandlungen nach 1781 (Neudruck)
Berlin und Leipzig: Walter de Gruyter, 1923

Kapleau, Roshi Philip

Three Pillars of Zen
Boston: Beacon Press, 1967

Published by Sirius-C Media Galaxy LLC, 2010

Karagulla, Shafica

The Chakras
Correlations between Medical Science and Clairvoyant Observation
With Dora van Gelder Kunz
Wheaton: Quest Books, 1989

Die Chakras und die feinstofflichen Körper des Menschen
Mit Dora van Gelder-Kunz
Grafing: Aquamarin Verlag, 1994

Karremann, Manfred

Es geschieht am helllichten Tag
Die Verborgene Welt der Pädophilen
und wie wir unsere Kinder vor Missbrauch Schützen
Köln: Dumont, 2007

Kerner Justinus

F.A. Mesmer aus Schwaben
Frankfurt/M, 1856

Kiang, Kok Kok

The I Ching
An Illustrated Guide to the Chinese Art of Divination
Singapore: Asiapac, 1993

Kiesewetter, Carl

Franz Anton Mesmer's Leben und Lehre
Leipzig, 1893

Kingston, Karen

Creating Sacred Space With Feng Shui
New York: Broadway Books, 1997

Kinski, Klaus

Kinski Uncut: The Autobiography of Klaus Kinski
New York: Penguin, 1997

Klein, Melanie

Love, Guilt and Reparation, and Other Works 1921-1945
New York: Free Press, 1984
(Reissue Edition)

Envy and Gratitude and Other Works 1946-1963
New York: Free Press, 2002
(Reissue Edition)

Klimo, Jon

Channeling
Investigations on Receiving Information from Paranormal Sources
New York: North Atlantic Books, 1988

Koestler, Arthur

The Act of Creation
New York: Penguin Arkana, 1989.
Originally published in 1964

Kraemer

The Forbidden Love
London, 1976

Krafft-Ebing, Richard von

Psychopathia sexualis
New York: Bell Publishing, 1965
Originally published in 1886

Krause, Donald G.

The Art of War for Executives
London: Nicholas Brealey Publishing, 1995

Krishnamurti, J.

Freedom From The Known
San Francisco: Harper & Row, 1969

Published by Sirius-C Media Galaxy LLC, 2010

The First and Last Freedom
San Francisco: Harper & Row, 1975

Education and the Significance of Life
London: Victor Gollancz, 1978

Commentaries on Living
First Series
London: Victor Gollancz, 1985

Commentaries on Living
Second Series
London: Victor Gollancz, 1986
Krishnamurti's Journal
London: Victor Gollancz, 1987

Krishnamurti's Notebook
London: Victor Gollancz, 1986

Beyond Violence
London: Victor Gollancz, 1985

Beginnings of Learning
New York: Penguin, 1986

The Penguin Krishnamurti Reader
New York: Penguin, 1987

On God
San Francisco: Harper & Row, 1992

On Fear
San Francisco: Harper & Row, 1995

The Essential Krishnamurti
San Francisco: Harper & Row, 1996

The Ending of Time
With Dr. David Bohm
San Francisco: Harper & Row, 1985

Kwok, Man-Ho

The Feng Shui Kit
London: Piatkus, 1995

L

Labate, Beatriz Caluby

Ayahuasca Religions
A Comprehensive Bibliography and Critical Essays
Santa Cruz, CA: Maps, 2009

Laing, Ronald David

Divided Self
New York: Viking Press, 1991

R.D. Laing and the Paths of Anti-Psychiatry
ed., by Z. Kotowicz
London: Routledge, 1997

The Politics of Experience
New York: Pantheon, 1983

Sagesse, déraison et folie
Paris: Seuil, 1986

Lakhovsky, Georges

La Science et le Bonheur
Longévité et Immortalité par les Vibrations
Paris: Gauthier-Villars, 1930

Le Secret de la Vie
Paris: Gauthier-Villars, 1929

Secret of Life
New York: Kessinger Publishing, 2003

Published by Sirius-C Media Galaxy LLC, 2010

L'étiologie du Cancer
Paris: Gauthier-Villars, 1929

L'Universion
Paris: Gauthier-Villars, 1927

Lanouette, William

Genius in the Shadows
A Biography of Leo Szilard, the Man behind the Bomb
With Bela Silard
Chicago: University of Chicago Press, 1994

Laszlo, Ervin

Holos. Die Welt der neuen Wissenschaften
Petersberg: Via Nova Verlag, 2002

Science and the Akashic Field
An Integral Theory of Everything
Rochester: Inner Traditions, 2004

Macroshift
Die Herausforderung
Frankfurt/M: Insel Verlag, 2003

Quantum Shift to the Global Brain
How the New Scientific Reality Can Change Us and Our World
Rochester: Inner Traditions, 2008

Science and the Reenchantment of the Cosmos
The Rise of the Integral Vision of Reality
Rochester: Inner Traditions, 2006

The Akashic Experience
Science and the Cosmic Memory Field
Rochester: Inner Traditions, 2009

The Chaos Point
The World at the Crossroads
Newburyport, MA: Hampton Roads Publishing, 2006

Laud, Anne & Gilstrop, May

Violence in the Family
A Selected Bibliography on Child Abuse, Sexual Abuse of
Children & Domestic Violence
June 1985
University of Georgia Libraries
Bibliographical Series, No. 32

Lauterpacht, E., Q.C.

International Law Reports
Cambridge: Grotius Publishers

Lauterpacht, Hersch

International Law
Ed. By E. Lauterpacht, Q.C.
Vol. 3
London: Cambridge University Press, 1977

LaViolette, Paul A.

*Secrets of Antigravity Propulsion: Tesla, UFOs, and
Classified Aerospace Technology*
New York: Bear & Company, 2008

The U.S. Antigravity Squadron
In: Thomas Valone, Ed., *Electrogravitics Systems,
Reports on a New Propulsion Methodology*
Washington, D.C.: Integrity Research Institute, 1993, 78-96

Leadbeater, Charles Webster

Astral Plane
Its Scenery, Inhabitants and Phenomena
Kessinger Publishing Reprint Edition, 1997

Dreams
What they Are and How they are Caused
London: Theosophical Publishing Society, 1903
Kessinger Publishing Reprint Edition, 1998

Published by Sirius-C Media Galaxy LLC, 2010

The Inner Life
Chicago: The Rajput Press, 1911
Kessinger Publishing

Leary, Timothy

Our Brain is God
Berkeley, CA: Ronin Publishing, 2001
Author Copyright 1988

Über die Kriminalisierung des Natürlichen
Löhrbach: Werner Pieper Verlag, 1990

Leboyer, Frederick

Birth Without Violence
New York, 1975

Pour une Naissance sans Violence
Paris: Seuil, 1974

Geburt ohne Gewalt
München: Kösel 1981

Cette Lumière d'où vient l'Enfant
Paris: Seuil, 1978

Inner Beauty, Inner Light
New York: Newmarket Press, 1997

Weg des Lichts
München: Kösel, 1991

Loving Hands
The Traditional Art of Baby Massage
New York: Newmarket Press, 1977

Sanfte Hände
Die Kunst der indischen Baby-Massage
München: Kösel, 1979

The Art of Breathing
New York: Newmarket Press, 1991

Le Crapouillot

Les pédophiles
Nouvelle série, n°73, Janvier 1984
Vincent Acker, Le Vilain Manège du Coral, pp. 36-42

LeCron, Leslie M.

L'auto-hypnose
8e édition
Genève: Ariston, 1984

Leggett, Trevor P.

A First Zen Reader
Rutland: C.E. Tuttle, 1980
Originally published in 1972

Lenihan, Eddie

Meeting the Other Crowd
The Fairy Stories of Hidden Ireland
With Carolyn Eve Green
New York: Jeremy P. Tarcher/Penguin, 2004
Authors Copyright 2003

Leonard, George, Murphy, Michael

The Live We Are Given
A Long Term Program for Realizing the
Potential of Body, Mind, Heart and Soul
New York: Jeremy P. Tarcher/Putnam, 1984

Leopardi, Angelo (Hrsg.)

Der Pädosexuelle Komplex
Frankfurt/M: Foerster Verlag, 1988

Published by Sirius-C Media Galaxy LLC, 2010

Licht, Hans

Sexual Life in Ancient Greece
New York: AMS Press, 1995

Liedloff, Jean

Continuum Concept
In Search of Happiness Lost
New York: Perseus Books, 1986
First published in 1977

Auf der Suche nach dem verlorenen Glück
Gegen die Zerstörung der Glücksfähigkeit in der frühen Kindheit
München: C.H. Beck Verlag, 2006

Lip, Evelyn

The Design & Feng Shui of Logos, Trademarks and Signboards
Singapore: Prentice Hall, 1995

Lipgens, Walter

Europa-Föderationspläne der Widerstandsbewegungen 1940-1945
München, 1968

Lipton, Bruce

The Biology of Belief
Unleashing the Power of Consciousness, Matter and Miracles
Santa Rosa, CA: Mountain of Love/Elite Books, 2005

Intelligente Zellen
Wie Erfahrungen unsere Gene steuern
Burgrain: Koha Verlag, 2006

Liss, Jérôme

Débloquez vos émotions
Lausanne: Éditions Far, 1988

Locke, John

Some Thoughts Concerning Education
London, 1690
Reprinted in: The Works of John Locke, 1823
Vol. IX., pp. 6-205

Gedanken über Erziehung
Ditzingen: Reclam Verlag, 1986

Long, Max *Freedom*

The Secret Science at Work
The Huna Method as a Way of Life
Marina del Rey: De Vorss Publications, 1995
Originally published in 1953

Geheimes Wissen hinter Wundern
Die Entdeckung der HUNA-Lehre
Darmstadt: Schirner Verlag, 2006

Growing Into Light
A Personal Guide to Practicing the Huna Method,
Marina del Rey: De Vorss Publications, 1955

Lowen, Alexander

Angst vor dem Leben
Über den Ursprung seelischen Leides und den Weg zu
einem reicheren Dasein
München: Goldmann Wilhelm, 1989

Bioenergetics
New York: Coward, McGoegham 1975

Bioenergetik
Therapie der Seele durch Arbeit mit dem Körper
Berlin: Rowohlt, 2008

Depression and the Body
The Biological Basis of Faith and Reality
New York: Penguin, 1992

Published by Sirius-C Media Galaxy LLC, 2010

Fear of Life
New York: Bioenergetic Press, 2003

Honoring the Body
The Autobiography of Alexander Lowen
New York: Bioenergetic Press, 2004

Joy
The Surrender to the Body and to Life
New York: Penguin, 1995

Liebe und Orgasmus
Persönlichkeitserfahrung durch sexuelle Erfüllung
München: Goldmann Wilhelm, 1993

Love and Orgasm
New York: Macmillan, 1965

Love, Sex and Your Heart
New York: Bioenergetics Press, 2004

Narcissism: Denial of the True Self
New York: Macmillan, Collier Books, 1983

Narzissmus
Die Verleugnung des wahren Selbst
München: Goldmann Wilhelm, 1992

Pleasure: A Creative Approach to Life
New York: Bioenergetics Press, 2004
First published in 1970

The Language of the Body
Physical Dynamics of Character Structure
New York: Bioenergetics Press, 2006

Luna, Luis Eduardo & Amaringo, Pablo
Ayahuasca Visions
North Atlantic Books, 1999

Lusk, Julie T. (Editor)

30 Scripts for Relaxation Imagery & Inner Healing
Whole Person Associates, 1992

Lutyens, Mary

Krishnamurti: The Years of Fulfillment
New York: Avon Books, 1983

Krishnamurti: Die Biographie
München: Aquamarin Verlag, 1997

The Life and Death of Krishnamurti
Chennai: Krishnamurti Foundation India, 1990

Lutzbetak, Louis J.

Marriage and the Family in Caucasia
Vienna, 1951, first reprinting, 1966

M

Machiavelli, Niccolo

The Prince
New York: Soho Books, 2009
Written in 1513
First posthumous publishing 1531

Der Fürst
Frankfurt/M: Insel Verlag, 2009

Mack, Carol K. & Mack, Dinah

A Field Guide to Demons, Fairies, Fallen Angels, and Other Subversive Spirits
New York: Owl Books, 1998

Maharshi, Ramana

The Collected Works of Ramana Maharshi
New York: Sri Ramanasramam, 2002

Published by Sirius-C Media Galaxy LLC, 2010

The Essential Teachings of Ramana Maharshi
A Visual Journey
New York: Inner Directions Publishing, 2002
by Matthew Greenblad

Sei was du bist!
München: O.W. Barth, 2001

Nan Yar? Wer bin ich?
München: Kamphausen, 2002

Maisel, Eric

Fearless Creating
A Step-By-Step Guide to Starting and Completing
Work of Art
New York: Tarcher & Putnam, 1995

Malachi, Tau

Gnosis of the Cosmic Christ
A Gnostic Christian Kabbalah
St. Paul: Llewellyn Publications, 2005

Malinowski, Bronislaw

Crime und Custom in Savage Society
London: Kegan, 1926

Sex and Repression in Savage Society
London: Kegan, 1927

The Sexual Life of Savages in North West Melanesia
New York: Halycon House, 1929

Das Geschlechtsleben der Wilden in Nordwest-Melanesien
Liebe, Ehe und Familienleben bei den Eingeborenen
der Trobriand Inseln,
Britisch-Neuguinea
Eschborn: Klotz Verlag, 2005

Mallet, Carl-Heinz

Das Einhorn bin ich
Das Bild des Menschen im Märchen
Hamburg: Hoffmann & Campe Verlag, 1982

Untertan Kind
Nachforschungen über Erziehung
München: Max Hueber Verlag, 1987

Mann, Edward W.

Orgone, Reich & Eros
Wilhelm Reich's Theory of Life Energy
New York: Simon & Schuster (Touchstone), 1973

Mann, Sally

At Twelve
Portraits of Young Women
New York: Aperture, 1988

Immediate Family
New York: Phaidon Press, 1993

Marciniak, Barbara

Bringers of the Dawn
Teachings from the Pleiadians
New York: Bear & Co., 1992

Boten des Neuen Morgens
Lehren von den Pleiaden
Freiburg: Hermann Bauer Verlag, 1995

Martinson, Floyd M.

Sexual Knowledge
Values and Behavior Patterns
St. Peter: Minn.: Gustavus Adolphus College, 1966

Published by Sirius-C Media Galaxy LLC, 2010

Infant and Child Sexuality
St. Peter: Minn.: Gustavus Adolphus College, 1973

The Quality of Adolescent Experiences
St. Peter: Minn.: Gustavus Adolphus College, 1974

The Child and the Family
Calgary, Alberta: The University of Calgary, 1980

The Sex Education of Young Children
in: Lorna Brown (Ed.), *Sex Education in the Eighties*
New York, London: Plenum Press, 1981, pp. 51 ff.

The Sexual Life of Children
New York: Bergin & Garvey, 1994

Children and Sex, Part II: Childhood Sexuality
in: Bullough & Bullough, Human Sexuality (1994)
Pp. 111-116

Master Lam Kam Chuen
The Way of Energy
Mastering the Chinese Art of Internal
Strength with Chi Kung Exercise
New York: Simon & Schuster (Fireside), 1991

Master Liang, Shou-Yu & Wu, Wen-Ching
Tai Chi Chuan
24 & 48 Postures With Martial Applications
Roslindale, Mass.: YMAA Publication Center, 1996

Masters, R.E.L.
Forbidden Sexual Behavior and Morality
New York, 1962

McCarey, William A.

In Search of Healing
Whole-Body Healing Through the Mind-Body-Spirit Connection
New York: Berkley Publishing, 1996

McCormick

McCormick on Evidence
by Edward W. Cleary, 3d ed.
Lawyers Edition (Homebook Series)
St. Paul: West, 1984

McKenna, Terence

The Archaic Revival
San Francisco: Harper & Row, 1992

Food of The Gods
A Radical History of Plants, Drugs and Human Evolution
London: Rider, 1992

Die Speisen der Götter
Berlin: Synergia/Syntropia, 1996

The Invisible Landscape
Mind Hallucinogens and the I Ching
New York: HarperCollins, 1993
(With Dennis McKenna)

True Hallucinations
Being the Account of the Author's Extraordinary
Adventures in the Devil's Paradise
New York: Fine Communications, 1998

McLeod, Kembrew

Freedom of Expression
Resistance and Repression in the Age of Intellectual Property
Minneapolis, MN: University of Minnesota Press, 2007

Published by Sirius-C Media Galaxy LLC, 2010

McNiff, Shaun

Art as Medicine
Boston: Shambhala, 1992

Art as Therapy
Creating a Therapy of the Imagination
Boston/London: Shambhala, 1992

Trust the Process
An Artist's Guide to Letting Go
New York: Shambhala Publications, 1998

McTaggart, Lynne

The Field
The Quest for the Secret Force of the Universe
New York: Harper & Collins, 2002

Mead, Margaret

Sex and Temperament in Three Primitive Societies
New York, 1935

Meadows, Donella H.

Thinking in Systems
A Primer
White River, VT: Chelsea Green Publishing, 2008

Mehta, Rohit

J. Krishnamurti and the Nameless Experience
A Comprehensive Discussion of J. Krishnamurti's Approach to Life
Delhi: Motilal Banarsidass Publishers, 2002

Méric, de, Philippe

Le Yoga sans postures
Paris: Livre de Poche, 1967

Merle, Roger & Vitu, André

Traité de Croit Criminel
Droit Pénal Spécial
Vol. II, par André Vitu
Paris: Editions Cujas, 1982

Merleau-Ponty, Maurice

Phenomenology of Perception
London: Routledge, 1995
Originally published 1945

Phénoménologie de la perception
Paris: Gallimard, 1945

Metzner, Ralph (Ed.)

Ayahuasca, Human Consciousness and the Spirits of Nature
ed. by Ralph Metzner, Ph.D
New York: Thunder's Mouth Press, 1999

The Psychedelic Experience
A Manual Based on the Tibetan Book of the Dead
With Timothy Leary and Richard Alpert
New York: Citadel, 1995

Miller, Alice

Four Your Own Good
Hidden Cruelty in Child-Rearing and the Roots of Violence
New York: Farrar, Straus & Giroux, 1983

Am Anfang war Erziehung
München: Suhrkamp Verlag, 2008
Erstmals publiziert im Jahre 1986

Pictures of a Childhood
New York: Farrar, Straus & Giroux, 1986

The Drama of the Gifted Child
In Search for the True Self

Published by Sirius-C Media Galaxy LLC, 2010

translated by Ruth Ward
New York: Basic Books, 1996

Das Drama des Begabten Kindes
Und die Suche nach dem wahren Selbst
München: Suhrkamp Verlag, 1983

Der gemiedene Schlüssel
München: Suhrkamp, 2007

Das verbannte Wissen
Frankfurt/M: Suhrkamp, 1988

Thou Shalt Not Be Aware
Society's Betrayal of the Child
New York: Noonday, 1998

Du Sollst Nicht Merken
Variationen über das Paradies-Thema
Neuauflage
München: Suhrkamp, 2005

The Political Consequences of Child Abuse
in: The Journal of Psychohistory 26, 2 (Fall 1998)

Miller, Mary & Taube, Karl
An Illustrated Dictionary of the Gods and Symbols of Ancient Mexico and the Maya
London: Thames & Hudson, 1993

Moll, Albert
The Sexual Life of the Child
New York: Macmillan, 1912
First published in German as
Das Sexualleben des Kindes, 1909

Monroe, Robert
Ultimate Journey
New York: Broadway Books, 1994

Monsaingeon, Bruno

Svjatoslav Richter
Notebooks and Conversations
Princeton: Princeton University Press, 2002

Richter
Écrits, conversations
Paris: Éditions Van de Velde, 1998

Richter The Enigma / L'Insoumis / Der Unbeugsame
NVC Arts 1998 (DVD)

Montagu, Ashley

Touching
The Human Significance of the Skin
New York: Harper & Row, 1978

Körperkontakt
8. Auflage
Stuttgart: Klett/Cotta, 1995

Monter, E. William

Witchcraft in France and Switzerland
Ithaca & London: Cornell University Press, 1976

Montessori, Maria

The Absorbent Mind
Reprint Edition
New York: Buccaneer Books, 1995
First published in 1973

Das Kreative Kind
Der absorbierende Geist
Freiburg: Herder, 2007

Published by Sirius-C Media Galaxy LLC, 2010

Moody, Raymond

The Light Beyond
New York: Mass Market Paperback (Bantam), 1989

Moore, Thomas

Care of the Soul
A Guide for Cultivating Depth and Sacredness in Everyday Life
New York: Harper & Collins, 1994

Die Seele Lieben
Tiefe und Spiritualität im täglichen Leben
München: Droemer Knaur, 1995

Moser, Charles Allen

DSM-IV-TR and the Paraphilias: an argument for removal
With Peggy J. Kleinplatz
Journal of Psychology and Human Sexuality 17 (3/4), 91-109 (2005)

Murdock, G.

Social Structure
New York: Macmillan, 1960

Murphy, Joseph

The Power of Your Subconscious Mind
West Nyack, N.Y.: Parker, 1981, N.Y.: Bantam, 1982
Originally published in 1962

Die Macht Ihres Unterbewusstseins
München: Hugendubel, 2000

La puissance de votre subconscient
Genève: Ramón Keller, 1967

The Miracle of Mind Dynamics
New York: Prentice Hall, 1964

Miracle Power for Infinite Riches
West Nyack, N.Y.: Parker, 1972

The Amazing Laws of Cosmic Mind Power
West Nyack, N.Y.: Parker, 1973

Secrets of the I Ching
West Nyack, N.Y.: Parker, 1970

Think Yourself Rich
Use the Power of Your Subconscious Mind to Find True Wealth
Revised by Ian D. McMahan, Ph.D.
Paramus, NJ: Reward Books, 2001

Das Erfolgsbuch
Wie sie alles im Leben erreichen können
Hamburg: Heyne Verlag, 2002

Wahrheiten die ihr Leben verändern
Dr. Joseph Murphys Vermächtnis
München: Hugendubel, 1996

Murphy, Michael

The Future of the Body
Explorations into the Further Evolution of Human Nature
New York: Jeremy P. Tarcher/Putnam, 1992

Der Quanten-Mensch
München: Ludwig Verlag, 1996

Myers, Tony Pearce

The Soul of Creativity
Insights into the Creative Process
Novato, CA: New World Library, 1999

Myss, Caroline

The Creation of Health
The Emotional, Psychological, and Spiritual Responses that Promote
Health and Healing
New York: Three Rivers Press, 1998

N

Naparstek, Belleruth

Your Sixth Sense
Unlocking the Power of Your Intuition
London: HarperCollins, 1998

Staying Well With Guided Imagery
New York: Warner Books, 1995

Narby, Jeremy

The Cosmic Serpent
DNA and the Origins of Knowledge
New York: J. P. Tarcher, 1999

Die Kosmische Schlange
Auf den Pfaden der Schamanen zu den Ursprüngen modernen Wissens
Stuttgart: Klett-Cotta, 2007

Nau, Erika

Self-Awareness Through Huna
Virginia Beach: Donning, 1981

Selbstbewusst durch Huna
Die magische Weisheit Hawaiis
2. Auflage
Basel: Sphinx Verlag, 1989

Neill, Alexander Sutherland

Neill! Neill! Orange-Peel!
New York: Hart Publishing Co., 1972

Neill! Neill! Birnenstiel!
Berlin: Rowohlt, 1973

Summerhill
A Radical Approach to Child Rearing
New York: Hart Publishing, Reprint 1984
Originally published 1960

Theorie und Praxis der Antiautoritären Erziehung
Das Beispiel Summerhill
Berlin: Rowohlt Verlag, 1969

Summerhill School
A New View of Childhood
New York: St. Martin's Press
Reprint 1995

Das Prinzip Summerhill
Berlin: Rowohlt, 1971

Neuhaus, Heinrich

The Art of Piano Playing
London: Barrie & Jenkins, 1973
Reprinted 1997, 2001, 2002, 2006
First published in 1958

Neumann, Erich

The Great Mother
Princeton: Princeton University Press, 1955
(Bollingen Series)

Die Grosse Mutter
Die weiblichen Gestaltungen des Unterbewussten
Düsseldorf: Patmos Verlag, 2003

Published by Sirius-C Media Galaxy LLC, 2010

Newton, Michael

Life Between Lives
Hypnotherapy for Spiritual Regression
Woodbury, Minn.: Llewellyn Publications, 2006

Ni, Hua-Ching

I Ching
The Book of Changes and the Unchanging Truth
2nd edition
Santa Barbara: Seven Star Communications, 1999

Esoteric Tao The Ching
The Shrine of the Eternal Breath of Tao
Santa Monica: College of Tao and Traditional
Chinese Healing, 1992

The Complete Works of Lao Tzu
Tao The Ching & Hua Hu Ching
Translation and Elucidation by Hua-Ching Ni
Santa Monica: Seven Star Communications, 1995

Nichols, Sallie

Jung and Tarot: An Archetypal Journey
New York: Red Wheel/Weiser, 1986

Die Psychologie des Tarot
Interlaken: Ansata Verlag, 1996

Nin, Anaïs

The Diary of Anaïs Nin (7 Volumes)
New York, 1966

Volume 1 (1931-1934)
New York: Harvest Books, 1969

Volume 2 (1934-1939)
New York: Harvest Books, 1970

O

O'Brian, Shirley

Child Pornography
2nd edition
New York: Kendall/Hunt, 1992

Odent, Michel

Birth Reborn
What Childbirth Should Be
London: Souvenir Press, 1994

The Scientification of Love
London: Free Association Books, 1999

Die Wurzeln der Liebe
Wie unsere wichtigsten Emotionen entstehen
Olten: Walter Verlag, 2001

Primal Health
Understanding the Critical Period Between Conception
and the First Birthday
London: Clairview Books, 2002
First Published in 1986 with Century Hutchinson in London

La Santé Primale
Paris: Payot, 1986

Die sanfte Geburt
Die Leboyer-Methode in der Praxis
Bergisch-Gladbach: Lübbe Verlag, 2001

The Functions of the Orgasms
The Highway to Transcendence
London: Pinter & Martin, 2009

Published by Sirius-C Media Galaxy LLC, 2010

Ollendorf-Reich, Ilse

Wilhelm Reich, A Personal Biography
New York, St. Martins Press, 1969

Wilhelm Reich
Vorwort von A.S. Neill
München, Kindler, 1975

Ong, Hean-Tatt

Amazing Scientific Basis of Feng-Shui
Kuala Lumpur: Eastern Dragon Press, 1997

Oppenheim, Lassa

International Law
4th Edition, by Sir Arnold D. McNair
New York, 1928

Ostrander, Sheila & Schroeder, Lynn

Superlearning 2000
New York: Delacorte Press, 1994

Superlearning
Die revolutionäre Lernmethode
München: Scherz Verlag, 1979

Supermemory
New York: Carroll & Graf, 1991

SuperMemory
Der Weg zum optimalen Gedächtnis
München: Goldmann, 1996

Ouspensky, Pyotr Demianovich

In Search of the Miraculous
New York: Mariner Books, 2001
First published in 1949

P

Papus

(Dr Gérard Encausse)
Traité de Magique Pratique
16e édition
St. Jean de Braye: Éditions Dangles, 1989

Patridge, Burgo

History of Orgies
New York, 1960

Pearce, John A. II and Robinson B. Jr.

Strategic Management
Formulation, Implementation and Control
Tenth Edition
New York: McGraw-Hill, 2007

Pearce Myers, Tony (Editor)

The Soul of Creativity
Insights into the Creative Process
Novato: New World Library, 1999

Pert, Candace B.

Molecules of Emotion
The Science Behind Mind-Body Medicine
New York: Scribner, 2003

Petrash, Jack

Understanding Waldorf Education
Teaching from the Inside Out
London: Floris Books, 2003

Published by Sirius-C Media Galaxy LLC, 2010

Phipson

Phipson on Evidence
13th ed., by John Huxley Buzzard
Richard May and M. N. Howard
London: Sweet & Maxwell, 1982

Plato

Complete Works
Ed. by John M. Cooper
New York: Hackett Publishing Company, 1997

Plummer, Kenneth

Pedophilia
Constructing a Sociological Baseline
in: in: Cook, M. and Howells, K. (Eds.):
Adult Sexual Interest in Children
Academic Press, London, 1980, pp. 220 ff.

Plutarch

Plutarch's Lives
The Dryden Translation
New York: Bantam Books, 2006

Ponder, Catherine

The Healing Secrets of the Ages
Marine del Rey: DeVorss, 1985

Porteous, Hedy S.

Sex and Identity
Your Child's Sexuality
Indianapolis: Bobbs-Merrill, 1972

Prescott, James W.

Affectional Bonding for the Prevention of Violent Behaviors
Neurobiological, Psychological and Religious/Spiritual Determinants
in: Hertzberg, L.J., Ostrum, G.F. and Field, J.R., (Eds.)

Violent Behavior
Vol. 1, Assessment & Intervention, Chapter Six
New York: PMA Publishing, 1990

Alienation of Affection
Psychology Today, December 1979

Body Pleasure and the Origins of Violence
Bulletin of the Atomic Scientists, 10-20 (1975)

*Deprivation of Physical Affection as a Primary Process in the
Development of Physical Violence A Comparative
and Cross-Cultural Perspective,*
in: David G. Gil, ed., Child Abuse and Violence
New York: Ams Press, 1979

*Early somatosensory deprivation as an ontogenetic
process in the abnormal development of the brain and behavior,*
in: Medical Primatology, ed. by I.E. Goldsmith and J. Moor-Jankowski,
New York: S. Karger, 1971

Genital Mutilation of Children
Failure of Humanity and Humanism
Unprinted Essay (2005)
http://www.violence.de/prescott/letters/
CIRC_CONGRESS_MONTAGUE_9.30.05.html

Genital Pain vs. Genital Pleasure
Why the One and not the Other
The Truth Seeker, July/August 1989, pp. 14-21
http://www.violence.de/prescott/truthseeker/genpl.html

How Culture Shapes the Developing Brain and the Future of Humanity
A Brief Summary of the research which links brain
abnormalities and violence to an absence of nurturing and bonding
very early in childhood,
in: Touch the Future: Optimum Learning Relationships
for Children & Adults
Spring 2002 (Ed. by Michael Mendizza)
Nevada City, CA, 2002

Published by Sirius-C Media Galaxy LLC, 2010

Invited Commentary: Central nervous system functioning in altered sensory environments,
in: M.H. Appley and R. Trumbull (Eds.), *Psychological Stress*,
New York: Appleton-Century Crofts, 1967

Our Two Cultural Brains: Neurointegrative and Neurodissociative
http://www.violence.de/prescott/letters/Our_Two_Cultural_Brains.pdf

Phylogenetic and ontogenetic aspects of human affectional development,
in: Progress in Sexology, Proceedings of the 1976 International Congress of Sexology,
ed. by R. Gemme & C.C. Wheeler
New York: Plenum Press, 1977

Prevention or Therapy and the Politics of Trust
Inspiring a New Human Agenda
in: *Psychotherapy and Politics International*
Volume 3(3), pp. 194-211
London: John Wiley, 2005

Sex and the Brain
Midcontinent & Eastern Regions, June 13-16, 2002
Big Rapids, MI: Society for Cross-Cultural Research,
32nd Annual Meeting, 2005
http://www.violence.de/archive.shtml

Sixteen Principles for Personal, Family and Global Peace
The Truth Seeker, March/April 1989
http://www.violence.de/prescott/letters/Sixteen_Principles.pdf

Somatosensory affectional deprivation (SAD) theory of drug and alcohol use,
in: Theories on Drug Abuse: Selected Contemporary Perspectives,
ed. by Dan J. Lettieri, Mollie Sayers and Helen Wallenstien Pearson,
NIDA Research Monograph 30, March 1980
Rockville, MD: National Institute on Drug Abuse,
Department of Health and Human Services, 1980

The Origins of Human Love and Violence
Pre- and Perinatal Psychology Journal
Volume 10, Number 3:
Spring 1996, pp. 143-188The Origins of Love and Violence
Sensory Deprivation and the Developing Brain
Research and Prevention (DVD)
http://ttfuture.org/store/origins_orders

http://violence.de
http://ttfuture.org/violence
http://montagunocircpetition.org

Pritchard, Colin

The Child Abusers
New York: Open University Press, 2004

R

Radin, Dean

The Conscious Universe
The Scientific Truth of Psychic Phenomena
San Francisco: Harper & Row, 1997

Entangled Minds
Extrasensory Experiences in a Quantum Reality
New York: Paraview Pocket Books, 2006

Raknes, Ola

Wilhelm Reich and Orgonomy
Oslo: Universitetsforlaget, 1970

Wilhelm Reich und die Orgonomie
Eine Einführung in die Wissenschaft von der Lebensenergie
Frankfurt/M: Nexus, 1983

Published by Sirius-C Media Galaxy LLC, 2010

Randall, Neville

Life After Death
London: Robert Hale, 1999

Rank, Otto

Art and Artist
With Charles Francis Atkinson and Anaïs Nin
New York: W.W. Norton, 1989
Originally published in 1932

The Significance of Psychoanalysis for the Mental Sciences
New York: BiblioBazaar, 2009
First published in 1913

Rausky, Franklin

Mesmer ou la révolution thérapeutique
Paris, 1977

Redfield, James

The Tenth Insight
Holding the Vision
New York: Warner Books, 1996

The Celestine Prophecy
New York: Warner Books, 1995

Die Vision von Celestine
Berlin: Ullstein, 2004

Reich, Wilhelm

*A Review of the Theories, dating from The 17th Century,
on the Origin of Organic Life*
by Arthur Hahn, Literature Assistant at the Institut für
Sexualökonomische Lebensforschung, Biologisches Laboratorium,
Oslo, 1938
©1979 Mary Boyd Higgins as Director of the Wilhelm Reich Infant Trust
XEROX Copy from the Wilhelm Reich Museum

Children of the Future
On the Prevention of Sexual Pathology
New York: Farrar, Straus & Giroux, 1984
First published in 1950

CORE (Cosmic Orgone Engineering)
Part I, Space Ships, DOR and DROUGHT
©1984, Orgone Institute Press
XEROX Copy from the Wilhelm Reich Museum

Der Einbruch der sexuellen Zwangsmoral
Frankfurt/M: Fischer, 1981

Die Entdeckung des Orgons II
Der Krebs
Frankfurt/M: Fischer, 1981
Köln: Kiepenheuer & Witsch, 1984

Die Funktion des Orgasmus
Sexualökonomische Grundprobleme der biologischen Energie
Köln: Kiepenheuer & Witsch, 1987

Die Massenpsychologie des Faschismus
Frankfurt/M: Fischer, 1974

Die sexuelle Revolution
Frankfurt/M: Fischer, 1966

Early Writings 1
New York: Farrar, Straus & Giroux, 1975

Ether, God & Devil & Cosmic Superimposition
New York: Farrar, Straus & Giroux, 1972
Originally published in 1949

Frühe Schriften 1
Aus den Jahren 1920-1925
Frankfurt/M: Fischer, 1983

Published by Sirius-C Media Galaxy LLC, 2010

Frühe Schriften 2
Genitalität in der Theorie und Therapie der Neurose
Frankfurt/M: Fischer, 1985

Genitality in the Theory and Therapy of Neurosis
©1980 by Mary Boyd Higgins as Director of the Wilhelm Reich
Infant Trust

Leidenschaften der Jugend
Köln: Kiepenheuer & Witsch, 1984

L'irruption de la morale sexuelle
Paris: Payot, 1972

Menschen im Staat
Frankfurt/M: Nexus, 1982

People in Trouble
©1974 by Mary Boyd Higgins as Director of the Wilhelm Reich
Infant Trust

Record of a Friendship
The Correspondence of Wilhelm Reich and A. S. Neill
New York, Farrar, Straus & Giroux, 1981

Selected Writings
An Introduction to Orgonomy
New York: Farrar, Straus & Giroux, 1973

The Bioelectrical Investigation of Sexuality and Anxiety
New York: Farrar, Straus & Giroux, 1983
Originally published in 1935

The Bion Experiments
reprinted in *Selected Writings*
New York: Farrar, Straus & Giroux, 1973

The Cancer Biopathy (The Orgone, Vol. 2)
New York: Farrar, Straus & Giroux, 1973

The Function of the Orgasm (The Orgone, Vol. 1)
Orgone Institute Press, New York, 1942

The Invasion of Compulsory Sex Morality
New York: Farrar, Straus & Giroux, 1971
Originally published in 1932

The Leukemia Problem: Approach
©1951, Orgone Institute Press
Copyright Renewed 1979
XEROX Copy from the Wilhelm Reich Museum

The Mass Psychology of Fascism
New York: Farrar, Straus & Giroux, 1970
Originally published in 1933

The Orgone Energy Accumulator
Its Scientific and Medical Use
©1951, 1979, Orgone Institute Press
XEROX Copy from the Wilhelm Reich Museum

The Schizophrenic Split
©1945, 1949, 1972 by Mary Boyd Higgins as Director of the
Wilhelm Reich Infant Trust
XEROX Copy from the Wilhelm Reich Museum

The Sexual Revolution
©1945, 1962 by Mary Boyd Higgins as Director of the
Wilhelm Reich Infant Trust

Zeugnisse einer Freundschaft
Der Briefwechsel zwischen Wilhelm Reich und A.S.
Neill (1936-1957)
Köln: Kiepenheuer & Witsch, 1986

Reid, Daniel P.
The Tao of Health, Sex & Longevity
A Modern Practical Guide to the Ancient Way
New York: Simon & Schuster, 1989

Published by Sirius-C Media Galaxy LLC, 2010

Guarding the Three Treasures
The Chinese Way of Health
New York: Simon & Schuster, 1993

Renault, Mary

The Persian Boy
New York: Bantam Books, 1972

Reps, Paul

Zen Flesh, Zen Bones
Rutland: Tuttle Publishing, 1989

Rhodes, Richard

The Making of the Atomic Bomb
New York, Simon & Schuster, 1995

Richardson, Justin

Everything You Never Wanted Your Kids to Know About Sex
With Mark. A. Schuster
New York: Three Rivers Press, 2003

Richet, Charles

Metapsychical Phenomena
Methods and Observations
Kessinger Publishing Reprint Edition, 2004
Originally published in 1905

Riso, Don Richard & Hudson, Russ

The Wisdom of the Enneagram
The Complete Guide to Psychological and Spiritual Growth
For The Nine Personality Types
New York: Bantam Books, 1999

Robbins, Anthony

Awaken The Giant Within
New York: Simon & Schuster, 1991

Unlimited Power
The New Science of Personal Achievement
New York: Free Press, 1997

Roberts, Jane

The Nature of Personal Reality
New York: Amber-Allen Publishing, 1994
First published in 1974

Die Natur der Persönlichen Realität
Ein neues Bewusstsein als Quelle der Kreativität
München: Kailash Verlag, 2007

The Nature of the Psyche
Its Human Expression
New York, Amber-Allen Publishing, 1996
First published in 1979

Die Natur der Psyche
Ihr menschlicher Ausdruck in Kreativität, Liebe, Sexualität
Genf: Ariston Verlag, 1985

Die Natur der Psyche
Ihr menschlicher Ausdruck in Kreativität, Liebe, Sexualität
München: Kailash Verlag, 2008

Roman, Sanaya

Opening to Channel
How To Connect With Your Guide
New York: H.J. Kramer, 1987

Zum Höheren Selbst Erwachen
Das Herz dem Bewusstsein des Lichts öffnen
Genf: Ansata Verlag, 2003

Published by Sirius-C Media Galaxy LLC, 2010

Rosen, Sydney (Ed.)

My Voice Will Go With You
The Teaching Tales of Milton H. Erickson
New York: Norton & Co., 1991

Rosenbaum, Julius

The Plague of Lust
New York: Frederick Publications, 1955

Rossman, Parker

Sexual Experiences between Men and Boys
New York, 1976

Rothschild & Wolf

Children of the Counterculture
New York: Garden City, 1976

Rousseau, Jean-Jacques

Émile ou de l'Éducation, 1762
Reprint, Paris: Garnier, 1964

The Social Contract
And Later Political Writings
Cambridge, MA.: Cambridge University Press, 1997

Rudhyar, Dane

Astrology of Personality
A Reformulation of Astrological Concepts and Ideals in
Terms of Contemporary Psychology and Philosophy
New York: Aurora Press, 1990

An Astrological Triptych
Gifts of the Spirit, The Way Through, and The Illumined Road
New York: Aurora Press, 1991

Astrological Mandala
New York: Vintage Books, 1994

L'astrologie de la transformation
Paris: Rocher, 1984

Ruiz, Don Miguel

The Four Agreements
A Practical Guide to Personal Freedom
San Rafael, CA: Amber Allen Publishing, 1997

The Mastery of Love
A Practical Guide to the Art of Relationship
San Rafael, CA: Amber Allen Publishing, 1999

The Voice of Knowledge
A Practical Guide to Inner Peace
With Janet Mills
San Rafael, CA: Amber Allen Publishing, 2004

Ruperti, Alexander

Cycles of Becoming
The Planetary Pattern of Growth
New York: CRCS Publications, 1978

La roue de l'expérience individuelle
Paris: Librairie de Médicis, 1991

Rush, Florence

The Best Kept Secret
Sexual Abuse of Children
New Jersey: Prentice-Hall, 1980

Das bestgehütete Geheimnis
Sexueller Kindesmissbrauch
Berlin: Sub-Rosa Frauenverlag, 1984

Published by Sirius-C Media Galaxy LLC, 2010

S

Saint-Simon, Claude-Henri de

De la réorganisation de la société européenne
Avec Auguste Thierry
Paris, 1814
Lausanne: Centre de Recherches Européennes, 1967

Salas, Floyd

Tatoo the Wicked Cross
New York: Grove Press, 1967

Salomé, Jacques

Si je m'écoutais, je m'entendrais
Avec Sylvie Galland
Paris: Éditions de l'Homme, 1990

Sandfort, Theo

The Sexual Aspect of Pedophile Relations
The Experience of Twenty-five Boys
Amsterdam: Pan/Spartacus, 1982

SantoPietro, Nancy

Feng Shui, Harmony by Design
How to Create a Beautiful and Harmonious Home,
New York: Putnam-Berkeley, 1996

Satinover, Jeffrey

Homosexuality and the Politics of Truth
New York: Baker Books, 1996

The Quantum Brain
New York: Wiley & Sons, 2001

Satprem

Sri Aurobindo ou l'aventure de la conscience
Paris: Buchet/Castel, 1970

Scarro A. M., Jr. (Ed.)

Male Rape
New York: Ams Press, 1982

Schérer, René

Co-ire
Album systématique de l'enfance
Avec Guy Hocquenghem
Recherches No. 22
Paris: E.S.F., 1976

Émile perverti, ou des rapports entre l'éducation et la sexualité
Paris: Robert Laffont, 1974
Paris, Désordres, 2006
Nouvelle Édition

Le corps interdit
Avec Georges Lapassade
Paris: E.S.F., 1976

Une érotique puérile
Paris: Éditions Galilée, 1978

Schlipp, Paul A. (Ed.)

Albert Einstein
Philosopher-Scientist
New York: Open Court Publishing, 1988

Schonberg, Harold

The Great Pianists
From Mozart to the Present
New York: Simon and Schuster (Fireside), 2006
Originally published in 1963

Published by Sirius-C Media Galaxy LLC, 2010

Schrenck-Notzing, Albert von

Phenomena of Materialization
A Contribution to the Investigation of Mediumistic Teleplastics
Perspectives in Psychical Research
New York: Kegan Paul, 1920

Schultes, Richard Evans, et al.

Plants of the Gods
Their Sacred, Healing, and Hallucinogenic Powers
New York: Healing Arts Press
2nd edition, 2002

Die Pflanzen der Götter
Die magischen Kräfte der Rausch- und Giftgewächse
München: AT Verlag, 1998

Schumacher, E.F.

Small is Beautiful
Economics as if People Mattered
San Francisco: Harper Perennial, 1989

Schwartz, Andrew E.

Guided Imagery for Groups
Fifty Visualizations That Promote Relaxation, Problem-Solving,
Creativity, and Well-Being
Whole Person Associates, 1995

Senf, Bernd

Die Wiederentdeckung des Lebendigen
Aachen: Omega, 2003
Erstmals veröffentlicht 1996 mit Zweitausendeins Verlag in Frankfurt/M

Nach Reich: Neue Forschungen zur Orgonenergie
Sexualökonomie / Die Entdeckung der Orgonenergie
Herausgegeben zusammen mit Professor James DeMeo,
Ashland, Oregon, USA
Frankfurt/M: Zweitausendeins Verlag, 1997

Sepper, Dennis L.

Goethe Contra Newton
Polemics and the Project of a New Science of Color
Cambridge: Cambridge University Press, 1988

Shalabi, Ahmad

Islam
Cairo, 1970

Sharaf, Myron

Fury on Earth
A Biography of Wilhelm Reich
London: André Deutsch, 1983

Wilhelm Reich
Der heilige Zorn des Lebendigen
Berlin: Simon & Leutner, 1994

Sheldrake, Rupert

A New Science of Life
The Hypothesis of Morphic Resonance
Rochester: Park Street Press, 1995

Das Schöpferische Universum
Die Theorie des morphogenetischen Feldes
Neue und erweiterte Auflage
Berlin: Ullstein, 2009

Sher, Barbara & Gottlieb, Annie

Wishcraft
How to Get What You Really Want
2nd edition
New York: Ballantine Books, 2003

Published by Sirius-C Media Galaxy LLC, 2010

Shone, Ronald

Creative Visualization
Using Imagery and Imagination for Self-Transformation
New York: Destiny Books, 1998

Simonton, O. Carl et al.

Getting Well Again
Los Angeles: Tarcher, 1978

Singer, June

Androgyny
New York: Doubleday Dell, 1976

Smith, C. Michael

Jung and Shamanism in Dialogue
London: Trafford Publishing, 2007

Spiller, Jan

Astrology for the Soul
New York: Bantam, 1997

Spock, Benjamin

Dr. Spock's Baby and Child Care
8th Edition
New York: Pocket Books, 2004

Säuglings- und Kinderpflege
Berlin: Ullstein, 1986

Spretnak, Charlene

Green Politics
Rochester, VT: Inner Traditions, 1986

Stein, Robert M.

Redeeming the Inner Child in Marriage and Therapy
in: Reclaiming the Inner Child
ed. by Jeremiah Abrams
New York: Tarcher/Putnam, 1990, 261 ff.

Steiner, Rudolf

Theosophy
An Introduction to the Spiritual Processes in Human Life
and in the Cosmos
New York: Anthroposophic Press, 1994

Die Erziehung des Kindes
Dornach: Rudolf Steiner Verlag, 2003
First published in 1907

Stekel, Wilhelm

Auto-Eroticism
A Psychiatric Study of Onanism and Neurosis
Republished, London: Paul Kegan, 2004

Patterns of Psychosexual Infantilism
New York, 1959 (reprint edition)

Psychosexueller Infantilismus
Die seelischen Kinderkrankheiten der Erwachsenen
Berlin: Urban & Schwarzenberg, 1922

Sadism and Masochism
New York: W.W. Norton & Co., 1953

Sex and Dreams
The Language of Dreams
Republished
New York: University Press of the Pacific, 2003

Störungen des Trieb- und Affektlebens
Bände I & II
Berlin: Urban & Schwarzenberg, 1921

Published by Sirius-C Media Galaxy LLC, 2010

Stiene, Bronwen & Frans

The Reiki Sourcebook
New York: O Books, 2003

The Japanese Art of Reiki
A Practical Guide to Self-Healing
New York: O Books, 2005

Stone, Hal & Stone, Sidra

Embracing Our Selves
The Voice Dialogue Manual
San Rafael, CA: New World Library, 1989

Du bist viele
Das 100fache Selbst und seine Entdeckung durch
die Voice-Dialogue Methode
München: Heyne Verlag, 1994

Strassman, Rick

DMT: The Spirit Molecule
A doctor's revolutionary research into the biology of near-death
and mystical experiences
Rochester: Park Street Press, 2001

Stratenwerth, Günter

Schweizerisches Strafrecht
Besonderer Teil II, 3. Aufl.
Bern: Stämpfli, 1984

Sun Tzu (Sun Tsu)

The Art of War
Special Edition
New York: El Paso Norte Press, 2007

Die Kunst des Krieges
Hamburg: Nikol Verlag, 2008

Suryani, Luh Ketut & Jensen, Gorden D.

The Balinese People
A Reinvestigation of Character
New York: Oxford University Press, 1993

Sutherland

Statutory Construction
Ed. By Sands, 4th Edition
London, 1975

Sweeny/Oliver/Leech

The International Legal System
Cases and Materials
2nd Edition
Minneola, N.Y.: Foundation Press, 1981

Symonds, John Addington

A Problem in Greek Ethics
New York: M.S.G. House, 1971

Szasz, Thomas

The Myth of Mental Illness
New York: Harper & Row, 1984

T

Talbot, Michael

The Holographic Universe
New York: HarperCollins, 1992

Das holographische Universum
Die Welt in neuer Dimension
München: Droemer Knaur, 1994

Published by Sirius-C Media Galaxy LLC, 2010

Tansley, David V.

Chakras, Rays and Radionics
London: Daniel Company Ltd., 1984

Targ, Russell & Katra, Jane

Miracles of Mind
Exploring Nonlocal Consciousness and Spiritual Healing
Novato, CA: New World Library, 1999

Tarnas, Richard

Cosmos and Psyche
Intimations of a New World View
New York: Plume, 2007

The Passion of the Western Mind
Understanding the Ideas that have Shaped Our World View
New York: Ballantine Books, 1993

Tart, Charles T.

Altered States of Consciousness
A Book of Readings
Hoboken, N.J.: Wiley & Sons, 1969

Tatar, Maria M.

Spellbound: Studies on Mesmerism and Literature
Princeton, N.Y., 1978

Tchouang-tseu

Oeuvre complète
Paris: Gallimard/Unesco, 1969

Temple, Robert

The Sirius Mystery
New Scientific Evidence of Alien Contact 5000 Years Ago
Rochester: Destiny Books, 1998

Textor, R. B.

A Cross-Cultural Summary
New Haven, Human Relations Area Files (HRAF)
Press, 1967

The Advent of Great Awakening

A Course in Miracles
Text Workbook and Manual for Teachers
New York: New Christian Church of Full Endeavor, 2007

The Tibetan Book of the Dead

The Great Liberation through Hearing in the Bardo
Translated with commentary by Francesca
Fremantle & Chögyam Trungpa
Boston: Shambhala Dragon Editions, 1975

The Ultimate Picasso

New York: Harry N. Abrams, 2000

Thorsson, Edred

Futhark
A Handbook of Rune Magic
San Francisco: Weiser Books, 1984

Tiller, William A.

Conscious Acts of Creation
The Emergence of a New Physics
Associated Producers, 2004 (DVD)

Psychoenergetic Science
New York: Pavior, 2007

Conscious Acts of Creation
New York: Pavior, 2001

Published by Sirius-C Media Galaxy LLC, 2010

Tischner, Rudolf

F.A. Mesmer
München, 1928

Todaro-Franceschi, Vidette

The Enigma of Energy
Where Science and Religion Converge
New York: Crossroad Publishing, 1991

Toffler, Alvin

Powershift
Knowledge, Wealth, and Violence at the Edge of the 21st Century
New York: Bantam, 1991

Revolutionary Wealth
How it will be created and how it will change our lives
New York: Broadway Business, 2007

The Third Wave
New York: Bantam, 1984

Tolle, Eckhart

The Power of Now
A Guide to Spiritual Enlightenment
Novato, CA: New World Library, 2004

Jetzt! Die Kraft der Gegenwart
Ein Leitfaden zum spirituellen Erwachen
Bielefeld: Kamphausen Verlag, 2000

A New Earth
Awakening to Your Life's Purpose
New York: Michael Joseph (Penguin), 2005

Eine neue Erde
Bewusstseinssprung anstelle von Selbstzerstörung
München: Goldmann, 2005

Too, Lillian

Feng Shui
Kuala Lumpur: Konsep Books, 1994

U

Unlawful Sex

Offences, Victims and Offenders in the Criminal Justice System of England and Wales
The Report of the Howard League Working Party
London: Waterloo Publishers Ltd., 1985

V

Van Gelder, Dora

The Real World of Fairies
A First-Person Account
Wheaton: Quest Books, 1999
First published in 1977

Vanguard, Thorkil

Phallós
A Symbol and its History in the Male World
New York: International Universities Press, 2001

Villoldo, Alberto

Healing States
A Journey Into the World of Spiritual Healing and Shamanism
With Stanley Krippner
New York: Simon & Schuster (Fireside), 1987

Dance of the Four Winds
Secrets of the Inca Medicine Wheel
With Eric Jendresen
Rochester: Destiny Books, 1995

Published by Sirius-C Media Galaxy LLC, 2010

Die Macht der vier Winde
Eine Reise ins Reich der Schamanen
München: Goldmann, 2009

Shaman, Healer, Sage
How to Heal Yourself and Others with the Energy Medicine
of the Americas
New York: Harmony, 2000

Hüter des alten Wissens
Schamanisches Heilen im Medizinrad
Darmstadt: Schirner Verlag, 2007

Healing the Luminous Body
The Way of the Shaman with Dr. Alberto Villoldo
DVD, Sacred Mysteries Productions, 2004

Mending The Past And Healing The Future with Soul Retrieval
New York: Hay House, 2005

Seelenrückholung: die Vergangenheit schamanistisch erkunden
Die Zukunft heilen
München, Goldmann, 2006

Vitebsky, Piers
The Shaman
Voyages of the Soul, Trance, Ecstasy and Healing from
Siberia to the Amazon
New York: Duncan Baird Publishers, 2001
Originally published in 1995

Von Riezler, Sigmund
Geschichte der Hexenprozesse in Bayern
Stuttgart: Magnus Verlag, 1983

W

Walker & Walker

The English Legal System
6th Edition, by R.J. Walker
London: Butterworths, 1985

Ward, Elizabeth

Father-Daughter Rape
New York: Grove Press, 1985

Watts, Alan W.

The Way of Zen
New York: Vintage Books, 1999

This Is It
And Other Essays on Zen and Spiritual Experience
New York: Vintage, 1973

Wee Chow Hou

The 36 Strategies of the Chinese
Adapting Ancient Chinese Wisdom to the Business World
New York: Addison-Wesley, 2007

Weiss, Jess E.

The Vestibule
New York: Ashley Books, 1979

West's Encyclopedia of American Law

Second Edition
New York: Gale Group, 2008

Published by Sirius-C Media Galaxy LLC, 2010

Wharton

Wharton's Criminal Law
14th ed. by Charles E. Torcia
Vol. II, §§99-282
Rochester, New York: The Lawyers Cooperative Publishing Co., 1979

What the Bleep Do We Know!?

See Arntz, William

Whiteman

Digest of International Law
Vol. 6
Washington, D.C.: Department of State Publication 8350, 1968

Whitfield, Charles L.

Healing the Child Within
Deerfield Beach, Fl: Health Communications, 1987

Whiting, Beatrice B.

Children of Six Cultures
A Psycho-Cultural Analysis
Cambridge: Harvard University Press, 1975

Wiener, Jon

Gimme Some Truth: The John Lennon FBI Files
Los Angeles: University of California Press, 1999

Wilber, Ken

Sex, Ecology, Spirituality
The Spirit of Evolution
Boston: Shambhala, 2000

Quantum Questions
Mystical Writings of The World's Greatest Physicists
Boston: Shambhala, 2001

Wild, Leon D.

The Runes Workbook
A Step-by-Step Guide to Learning the Wisdom of the Staves
San Diego: Thunder Bay Press, 2004

Wilhelm Helmut

The Wilhelm Lectures on the Book of Changes
Princeton: Princeton University Press, 1995

Wilhelm, Richard

The I Ching or Book of Changes
With C. Baynes
3rd Edition, Bollingen Series XIX
Princeton, NJ: Princeton University Press, 1967

Williams, Strephon Kaplan

Dreams and Spiritual Growth
With Patricia H. Berne and Louis M. Savary
New York: Paulist Press, 1984

Durch Traumarbeit zum eigenen Selbst
Die Jung-Senoi Methode
Interlaken: Ansata Verlag, 1987

Dream Cards
Understand Your Dreams and Enrich Your Life
New York: Simon & Schuster (Fireside), 1991

Wing, R. L.

The I Ching Workbook
Garden City, N.Y.: Doubleday, 1984

Das Arbeitsbuch zum I Ching
Mit Chinesischen Orakel Münzen
München: Goldmann, 2004

Published by Sirius-C Media Galaxy LLC, 2010

Het I Tjing Werkboek
Baarn: Bigot & Van Rossum, 1986

Woerly, Franz

Esprit Guide
Entretiens avec Karlfried Dürckheim
Paris: Albin Michel, 1985

Wolf, Fred Alan

Taking the Quantum Leap
The New Physics for Nonscientists
New York: Harper & Row, 1989

Der Quantensprung ist keine Hexerei
Frankfurt/M: Fischer Verlag, 1990

Parallel Universes
New York: Simon & Schuster, 1990

The Dreaming Universe
A Mind-Expanding Journey into the Realm Where
Psyche and Physics Meet
New York: Touchstone, 1995

The Eagle's Quest
A Physicist Finds the Scientific Truth At the Heart of the
Shamanic World
New York: Touchstone, 1997

Die Physik der Träume
Frankfurt/M: DTV Verlag, 1997

Mind into Matter
A New Alchemy of Science and Spirit
New York: Moment Point Press, 2000

Words and Phrases Legally Defined

Ed. By John Saunders
2nd Edition
London: Butterworths, 1969

Wydra, Nancilee

Feng Shui
The Book of Cures
Lincolnwood: Contemporary Books, 1996

Y

Yang, Jwing-Ming

Qigong, The Secret of Youth
Da Mo's Muscle/Tendon Changing and Marrow/Brain Washing Classics
Boston, Mass.: YMAA Publication Center, 2000

The Root of Chinese Qigong
Secrets for Health, Longevity, & Enlightenment
Roslindale, MA: YMAA Publication Center, 1997

Yates, Alayne

Sex Without Shame
Encouraging the Child's Healthy Sexual Development
New York, 1978
Republished Internet Edition

Yeats, William Butler

Irish Fairy and Folk Tales
New York: Modern Library, 2003

Mythologies
New York: Simon & Schuster, 1998
Author Copyright 1959, Renewed 1987 by Anne Yeats

Published by Sirius-C Media Galaxy LLC, 2010

Ywahoo, Dhyani

Voices of Our Ancestors
Cherokee Teachings from the Wisdom Fire
New York: Shambhala, 1987

Am Feuer der Weisheit
Lehren der Cherokee Indianer
Zürich: Theseus Verlag, 1988

Z

Znamenski, Andrei A.

Shamanism
Critical Concepts in Sociology
New York: Routledge, 2004

Zinker, Joseph

Se créer par la Gestalt
Montréal: Les Éditions de l'Homme, 1981

Zukav, Gary

The Dancing Wu Li Masters
An Overview of the New Physics
New York: HarperOne, 2001

Die tanzenden Wu Li Meister
Der östliche Pfad zum Verständnis der modernen Physik
Vom Quantensprung zum schwarzen Loch
Berlin: Rowohlt, 2000

Zweig, Stefan

Die Heilung durch den Geist
Mesmer, Mary Baker-Eddy, Freud
Frankfurt/M: Fischer Verlag, 1982
Originally published in 1931

Zyman, Sergio

The End of Marketing as We Know It
New York: HarperCollins, 2000

Das Ende der Marketing Mythen
Erfolgsrezepte des Aya-Cola für Umsatz und Profit
Berlin: Econ Verlag, 2000

Published by Sirius-C Media Galaxy LLC, 2010

FROM THE SAME AUTHOR

A Bibliography

ISBNs shall not be referenced for the reason that I publish with different outlets and publishers, using various ISBN blocks. The ISBN numbers, if needed, can be found on ipublica.com. They are always referenced with the publication.

You can search publications from here:
http://ipublica.com/books/

For audio books and music, you can start here:
http://ipublica.com/audio/

All paperbacks, audio downloads, audio book compact discs, music downloads and music compact discs, as well as Kindle books, are referenced on the site.

For free podcasts search iTunes under my author name.

For quoting my publications, please use the following form:
Pierre F. Walter, [Title]: [Subtitle], Newark: Sirius-C Media Galaxy LLC, 2010

English Publications

by Pierre F. Walter

Awareness Guides

The Idiot Guide to Consciousness
Newark: Sirius-C Media Galaxy LLC, 2010

The Idiot Guide to Creativity and Career
Newark: Sirius-C Media Galaxy LLC, 2010

The Idiot Guide to Emotions
Newark: Sirius-C Media Galaxy LLC, 2010

The Idiot Guide to Intuition
Newark: Sirius-C Media Galaxy LLC, 2010

The Idiot Guide to Love
Newark: Sirius-C Media Galaxy LLC, 2010

The Idiot Guide to Sanity
Newark: Sirius-C Media Galaxy LLC, 2010

The Idiot Guide to Science
Newark: Sirius-C Media Galaxy LLC, 2010

The Idiot Guide to Servant Leadership
Newark: Sirius-C Media Galaxy LLC, 2010

The Idiot Guide to Soul Power
Newark: Sirius-C Media Galaxy LLC, 2010

The Idiot Guide to World Peace
Newark: Sirius-C Media Galaxy LLC, 2010

Published by Sirius-C Media Galaxy LLC, 2010

Audio Books

A Psychological Revolution?
On the Teaching of Krishnamurti
Newark: Sirius-C Media Galaxy LLC, 2010

Child Play
Coaching Your Inner Child
Newark: Sirius-C Media Galaxy LLC, 2010

Consciousness and Shamanism
An Ayahuasca Experience
Newark: Sirius-C Media Galaxy LLC, 2010

Creative Prayer
The Miracle Road
Newark: Sirius-C Media Galaxy LLC, 2010

Eight Dynamic Patterns of Living
Base Elements of True Civilization
Newark: Sirius-C Media Galaxy LLC, 2010

Emonics
A Systemic Analysis of Emotional Identity in the Etiology of Sexual Paraphilias
Newark: Sirius-C Media Galaxy LLC, 2010

Emotional Flow
A Holistic Approach to Healing Sadism
Newark: Sirius-C Media Galaxy LLC, 2010

Love and Morality
A Study of the Roots of Violence
Newark: Sirius-C Media Galaxy LLC, 2010

Love or Laws?
When Law Punishes Life
Newark: Sirius-C Media Galaxy LLC, 2010

Minotaur Unveiled

A Historical Assessment of Adult-Child Sexual Interaction
Newark: Sirius-C Media Galaxy LLC, 2010

Notes on Consciousness

Elements of an Integrative Worldview
Newark: Sirius-C Media Galaxy LLC, 2010

Oedipal Hero

The Hidden Side of Glory
Newark: Sirius-C Media Galaxy LLC, 2010

Orgonomy and Schizophrenia

An Unpublished Case Report by Wilhelm Reich
Newark: Sirius-C Media Galaxy LLC, 2010

Patterns of Perception

Preferred Pathways to Genius
Newark: Sirius-C Media Galaxy LLC, 2010

Power or Depression?

The Cultural Roots of Abuse
Newark: Sirius-C Media Galaxy LLC, 2010

Processed Reality

Pitfalls of Perception and the Cosmic Mind
Newark: Sirius-C Media Galaxy LLC, 2010

Reich's Greatest Discoveries

An Essay on Wilhelm Reich
Newark: Sirius-C Media Galaxy LLC, 2010

Sane Child vs. Insane Society

Some Thoughts on Education
Newark: Sirius-C Media Galaxy LLC, 2010

Soul Jazz

Recognizing and Realizing Your Soul Values
Newark: Sirius-C Media Galaxy LLC, 2010

Published by Sirius-C Media Galaxy LLC, 2010

The Aquarius Age

What the Zodiac Reveals About the New Age
Newark: Sirius-C Media Galaxy LLC, 2010

The Drug Trap

Some Ideas Regarding Substance Abuse
Newark: Sirius-C Media Galaxy LLC, 2010

The Hero Culture

Annotations on Insanity
Newark: Sirius-C Media Galaxy LLC, 2010

The I Ching's Perennial Pro-Life Code

An Analysis of Pattern
Newark: Sirius-C Media Galaxy LLC, 2010

The Legal Split in Child Protection

Overcoming the Double Standard
Newark: Sirius-C Media Galaxy LLC, 2010

The Lunar Bull

Spiritual Significance of Matriarchy
Newark: Sirius-C Media Galaxy LLC, 2010

The Star Script

Astrology and Personal Growth
Newark: Sirius-C Media Galaxy LLC, 2010

The Webolution

A Publishing Highway?
Newark: Sirius-C Media Galaxy LLC, 2010

Book and Media Reviews

110 Bestselling Books Reviewed by Pierre F. Walter

Newark: Sirius-C Media Galaxy LLC, 2010

Great Minds from Leonardo to Fritjof Capra
Newark: Sirius-C Media Galaxy LLC, 2010

Encyclopedias

Walter's Encyclopedia
Academic Edition
Newark: Sirius-C Media Galaxy LLC, 2010

Walter's Encyclopedia
Illustrated Edition
Newark: Sirius-C Media Galaxy LLC, 2010

Monographs

Do You Love Einstein?
Creative Insights On Perennial Wisdom, Human Genius and the
Quantum Field
Newark: Sirius-C Media Galaxy LLC, 2010

Energy Science and Vibrational Healing
A Systems Approach Human Emotions and Sexuality
Newark: Sirius-C Media Galaxy LLC, 2010

Evidence and Burden of Proof in
Foreign Sovereign Immunity Litigation
A Guide for International Lawyers and Government Counsel
Newark: Sirius-C Media Galaxy LLC, 2010

Evidence and Burden of Proof under the
Foreign Sovereign Immunities Act, 1976
A Practical Guide for Business Lawyers and Government
Newark: Sirius-C Media Galaxy LLC, 2010

Published by Sirius-C Media Galaxy LLC, 2010

Love and Awareness
A Consciousness for the New Age
Newark: Sirius-C Media Galaxy LLC, 2010

Love or Morality?
Social Policy for the 21st Century
Newark: Sirius-C Media Galaxy LLC, 2010

Natural Order
Thesis, Antithesis and Synthesis in Human Evolution
Newark: Sirius-C Media Galaxy LLC, 2010

Normative Psychoanalysis
How the Oedipal Dogma Shapes Consumer Culture
Newark: Sirius-C Media Galaxy LLC, 2010

Sovereign Immunity Litigation in the United States and Canada
A Lawyer's Manual on Evidence and Burden of Proof
for Every Phase of the Trial
Newark: Sirius-C Media Galaxy LLC, 2010

The Deeper Yielding
Commentaries on Loving
Newark: Sirius-C Media Galaxy LLC, 2010

The Life Authoring Manual
An Integrated Approach to Personal Growth
Newark: Sirius-C Media Galaxy LLC, 2010

The Restriction of National Sovereignty
From the Early Peace Plans to a World Government
Newark: Sirius-C Media Galaxy LLC, 2010

The Science of Orgonomy
A Study on Wilhelm Reich
Newark: Sirius-C Media Galaxy LLC, 2010

The Science of Shamanism
Millenary Model for an Integrative Worldview
Newark: Sirius-C Media Galaxy LLC, 2010

Poetic Writings and Audio Books

Poetic Writings

Stories, Pamphlets, Poetry, Changing the Love Pattern, The Hero Cult, The Trial
Newark: Sirius-C Media Galaxy LLC, 2010

Mona Lisa Pamphlets (Audio Book)

Paraculture, Alkibiades, Princess Love
Newark: Sirius-C Media Galaxy LLC, 2010

True Stories (Audio Book)

Short Stories of Six Children
Newark: Sirius-C Media Galaxy LLC, 2010

Yami (Audio Book)

Short Story in Twelve Parts
Newark: Sirius-C Media Galaxy LLC, 2010

Scholarly Articles

Alternative Medicine and Wellness Techniques

14 Pathways to Health
Newark: Sirius-C Media Galaxy LLC, 2010

Aquarius Age and Publishing

A New Paradigm Emerging
Newark: Sirius-C Media Galaxy LLC, 2010

Basics of Career Design

Opening Inner Space
Newark: Sirius-C Media Galaxy LLC, 2010

Basics of Divination

How Divination Can Facilitate Smart Decision-Making
Newark: Sirius-C Media Galaxy LLC, 2010

Published by Sirius-C Media Galaxy LLC, 2010

Basics of Feng Shui

An Old Energy Science
Newark: Sirius-C Media Galaxy LLC, 2010

Basics of Mythology

Some Leading Archetypes
Newark: Sirius-C Media Galaxy LLC, 2010

Basics of Potential Astrology

How Potential Astrology Can Help You Find the Work You Love
Newark: Sirius-C Media Galaxy LLC, 2010

Basics of the Science of Mind

The Twelve Branches of the Tree of Knowledge
Newark: Sirius-C Media Galaxy LLC, 2010

Krishnamurti, Vedanta and the Denial of Pleasure

A Philosopher Redefines Human Nature
Newark: Sirius-C Media Galaxy LLC, 2010

Permissive Education

A Summary
Newark: Sirius-C Media Galaxy LLC, 2010

Taoism and the I Ching

Understanding Nonaction and Right Action
Newark: Sirius-C Media Galaxy LLC, 2010

The Inner Journey

Awakening Your Inner Artist
Newark: Sirius-C Media Galaxy LLC, 2010

The Mythology of Narcissism

Pathology of the Consumer Age
Newark: Sirius-C Media Galaxy LLC, 2010

French Publications

by Pierre F. Walter

Essais

Essais 1990-2010
Newark: Sirius-C Media Galaxy LLC, 2010

Écrits poétiques

Écrits poétiques
Newark: Sirius-C Media Galaxy LLC, 2010

Journal trilingue
Newark: Sirius-C Media Galaxy LLC, 2010

Livres Audio

Anissia
Histoire vraie
Newark: Sirius-C Media Galaxy LLC, 2010

Le Jardin infâme
Un regard sur l'âme et son corps
Newark: Sirius-C Media Galaxy LLC, 2010

Published by Sirius-C Media Galaxy LLC, 2010

Une éducation amoureuse

Un regard sur l'enfant au naturel
Newark: Sirius-C Media Galaxy LLC, 2010

Potentiel et créativité

Au sujet du développement de soi
Newark: Sirius-C Media Galaxy LLC, 2010

Relations sans fusion

Au sujet du développement de l'autonomie
Newark: Sirius-C Media Galaxy LLC, 2010

German Publications

by Pierre F. Walter

Audiobücher

Die Ödipale Kultur

Wege aus der Verstrickung
Newark: Sirius-C Media Galaxy LLC, 2010

Macht oder Ohnmacht

Erziehung zum Missbrauch
Newark: Sirius-C Media Galaxy LLC, 2010

Fusion und Individuation

Von der Fusion zum eigenen Selbst
Newark: Sirius-C Media Galaxy LLC, 2010

Kaleidoskop der Emotionen

Ein Leitfaden zur Selbstfühlung
Newark: Sirius-C Media Galaxy LLC, 2010

Wilhelm Reich und Orgonomie

Eine Einführung in Reichs Orgonforschung
Newark: Sirius-C Media Galaxy LLC, 2010

Monographien / Essays / Artikel

Essays 1990-2010

Zwanzig Jahre schriftstellerisches Engagement in den Bereichen
Bewusstsein, Friedensforschung, Musikologie, Orgonomie,
Kinderschutz, Gewaltverhütung und Persönlichkeitsentwicklung
Newark: Sirius-C Media Galaxy LLC, 2010

Mehr als Kindersex

Historische, Ethische, Ästhetische, Psychologische und Rechtliche
Aspekte der Kindliebe
Newark: Sirius-C Media Galaxy LLC, 2010

Nationale Unmündigkeit

Abschied von der Heroenkultur
Newark: Sirius-C Media Galaxy LLC, 2010

Was ist Channeling?

Literaturüberblick und Zitate
Newark: Sirius-C Media Galaxy LLC, 2010

Poetische Schriften

Aphorismen, Gedichte, Balladen, Märchen

Gereimtes und Ungereimtes
Newark: Sirius-C Media Galaxy LLC, 2010

Drehbücher

David und Jonathan / David H. oder die Liebe zur Fotografie
Das Verfahren / Kurzdrehbücher und Sketche
Newark: Sirius-C Media Galaxy LLC, 2010

Published by Sirius-C Media Galaxy LLC, 2010

Frühe Jahre

Autobiographie 1955-1985
Newark: Sirius-C Media Galaxy LLC, 2010

Kleine Texte

Gedanken, Notebook, Traktate
Newark: Sirius-C Media Galaxy LLC, 2010

Pamphlete und Übersetzungen

Newark: Sirius-C Media Galaxy LLC, 2010

Romane und Novelletten

Erfundenes und Gesungenes
Newark: Sirius-C Media Galaxy LLC, 2010

Traktate (Audio Buch)

Eine Sammlung von Gesängen
Newark: Sirius-C Media Galaxy LLC, 2010

Wahre Geschichten

Newark: Sirius-C Media Galaxy LLC, 2010

Textbücher Lebensberatung (Bewusstseinsführer)

Wege zur Selbstentfaltung

Newark: Sirius-C Media Galaxy LLC, 2010

Wege zum Weltfrieden

Newark: Sirius-C Media Galaxy LLC, 2010

Web Presence

Pierre F. Walter on the Web

Sites

http://authoryourlife.com

http://ipublica.com

http://ipublica.net

http://ipublica.org

http://ipublica.tv

Video Channels

http://youtube.com/user/ipublica

http://youtube.com/user/authoryourlife

http://vimeo.com/pierrefwalter/channels

http://ipublica.blip.tv/

http://authoryourlife.blip.tv/

http://emosexuality.blip.tv/

http://pierrefwalter.blip.tv/

Published by Sirius-C Media Galaxy LLC, 2010

SYNOPSIS

Monographs-Audio

DO YOU LOVE EINSTEIN?

Creative Insights on Perennial Wisdom, Human Genius
and the Quantum Field
Newark: Sirius-C Media Galaxy, 2010

Introduction

'Why I love Einstein'

Do You Love Einstein?
Overview

Chapter One

'Perennial Insights'

Minoan Civilization
The Egalitarian Society
The Roots of Violence
Pleasure and Intelligence
Pleasure and Touch
Pleasure and Violence
The Holistic Science Paradigm

‣ A Matter of Terminological Correctness
‣ Ancient Wisdom Traditions
‣ Goethe's Color Theory

The Twelve Branches of the Tree of Knowledge

‣ Science and Divination
‣ Science and Energy
‣ Science and Flow
‣ Science and Gestalt
‣ Science and Intent
‣ Science and Intuition
‣ Science and Knowledge

Published by Sirius-C Media Galaxy LLC, 2010

- ▸ Science and Pattern
- ▸ Science and Perception
- ▸ Science and Philosophy
- ▸ Science and Truth
- ▸ Science and Vibration

The True Religio

- ▸ Generalities
- ▸ The Inner Selves
- ▸ Inner Child
- ▸ Inner Adult
- ▸ Inner Parent
- ▸ Inner Dialogue
- ▸ Multidimensionality of the Psyche
- ▸ Function of the Ego
- ▸ Inner Child Recovery
- ▸ Inner Child Healing

Chapter Two

'Integrated Knowledge'

The Forbidden Tree
Emotions and Cognition

- ▸ Emotions are Intelligent
- ▸ Emotions are Functional
- ▸ Emotional Self-Awareness
- ▸ Emotional Balance
- ▸ Emotional Intelligence
- ▸ The Human Energy Field
- ▸ Emotions, Sexuality and the Human Energy Field
- ▸ The Emotional Identity Code

Chapter Three

'The Nature of Genius'

The Spontaneous Nature of Creation
What is Creativity?
Genius and Inner Knowledge

Chapter Four

'Genius and Geniuses'

Four-Quadrant Genius
The Genius of Leonardo
The Genius of Wilhelm Reich

‣ From the Hero to the Human
‣ The Genius Defined by His Work
‣ A Scientific Genius

The Genius of Albert Einstein
The Genius of Fritjof Capra
The Genius of Françoise Dolto
The Genius of Pablo Picasso
The Genius of Svjatoslav Richter

‣ Some Autobiographical Notes
‣ Genius Research Applied
‣ Multiple Talents, One Decision, One Career
‣ No Prodigal Son, and No Prodigy
‣ Some Details of Richter's Genius
  • 1/12 Innate and Intuitive Musical Perception
  • 2/12 Correctness of Taste
  • 3/12 Perception of Whole Patterns
  • 4/12 Musical Intelligence and Eclecticism
  • 5/12 Impeccable Sight-Reading Capability
  • 6/12 The Ability to Play Complex Scores While Transposing Them
  • 7/12 A Natural Sense for Rhythm
  • 8/12 Musical Memory
  • 9/12 Faculty of Concentration and Physical Endurance
  • 10/12 The Ability to be Undisturbed
  • 11/12 Physical Constitution and Size of Hands
  • 12/12 A Man of Drama

The Genius of Keith Jarrett

‣ General Remarks
‣ Jarrett and Inner Knowledge
‣ Jarrett's Shostakovich

Published by Sirius-C Media Galaxy LLC, 2010

Chapter Five

'Forefathers of the Quantum Field'

Ether or Other

▸ Carl-Gustav Jung (1875-1961)
▸ Paracelsus (1493-1541)
▸ Swedenborg (1688-1772)
▸ Mesmer (1734-1815)
▸ Reichenbach (1788-1869)
▸ Reich (1897-1957)
▸ Lakhovsky (1869-1942)
▸ Burr (1889-1973)
▸ The Secret Science

Chapter Six

'What the Bleep Does the Bleep Know!?'

Introduction
Newton-Einstein-Planck
The Unified Field
Coherence, Connectivity, Entanglement, Nonlocality
The Impact of Consciousness
The Impact of Intention
Creating Our Own Reality
A New Science?
What the Bleep Does the Bleep Know!?

Postface
Bibliography
From the Same Author
Synopsis Monographs-Audio
Notes

ENERGY SCIENCE AND VIBRATIONAL HEALING

A Systems Approach to Human Emotions and Sexuality

Newark: Sirius-C Media Galaxy, 2010

Introduction

'What are Emotions?'

The Energy Nature of Emotions
Overview

Chapter One

'Science and Emotions'

Introduction
The Myopic View
What Emotions Really Are
How Emotions Become Pathological
What Modern Scientists Say
Emotions and Schizophrenia

Chapter Two

'Handling Emotional Flow'

Introduction
Emotions are Functional
What is Emotional Flow?

▸ 1) Change (Flow)
▸ 2) Tao (Intelligence)
▸ 3) Yin & Yang (Duality)
▸ 4) The Five Elements (Interactivity)
▸ 5) Harmony (Equilibrium)

The Kaleidoscope of Emotions

Published by Sirius-C Media Galaxy LLC, 2010

- ▸ Rage and Courage
- ▸ Mourning and Individuation
- ▸ Joy and Sorrow

Integrating Emotions

Emotional Flow, Audio Book, 2010

http://ipublica.com/audio/en/consciousness/emotional-flow/

Chapter Three

'Healing Sadism'

Introduction
What is Sadism?
The Two Faces of Sadism
The Sadism of Child Protection
The Sadism of Modern Science
Fake Heterosexuality
Oedipal Culture
The Cultural Child Sex Dogma
Rape vs. Loving Embrace
Addressing the Other Victim
A Possible New Social Policy

Chapter Four

'Emotions and Sexual Paraphilias'

Introduction
A New Regard on Sexual Paraphilias
The Energy Nature of Sexual Paraphilias

- ▸ Carl-Gustav Jung (1875-1961)
- ▸ Paracelsus (1493-1541)
- ▸ Swedenborg (1688-1772)
- ▸ Mesmer (1734-1815)
- ▸ Reichenbach (1788-1869)
- ▸ Reich (1897-1957)
- ▸ Lakhovsky (1869-1942)

▸ Burr (1889-1973)
▸ Summary

The Huna Knowledge
Sex as an Emonic Expression
How Paraphilic Desire Turns Demonic
Sexual Paraphilias and Erotic Intelligence

Emonics, Audio Book, 2010

http://ipublica.com/audio/en/consciousness/emonics/

Chapter Five

'Transforming the Demonic Affliction'

Introduction
Healing the Luminous Body
Paracelsus' Aura Healing
From Hermetics to Quantum Physics
Framework for Holistic Healing

Chapter Six

'Six Steps to Change Your Emotional Reality'

Introduction
Facing Emotional Reality
Triggering Self-Awareness
Practicing Acceptance
Realizing Your Love
Facing Your Now
Making a Value Decision
Taking Action
Affirming Your Identity

Published by Sirius-C Media Galaxy LLC, 2010

Chapter Seven

'Harnessing the Power of Emotional Identity'

Introduction
Regaining Wholeness
Allowing Emotions
Developing Emotional Awareness
Developing Self-Vision
Become Flexible and Permissive

Chapter Eight

'Fritjof Capra's Essential Contributions to Holistic Science'

Energy Science is Holistic
The Turning Point
The Pioneer
The Systems Thinker
The Pragmatist

Chapter Nine

'Toward a Unified Cosmic and Human Energy Field'

Introduction
A New Old Science
The Hado Concept
Insights of Vibrational Medicine
The Human Energy Field
Morphic Resonance and Cell Vibration

▸ George Lakhovsky and Cell Resonance
▸ Ervin Laszlo and the Akashic Field

The Coherence Model
The Zero-Point Field
The Holographic Model

▸ Part One - A Remarkable New View of Reality
▸ Part Two - Mind and Body
▸ Part Three - Space and Time

The Enigma of Energy

Postface

'The New Energy Science'

Bibliography
From the Same Author
Synopsis Monographs-Audio
Notes

EVIDENCE AND BURDEN OF PROOF IN SOVEREIGN IMMUNITY LITIGATION

A Guide for International Lawyers and Government Counsel

Newark: Sirius-C Media Galaxy, 2010

Acknowledgments

'Thanks to my Mentors'

Preface

'The Complexity of the Burden of Proof Issue'

A Novelty Topic
Seven Immunity Statutes
Methodology
Terminology

Introduction

'Restrictive Immunity and Burden of Proof'

Published by Sirius-C Media Galaxy LLC, 2010

Chapter One

'The Law of Evidence and the Burden of Proof'

Introduction
Terminology

▸ Jurisdiction and Competence
▸ Statute and Law
▸ Fact
▸ Burden of Proof

The Evidential Burden

▸ Introduction
▸ Notion and Function
▸ Standard of Proof
▸ Incidence

The Persuasive Burden

▸ Standard of Proof
▸ Notion and Function
▸ Incidence

Chapter Two

'The Restriction of Sovereign Immunity'

State Trading and Sovereignty
The Allocation of the Burden of Proof
Immunity from Jurisdiction
Immunity from Execution
The Signal Function of Restricted Sovereignty

Chapter Three

'The Foreign Sovereign Immunities Act 1976 (United States)'

Introduction
Importance of the Act
Construction of the Act
The House Report

‣ The Burden of Proof
‣ Corrective Case Law
‣ Evaluation

Procedural Questions

‣ Subject Matter Jurisdiction
‣ Personal Jurisdiction
    • Minimal Contacts
    • Service of Process
    • Default Judgment
‣ Foreign State and Agency or Instrumentality of a Foreign State
    • The Legal Status of Romanian Bank
    • The Legal Status of MASIN
    • Credibility of the Affidavit
    • Formal Requirements Regarding the Affidavit
‣ Conclusion

The Burden of Proof for Jurisdictional Immunity

‣ Rule-and-Exception Construction
‣ The House Report Evidence Rule

The Exceptions to Sovereign Immunity

‣ The Waiver Exception
    • General Considerations and Burden of Proof
    • Arbitration Clauses
    • International Treaties
    • Conclusion
‣ The Commercial Activity Exception
    • Clause 1
    • Clause 2
    • Clause 3
‣ The Expropriation in Violation of International Law Exception
    • Expropriation in Violation of International Law
    • The Minimal Contacts Requirements
    • Conclusion
‣ The Immovable Property Exception
‣ The Noncommercial Tort Exception
    • Minimal Contacts or Nexus
    • Causality
    • Scope of Employment
    • Exception

Published by Sirius-C Media Galaxy LLC, 2010

▸ Conclusion

The Core Areas of Sovereign Immunity

▸ Overview
▸ Foreign Affairs
▸ Interior Affairs
  • Police Actions
  • Actions for the Protection of Natural Resources
  • The Price Fixing Procedure
  • Standards of International Law
  • The Court of Appeals Judgment
▸ Budgetary Activity
▸ National Defense
▸ Conclusion
  • Foreign Affairs
  • Internal Affairs
  • Budgetary Activity
  • National Defense

The Burden of Proof for Immunity from Execution

▸ Types of Execution Measures
▸ The Allocation of the Burden of Proof

The Exceptions from Immunity from Execution

▸ The Waiver Exception
▸ Usibus Destinata
  • Relationship between §1609 and §1610
  • Relationship between §1610 and §1611
▸ Conclusion

Conclusion

▸ Immunity from Jurisdiction
▸ Immunity from Execution

Chapter Four

'The State Immunity Act 1978 (United Kingdom)'

The Importance of the State Immunity Act 1978
The Construction of the State Immunity Act 1978
The Burden of Proof for Immunity from Jurisdiction

- ‣ General Considerations
- ‣ The Rule-and-Exception Principle
- ‣ The Restrictive Immunity Doctrine
- ‣ Examination of the Precedents
- ‣ Examination of the Restrictive Immunity Doctrine
    - • A New Restrictive Immunity Rule
    - • It is a New Independent Rule
- ‣ Examination of I Congreso del Partido
- ‣ The Burden of Proof for Separate Entities of a Foreign State
- ‣ Conclusion

The Burden of Proof for Immunity from Execution

Conclusion

- ‣ Immunity from Jurisdiction
- ‣ Immunity from Execution

Chapter Five

'The State Immunity Act 1979 (Singapore)'

Introduction

- ‣ Generalities
- ‣ Application of British Case Law
- ‣ The Burden of Proof Situation
    - • The Burden of Proof for Immunity from Jurisdiction
    - • The Burden of Proof for Immunity from Execution

Chapter Six

'The State Immunity Ordinance 1981 (Pakistan)'

Historical Development

Published by Sirius-C Media Galaxy LLC, 2010

- ▸ The Point of Departure
- ▸ Foreign Sovereign Immunity in India
    - • India's International Legislation
    - • The Relationship between Internal Law and International Law
    - • Conclusion
- ▸ Foreign Sovereign Immunity in Pakistan
    - • Introduction
    - • Historical Development of Foreign Sovereign Immunity
    - • The Relation between Municipal Law and International Law
    - • The State Immunity Ordinance, 1981

Chapter Seven

'The Foreign States Immunities Act 87, 1981 (South Africa)'

Historical Development
The Burden of Proof for Immunity from Jurisdiction

- ▸ Generalities
- ▸ The Precedent I Congreso del Partido
- ▸ Separate Entities

The Burden of Proof for Immunity from Execution
Conclusion

Chapter Eight

'The State Immunity Act 1982 (Canada)'

Legislative History
Construction of the STIA 1982
The Burden of Proof for Immunity from Jurisdiction
The Burden of Proof for Immunity from Execution
Conclusion

General Conclusion

'General Conclusion and Theses'

General Conclusion

- ▸ The Burden of Proof for Immunity from Jurisdiction
- ▸ The Burden of Proof for Immunity from Execution
- ▸ The Means of Proof

Summery Thesis

Postface

'The Unasked Question'

Legal Materials
Abbreviations
Bibliography
Statutes

'On Foreign Sovereign Immunities'

FSIA 1976 (USA)
STIA 1978 (UK)

Table of Precedents

Notes

EVIDENCE AND BURDEN OF PROOF UNDER THE FOREIGN SOVEREIGN IMMUNITIES ACT, 1976

A Practical Guide for Business Lawyers and Government

Newark: Sirius-C Media Galaxy, 2010

Introduction

'Litigating under the FSIA 1976'

Chapter One

'Evidence Brief'

Introduction
Jurisdiction and Competence

Published by Sirius-C Media Galaxy LLC, 2010

Fact
Burden of Proof
The Evidential Burden
The Persuasive Burden

Chapter Two

'Assessment of the Burden of Proof'

Chapter Three

'Some Intricate Procedural Questions'

Subject Matter Jurisdiction
Personal Jurisdiction

▸ Minimal Contacts
▸ Service of Process
▸ Default Judgment
▸ Foreign State and Agency and Instrumentality of a Foreign State
  • The Legal Status of Romanian Bank
  • The Legal Status of MASIN
  • Credibility of the Affidavit
  • Formal Requirements of the Affidavit
▸ Conclusion

Chapter Four

'Solving Evidence Problems under the FSIA'

Rule and Exception Construction
The House Report Evidence Rule

Chapter Five

'The Burden of Proof for Immunity Exceptions'

The Commercial Activity Exception (§1605(a)(2) FSIA)

▸ Clause One
▸ Clause Two
▸ Clause Three

Expropriation in Violation of International Law (§1605(a)(3) FSIA)

Published by Sirius-C Media Galaxy LLC, 2010

▸ Relationship between §1609 and §1610
▸ Relationship between §1610 and §1611
▸ Conclusion

Conclusion

'General Conclusion'

Immunity from Jurisdiction
Immunity from Execution

Abbreviations
Bibliography
Statutes
Table of Precedents
Notes

LOVE AND AWARENESS

A Consciousness for the New Age
Newark: Sirius-C Media Galaxy, 2010

Introduction

'What is Consciousness?'

What is Consciousness?
Patterns of Perception
Overview

Patterns of Perception, Audio Book, 2010

---

http://ipublica.com/audio/en/consciousness/patterns-of-perception/

Chapter One

'Krishnamurti's Concept of Consciousness'

Introduction
The Way of Fear
The Content of Consciousness
Split Consciousness
The Individual and Collective Unconscious
The Role of Emotions
Emptying Consciousness of its Content?
Points to Ponder

A Psychological Revolution?, Audio Book, 2010

http://ipublica.com/audio/en/consciousness/psychological-revolution/

Chapter Two

'Eight Dynamic Patterns of Living'

Introduction
Eight Dynamic Patterns of Living

- ‣ Autonomy
- ‣ Ecstasy
- ‣ Energy
- ‣ Language
- ‣ Love
- ‣ Pleasure
- ‣ Self-Regulation
- ‣ Touch

The Autonomy Pattern
The Ecstasy Pattern
The Energy Pattern
The Language Pattern
The Love Pattern

Published by Sirius-C Media Galaxy LLC, 2010

- Culture and Pleasure
- Pleasure-Denial and Violence
- Compulsory Sex Morality
- Anthropological Evidence
- Love Osmosis
- Love versus Morality
- Rebuilding Trust

The Pleasure Pattern
The Self-Regulation Pattern
The Touch Pattern
Points to Ponder

Eight Dynamic Patterns of Living, Audio Book, 2010

http://ipublica.com/audio/en/consciousness/eight-dynamic-patterns-of-living/

Chapter Three

'Consciousness and Shamanism'

Introduction
What is Ayahuasca?
An Ayahuasca Experience
Hypothesis
The Consciousness Theory

- ▸ 1) The Ayahuasca Preparation
- ▸ 2) The Lasting Trance
- ▸ 3) The Shamanic Treatments
- ▸ 4) Focus and Intent
- ▸ 5) The Strange Reception
- ▸ 6) The Hypnotic View
- ▸ 7) Hypnosis and Natural Healing
- ▸ 8) Medical Hypnosis

Summary
The Cognitive Experience

- ▸ Alien Noise and Pulsation
- ▸ The Five Depth Levels
- ▸ Calling Me in Touch

▸ Freeing from Conditioning
▸ Love, Life and Relationships

Literature Review
Points to Ponder

Consciousness and Shamanism, Audio Book, 2010

http://ipublica.com/audio/en/consciousness/consciousness-and-shamanism/

Chapter Four

'The Spiritual Laws of Matriarchy'

Introduction
The Lunar Bull
Historical Turn
Murder of the Goddess
The Murder Culture
The Spiritual Laws of Matriarchy
Bull and Serpent
Points to Ponder

The Lunar Bull, Audio Book, 2010

http://ipublica.com/audio/en/consciousness/the-lunar-bull/

Chapter Five

'Processed Reality'

Introduction
Processing Reality
Pitfalls of Perception

▸ The Memory Matrix
▸ Processed Reality
▸ Self-Fulfilling Prophecies
▸ Unconscious Repetition Urges

Published by Sirius-C Media Galaxy LLC, 2010

Spiritual Pitfalls

▸ Churches
▸ Sects
▸ Gurus
▸ Saviors

Ideological Pitfalls
Emotional Pitfalls
The Myths of Worldwide Democracy

▸ The Myth of Child Protection
▸ The Myth of Civilization
▸ The Myth of Control
▸ The Myth of Culture
▸ The Myth of Education
▸ The Myth of Morality
▸ The Myth of Normalcy
▸ The Myth of Poverty
▸ The Myths of Religion
▸ The Myth of Science

Creating Reality
Points to Ponder

Processed Reality, Audio Book, 2010

http://ipublica.com/audio/en/consciousness/processed-reality/

Chapter Six

'A New Consciousness'

On Consciousness
On Love
On Power
On Science
On Health
On Emotions
On Peace
Points to Ponder

Notes on Consciousness, Audio Book, 2010

http://ipublica.com/audio/en/consciousness/notes-on-consciousness/

Bibliography
From the Same Author
Synopsis Monographs-Audio
Notes

LOVE OR MORALITY?

Social Policy for the 21st Century
Newark: Sirius-C Media Galaxy, 2010

Introduction

'The Tao of Love'

What is Love?
Love or Abuse?
Overview

Chapter One

'Toward a Functional Understanding of Love'

Introduction
The Cultural Confusion
The Cultural Fear of Erotic Novelty

Chapter Two

'On the True Nature of Human Sexuality'

Published by Sirius-C Media Galaxy LLC, 2010

Introduction
The Silent Taboo
The Myth of Pedophile Predator Sexuality

Chapter Three

'The Abuse-Centered Culture'

Introduction
Understanding Abuse as Accidented Love
Abuse is Cultural, Not Biological

Chapter Four

'The Demonization of Adult-Child Erotic Love'

Introduction
What is Child Protection?
Consumer Protection?
From Protecting Children to Serving Children
Sex Offender
Bibliography

Chapter Five

'The Commercial Exploitation of Abuse'

Introduction
The Institutionalized Victim
The Hidden Swine
Street Monster

▸ The Morality Smear
▸ Deprivation
▸ Depravation
▸ The Rationality Trap
▸ A Cover-Up Myth

Chapter Six

'The Patriarchal Love Bias'

Introduction
The Goddess Within
Emotional Abuse
Mind-Body Dilemma

Chapter Seven

'The Truncated Account of Adult-Child Erotic Attraction'

Introduction
Ancient Patriarchy

▸ The Sumerian Tablets
▸ Child Marriage
▸ The Relativity of Morality
▸ The Roman Games
▸ Child Prostitution
▸ Boylove and Pederasty
▸ Phallic Aggression
▸ Conclusion

Christianity

▸ Church-Ordained Child Murder
▸ Child Protection?
▸ The Demonization of Intergenerational Love
▸ Conclusion

Victorian Era

▸ The Virgin Cult
▸ Child Prostitution

Modern Times

▸ The Sadism of Protection
▸ Not Sex, But Violence Causes Trauma
▸ Not Just Freaks Love Children Erotically
▸ Erotic Feelings for Children are Universal
▸ Child Pornography
▸ Physical Child Abuse

Published by Sirius-C Media Galaxy LLC, 2010

Conclusion
Points to Ponder

Minotaur Unveiled, Audio Book, 2010

http://ipublica.com/audio/en/consciousness/minotaur-unveiled/

Chapter Eight

'Does Pedophile Love Equal Abuse?'

Introduction
Child-Adult Sex vs. Child-Child Sex
Possible Etiologies of Pedophilia
Possible Etiologies of Child Rape
Pedoemotions are Universal
Aesthetic and Poetic Childlove
Affectionate vs. Sadistic Childlove
Does Pedophilia Equal Child Rape?
Free Choice Relations for Children?
Lover vs. Offender

Chapter Nine

'Lovers or Abusers?'

Introduction
What are Sexual Paraphilias?
Is Childlove 'Sicko' Behavior?
An Etiology of Boylove
An Etiology of Girllove
Childlove vs. Perversion

Chapter Ten

'Love or Laws?'

Introduction
Childlove and Sensuality
Childlove and Normalcy

Published by Sirius-C Media Galaxy LLC, 2010

§1 Preliminaries
§2 Competencies of Consultants
§3 Measures taken by Consultants
§4 Definitions
§5 Violence against Children
§6 Consent
§7 Degree of Violence and Burden of Proof
§8 Family and Educational Relations

Chapter Fourteen

'Handling Pedophile Desire'

Introduction
Accepting Your Childlove?
Coding Childlove
The Trap of Child Protection
The Trap of Morality

Chapter Fifteen

'A Policy Change Proposal'

A 12 Points Agenda

1. Crime Prevention is Longterm and Effective.
   Criminal Prosecution is Shortterm and Ineffective.
2. Possible Humans are the Rule. Impossible Citizens are the Exceptions from the Rule.
3. Public Sanity is Public Mental Hygiene.
   Republic Insanity is Absence of Governmental Hygiene.
4. Natural Intimacy is Conductive to Peace.
   Governmental Intimidation is Conducive to Civil War.
5. From Protecting Children to Serving Children. Free Choice Relations for Children.
6. More Public Education Makes for Less Crime. More Prison Miles Make for More Crime.
7. Free Education Serves the Child.
   Funded Disinformation Serves State Control Over the Child.
8. Politically Neutral Science Promotes Truth. Politically Correct Science Promotes Halftruths.
9. Humanism and Realism is Objective Perception.
   Idealism and Ideology is Distorted Perception.
10. Promoting Pleasure as a Positive Life Function Effectively Counters and Reduces Violence.
11. Homoerotic Affection gets Males into Balance.
    Homosexual Attraction gets Males out of Balance.
12. Promoting the Cause of the Sexual Child is not Pedophilia
    as the Cause of a Missed Childhood.

1/12 Crime Prevention, Not Criminal Prosecution

Crime Prevention is Longterm and Effective.
Criminal Prosecution is Shortterm and Ineffective.

▸ To Declare Harmless Behavior a Crime is Unconstitutional
▸ Nonviolent Sexual Behavior Removed from Criminal Regulation
▸ Mutually Consenting Sexual Behavior Handled by PEC Consultancy
▸ What is Pedoemotions Consultancy?
▸ Proposal 1/12

2/12 Possible Humans, Not Impossible Citizens

Possible Humans are the Rule.
Impossible Citizens are the Exception from the Rule.

▸ In the Aquarius Age Citizens are Customers, not Subjects to the Nation State
▸ Trusting the Goodness of the Citizen as a Rule for the Federal Government
▸ All Criminal Prosecution Without Primary Evidence is Unconstitutional
▸ Social Policy Making Done with Deliberate Focus Upon the Proactive Citizen
▸ Proposal 2/12

3/12 Public Sanity, not Republic Insanity

Public Sanity is Public Mental Hygiene.
Republic Insanity is Absence of Governmental Hygiene.

▸ Focus upon International, Global and Ecological Concerns,
  Not National Defense Paranoia
▸ The Leader Nation Leads by Example,
  Not by Doing the Contrary of What it Professes
▸ A Hero is Not a Mercenary Killer, Persecutor, Spy and Terminator,
  But a Full Human
▸ Proposal 3/12

4/12 Natural Intimacy, Not Governmental Intimidation

Natural Intimacy is Conducive to Peace.
Governmental Intimidation is Conducive to Civil War.

▸ All Sensual and Sexual Behavior is Prima Facie Part of Natural Behavior

Published by Sirius-C Media Galaxy LLC, 2010

‣ All Intimacy Enjoys Constitutional Protection
‣ Proposal 4/12

5/12 From Protecting Children to Serving Children

From Protecting Children to Serving Children.
Free Choice Relations for Children.

‣ Child Protection Equals Slaveholding and is Unconstitutional
‣ No Child Be taken from their Family on Hearsay and Without Primary Evidence
‣ No Child Be Labeled Sex Offender and Entered on Sex Offender Registries
‣ Children's Right for Body Pleasure is Protected by the Constitution
‣ No Criminal Punishment for Socially Adequate Behavior
‣ Proposal 5/12

6/12 More Public Education Instead of More Prison Miles

More Public Education Makes for Less Crime.
More Prison Miles Make for More Crime.

‣ A Simple Play of Numbers
‣ Nobody Can Think More in 24 Years than They can Think in 24 Hours
‣ Decades of Prison is a Hidden Death Sentence
‣ A Nation that Practices the Death Penalty is a Dead Republic
‣ Every Penny Spent on Defense and Less on Education Leads to More War
‣ Proposal 6/12

7/12 Free Education Instead of Funded Disinformation

Free Education Serves the Child.
Funded Disinformation Serves State Control Over the Child.

‣ Free Education Begins with Free Media.
  Free Media Means Non-Commercial(s) Media
‣ The New Media
‣ The Example Wikipedia
‣ How Free are Free Radios?
‣ Proposal 7/12

8/12 Politically Neutral Science, Not Politically Correct Science

Politically Neutral Science Promotes Truth.
Politically Correct Science Promotes Halftruths.

▸ More than 70% of American Scientists Are Funded by the Military.
  They are Not Neutral
▸ Science Requires Funding Also When Not Serving Defense Purposes
▸ Scientific Research Must Obey to Ethical Rules
▸ Scientific Research Should Not Require Peer Review
▸ Proposal 8/12

9/12 Humanism and Realism Instead of Idealism and Ideology

Humanism and Realism is Objective Perception.
Idealism and Ideology is Distorted Perception

▸ We Can Only Evolve from Where we Are, Not from Where We Wish to Be
▸ Realistic Social Policy Making Means to See the Human Positively,
  Not Ideologically
▸ Idealism and Ideologies are the Leading Paradigms Since 5000 Years.
  Where are We Now?
▸ Being Realistic in a Human World Means to Be Humanistic,
  That is, Human-Friendly
▸ Proposal 9/12

10/12 More Pleasure as a Positive Life Function Instead of More Violence as a Negative Pleasure Function

Promoting Pleasure as a Positive Life Function
Effectively Counters and Reduces Violence.

▸ As Pleasure and Violence are Mutually Exclusive,
  Society Must Foster Affectional Pleasure
▸ Social Policy Making Based Upon the Negative Human
  Brings Public Hysteria and Chaos
▸ The Human is Positive by Nature.
  It Becomes Negative in the Wrong Form of Culture
▸ Social Policies that Foster True Culture are Sensory-Positive
▸ and Build Basic Trust
▸ Proposal 10/12

11/12 Male Affection, Not Homosexual Attraction

Published by Sirius-C Media Galaxy LLC, 2010

Homoerotic Affection Gets Males into Balance.
Homosexual Attractions Gets Males out of Balance.

▸ Proposal 11/12

12/12 Promoting the Sexual Child is Not Pedophilia
Promoting the Cause of the Sexual Child is Not Pedophilia

▸ Proposal 12/12

Bibliography
From the Same Author
Synopsis Monographs-Audio
Notes

NATURAL ORDER

Thesis, Antithesis and Synthesis in Human Evolution

Newark: Sirius-C Media Galaxy, 2010

Introduction
The Child and Sanity
The Hairy Issues
Overview

Chapter One
Minoan Civilization
The Egalitarian Society
The Nonviolent Trobrianders
Yin-Yang Balance
Pleasure, the Prime Regulator

Published by Sirius-C Media Galaxy LLC, 2010

‣ On the Existence of Nepiophilia
‣ Childlove in Literature
‣ References

Parent-Child Co-Dependence

‣ The Popular Confusion
‣ The Pitfall of Emotional Entanglement

Emotional Abuse

‣ Introduction
‣ The Primary Abuse Etiology

The Oedipal Mold

‣ What means Oedipus Complex?
‣ Is the Oedipus Complex Universal?
‣ Criticism of the Theory
    • 1/8
    • 2/8
    • 3/8
    • 4/8
    • 5/8
    • 6/8
    • 7/8
    • 8/8

Oedipal Culture

‣ Are Masturbating Children Better Citizens?
‣ The Dogma of the Autoerotic Consumer Child
‣ Intellect Boosting for Sexually Demanding Children
‣ Qualifying Oedipal Castration as Child Abuse?
‣ Rationality vs. Oedipal Mysticism
‣ Oedipal Hero

Oedipal Hero, Audio Book, 2010

http://ipublica.com/audio/en/consciousness/oedipal-hero/

Mysticism and Atheism

- Scientific Mysticism
- Mystical Thinking vs. Functional Thinking
- Mysticism vs. Spirituality
- Mysticism, Insanity, Cruelty, Brutality, Perversion and Fascism

Narcissism

- What is Narcissism?
- How to Identify Narcissism?
- Narcissism and Soul
- The Origin of Narcissism

Denial of Complexity

- The Etiology of Fascism
- Complexity and Simplicity
- Complexity and Consciousness
- Complexity and Child Abuse
- The Denial of Erotic Complexity
- The Denial of Children's Erotic Complexity

The Plague of Sadism

- The Etiology of Sadism
- The Abuse Pattern
- Sadism and Moralism

Conspiracy Thinking vs. Critical Thinking

- Generalities
- Dangers of Conspiracy Thinking
- The Biggest Secret
  - Pedophiles, Pedophilia
  - The Reptile Theory
  - The World is Being Dominated by Five Families
  - Blaming People or Institutions
  - Anti-Semitism
  - Secret Societies

Youth Fascism

- First Example
- Second Example
- Third Example

Published by Sirius-C Media Galaxy LLC, 2010

Chapter Three
The Eight Dynamic Patterns of Living

▸ General
▸ The Eight Patterns
- The Autonomy Pattern
- The Ecstasy Pattern
- The Energy Pattern
- The Language Pattern
- The Love Pattern
- The Pleasure Pattern
- The Self-Regulation Pattern
- The Touch Pattern

The Holistic Science Paradigm and Worldview

▸ A Matter of Terminological Correctness
▸ Ancient Wisdom Traditions
▸ Goethe's Color Theory

The Twelve Branches of the Tree of Knowledge

▸ Science and Divination
▸ Science and Energy
▸ Science and Flow
▸ Science and Gestalt
▸ Science and Intent
▸ Science and Intuition
▸ Science and Knowledge
▸ Science and Pattern
▸ Science and Perception
▸ Science and Philosophy
▸ Science and Truth
▸ Science and Vibration

The True Religio

▸ Generalities
▸ The Inner Selves
▸ Inner Child
▸ Inner Adult
▸ Inner Parent
▸ Inner Dialogue

Published by Sirius-C Media Galaxy LLC, 2010

Notes

NORMATIVE PSYCHOANALYSIS

How the Oedipal Dogma Shapes Consumer Culture

Newark: Sirius-C Media Galaxy, 2010

Chapter One

Introduction
Parent-Child Co-Dependence
Closeness vs. Clinging
What is Emotional Entanglement?
Emotional Abuse

▸ Emotional Entanglement Taken Serious
▸ The Primary Abuse Etiology

Chapter Two

What Means Oedipus Complex?
Is the Oedipus Complex Universal?
Criticism of the Theory

▸ 1/8 Restricted Validity
▸ 2/8 Cultural Conditioning toward Homosexuality
▸ 3/8 Distorted Psychosexual Base Structure
▸ 4/8 Mechanistic View of Sexuality
▸ 5/8 Nature Fosters Copulation, Not Masturbation
▸ 6/8 The 'Oedipal Family' Brings Perversion, Not Sanity
▸ 7/8 The Oedipal Theory is Pseudo-Science
▸ 8/8 Oedipal Reality means Cultural Slavery for Children

Oedipal Culture

▸ Castration or Permissiveness?
▸ Are Masturbating Children Better Citizens?

Published by Sirius-C Media Galaxy LLC, 2010

Chapter Four

SOVEREIGN IMMUNITY LITIGATION IN THE UNITED STATES AND CANADA

A Lawyer's Manual on Evidence and Burden of Proof

for Every Phase of the Trial

Newark: Sirius-C Media Galaxy, 2010

Acknowledgments

'Thanks to my Mentors'

Preface

'The Complexity of the Burden of Proof Issue'

Introduction

'Restrictive Immunity and Burden of Proof'

Chapter One

'The Law of Evidence and the Burden of Proof'

Introduction
Terminology

▸ Jurisdiction and Competence
▸ Statute and Law
▸ Fact
▸ Burden of Proof

The Evidential Burden

▸ Introduction
▸ Notion and Function
▸ Standard of Proof
▸ Incidence

The Persuasive Burden

▸ Standard of Proof
▸ Notion and Function
▸ Incidence

Chapter Two

'The Foreign Sovereign Immunities Act of 1976 (United States)'

Introduction
Importance of the Act
Construction of the Act
The House Report

▸ The Burden of Proof
▸ Corrective Case Law
▸ Evaluation

Procedural Questions

Published by Sirius-C Media Galaxy LLC, 2010

‣ Subject Matter Jurisdiction
‣ Personal Jurisdiction
　　• 　Minimal Contacts
　　• 　Service of Process
　　• 　Default Judgment
‣ Foreign State and Agency or Instrumentality of a Foreign State
　　• 　The Legal Status of Romanian Bank
　　• 　The Legal Status of MASIN
　　• 　Credibility of the Affidavit
　　• 　Formal Requirements Regarding the Affidavit
‣ Conclusion

The Burden of Proof for Jurisdictional Immunity

‣ Rule-and-Exception Construction
‣ The House Report Evidence Rule

The Exceptions to Sovereign Immunity

‣ The Waiver Exception
　　• 　General Considerations and Burden of Proof
　　• 　Arbitration Clauses
　　• 　International Treaties
　　• 　Conclusion
‣ The Commercial Activity Exception
　　• 　Clause 1
　　• 　Clause 2
　　• 　Clause 3
‣ The Expropriation in Violation of International Law Exception
　　• 　Expropriation in Violation of International Law
　　• 　The Minimal Contacts Requirements
　　• 　Conclusion
‣ The Immovable Property Exception
‣ The Noncommercial Tort Exception
　　• 　Minimal Contacts or Nexus
　　• 　Causality
　　• 　Scope of Employment
　　• 　Exception
‣ Conclusion

The Core Areas of Sovereign Immunity

‣ Overview
‣ Foreign Affairs

The Burden of Proof for Immunity from Execution

The Exceptions from Immunity from Execution

Conclusion

Chapter Three

'The State Immunity Act 1982 (Canada)'

Published by Sirius-C Media Galaxy LLC, 2010

General Conclusion

General Conclusion

Summery Thesis

Postface

Legal Materials

Abbreviations

Bibliography

Statutes

FSIA 1976 (United States)
STIA 1972 (Canada)

Table of Precedents

Notes

THE RESTRICTION OF NATIONAL SOVEREIGNTY

From the Early Peace Plans to a World Government
Newark: Sirius-C Media Galaxy, 2010

Introduction

'What is National Sovereignty?'

What is Sovereignty?
A Modern Definition
Overview

Chapter One

'The Rise of National Sovereignty'

The Necessity to Restrict National Sovereignty
Sovereignty Going Global?
The Empowered Citizen

▸ The Citizen Redefined
▸ The World Model Revisited
▸ Economolitics
▸ Growing Child Power
▸ A Changing Social Framework
▸ The Rights of Ethnic, Social and Sexual Minorities

Chapter Two

'The United States of Europe, Utopia or Future Reality'

Introduction
The Early Plans for Eternal Peace
Abbé de Saint-Pierre
Jean-Jacques Rousseau
Immanuel Kant
Saint-Simon
Coudenhove-Kalergi
Integration vs. Constitution

▸ The Integrational Model
▸ The Constitutional Model

A European Constitution?

Chapter Three

'The Restriction of National Sovereignty'

Introduction
State Trading and Sovereignty
The Allocation of the Burden of Proof
Immunity from Jurisdiction
Immunity from Execution
The Signal Function of Restricted Sovereignty

Published by Sirius-C Media Galaxy LLC, 2010

Bibliography
From the Same Author
Synopsis Monographs-Audio
Notes

THE SCIENCE OF SHAMANISM

Millenary Model for an Integrative Worldview

Newark: Sirius-C Media Galaxy, 2010

Introduction

'What is Shamanism?'

The Science of Shamanism
Overview

Chapter One

'What is Not Shamanism?'

Shamanism and Animism
Shamanism and Paganism
Shamanism and Parapsychology, Humanism, Theosophy

▸ Shamanism and Humanism
▸ Shamanism and Parapsychology
▸ Shamanism and Theosophy

Shamanism and Taoism
Shamanism and Zen
Shamanism's Model Function

Chapter Two

'The Warrior Scientist'

Published by Sirius-C Media Galaxy LLC, 2010

Chapter Four

'Shamanism and the Use of Entheogens'

Introduction
What is Ayahuasca?
An Ayahuasca Experience
Hypothesis
The Consciousness Theory

‣ 1) The Ayahuasca Preparation
‣ 2) The Lasting Trance
‣ 3) The Shamanic Treatments
‣ 4) Focus and Intent
‣ 5) The Strange Reception
‣ 6) The Hypnotic View
‣ 7) Hypnosis and Natural Healing
‣ 8) Medical Hypnosis
‣ Summary

The Cognitive Experience

‣ Alien Noise and Pulsation
‣ The Five Depth Levels
‣ Calling Me in Touch
‣ Freeing from Conditioning
‣ Love, Life and Relationships

Literature Review

Consciousness and Shamanism, Audio Book, 2010

http://ipublica.com/audio/en/consciousness/consciousness-and-shamanism/

Chapter Five

'A Science of Pattern'

Introduction

‣ 1) Autonomy
‣ 2) Ecstasy

- ▸ 3) Energy
- ▸ 4) Language
- ▸ 5) Love
- ▸ 6) Pleasure
- ▸ 7) Self-Regulation
- ▸ 8) Touch

The Autonomy Pattern
The Ecstasy Pattern
The Energy Pattern
The Language Pattern
The Love Pattern

- ▸ Culture and Pleasure
- ▸ Pleasure-Denial and Violence
- ▸ Compulsory Sex Morality
- ▸ Anthropological Evidence
- ▸ Love Osmosis
- ▸ Love vs. Morality
- ▸ Rebuilding Trust

The Pleasure Pattern
The Self-Regulation Pattern
The Touch Pattern

Eight Dynamic Patterns of Living, Audio Book, 2010

http://ipublica.com/audio/en/consciousness/eight-dynamic-patterns-of-living/

Chapter Six

'The Matriarchal Science'

Introduction
The Lunar Bull
Historical Turn
Murder of the Goddess
The Murder Culture
The Spiritual Laws of Matriarchy
Bull and Serpent

Published by Sirius-C Media Galaxy LLC, 2010

The Lunar Bull, Audio Book, 2010

http://ipublica.com/audio/en/consciousness/the-lunar-bull/

Chapter Seven

'A Scientific-Shamanic Approach to Religion'

Introduction
The Unique Self
The Secret and the Real
Body and Soul
Desire and Morality
Approaching the Divine?

Chapter Eight

The Integrative Function of Shamanism and Channeling

Introduction
On Consciousness
On Love
On Power
On Science
On Emotions
On Peace

Bibliography

From the Same Author

Synopsis Monographs-Audio

Notes

THE DEEPER YIELDING

Commentaries on Loving

Newark: Sirius-C Media Galaxy, 2010

Preface

    'Love for Life'

Introduction

    'What is Science?'

Book One

    'The Deeper Yielding'

§01. A Quest for Truth
§02. The History of Childlove
§03. The Silent Software
§04. Reactions to Childlove

▸ A) Positively indifferent
▸ B) Negatively indifferent
▸ C) Positively subjective
▸ D) Negatively subjective
▸ E) Moralistic, judgmental, projective, defensive, pseudo-objective, negative, generalizing
▸ F) Positively affirmative, subjective, conscious

§05. The Abuse-Centered Culture
§06. Sex Offender
§07. The Fruits of Activism
§08. The Hidden Swine
§09. The Institutionalized Victim
§10. Mainstream Paranoia
§11. Mental Pornography
§12. Street Monster

Published by Sirius-C Media Galaxy LLC, 2010

Book Two

'The Deeper Meaning'

Book Three

'The Deeper Understanding'

Bibliography

From the Same Author

Synopsis Monographs-Audio

THE LIFE AUTHORING MANUAL

An Integrated Approach to Personal Growth

Newark: Sirius-C Media Galaxy, 2010

Introduction

> 'A Comprehensive Technique'

Story Writing
Creative Prayer
Voice Dialogue and Spontaneous Art

Chapter One

> 'Author Your Life'

The Technique
The Personal Vision Statement (PVS)

‣ Global Vision
‣ Creative Realization
‣ Relations and Intimacy
‣ Fame and Merits

Your Global Vision
Creative Realization
Vision and Time
Relations and Intimacy
Fame and Merits
Revising Your Vision
Making a Wish List
Setting Your Goals
Points to Ponder

Published by Sirius-C Media Galaxy LLC, 2010

Chapter Two

'Creative Prayer'

Introduction
What is Prayer?
Learn the Technique
Practice Creative Prayer
Activate Self-Healing
Build Self-Confidence
Create Inner Peace

Creative Prayer, Audio Book, 2010

http://ipublica.com/audio/en/selfhelp/creative-prayer/

Chapter Three

'The Star Script'

Introduction
The Star Script

▸ Character and Talents
▸ Life Lessons
▸ Karmic Challenges
▸ Inner Maps
▸ The Intuitive Way

Your Life's Mission
Your Child's Vision
Your Moon Nodes
Your Soul's Desire
Realizing Your Strong Points

▸ Character and Talents
▸ Life Lessons
▸ Karma Lessons

Points to Ponder

The Star Script, Audio Book, 2010

http://ipublica.com/audio/en/selfhelp/the-star-script/

Chapter Four

'Healing Addiction'

A Common Etiology
Dealing with Addiction

▸ Why was I never addicted?
▸ Healing Addiction

Mind
Body
Emotions
Spirit
Dealing with Sadism

The Drug Trap, Audio Book, 2010

http://ipublica.com/audio/en/selfhelp/the-drug-trap/

▸ 1) Flow
▸ 2) Intelligence
▸ 3) Duality
▸ 4) Interactivity
▸ 5) Equilibrium

Dealing with Abuse
Acceptance
Realizing Your Love
Facing Your Now
Making a Value Decision
Taking Action
Affirming Your Identity

Published by Sirius-C Media Galaxy LLC, 2010

Chapter Five

'Building Your Inner Team'

Preface
Introduction
Prelude-Maternity
Who is Who Guide
Personal Diary
Creativity Central
Workbook

▸ Inner Child Recovery
▸ Inner Child Healing

Art Guide

Child Play, Audio Book, 2010

http://ipublica.com/audio/en/selfhelp/child-play/

Bibliography
From the Same Author
Synopsis Monographs-Audio
Notes

THE SCIENCE OF ORGONOMY

A Study on Wilhelm Reich

Newark: Sirius-C Media Galaxy, 2010

Published by Sirius-C Media Galaxy LLC, 2010

Implications

Reich's Greatest Discoveries, Audio Book, 2010

http://ipublica.com/audio/en/consciousness/reichs-greatest-discoveries/

Chapter Three

'Orgonomy and Schizophrenia'

Introduction
The Energy Code
The Schizophrenic Split

Orgonomy and Schizophrenia, Audio Book, 2010

http://ipublica.com/audio/en/consciousness/orgonomy-and-schizophrenia/

Annex

'Wilhelm Reich und Orgonomie'

Danksagungen
Einleitung
Zur Natur der Orgonenergie
Reichs Pionierarbeit
Reichs Wichtigste Entdeckungen
Reichs Faschismusforschung
Nachwort

Wilhelm Reich und Orgonomie, Audio Buch, 2010

http://ipublica.com/audio/en/consciousness/oedipal-hero/

Bibliography
From the Same Author
Synopsis Monographs-Audio
Notes

THE SCIENCE OF SHAMANISM

Millenary Model for an Integrative Worldview

Newark: Sirius-C Media Galaxy, 2010

Introduction

'What is Shamanism?'

The Science of Shamanism
Overview

Chapter One

'What is Not Shamanism?'

Shamanism and Animism
Shamanism and Paganism
Shamanism and Parapsychology, Humanism, Theosophy

▸ Shamanism and Humanism
▸ Shamanism and Parapsychology
▸ Shamanism and Theosophy

Shamanism and Taoism
Shamanism and Zen
Shamanism's Model Function

Chapter Two

'The Warrior Scientist'

Published by Sirius-C Media Galaxy LLC, 2010

The Shaman's Roles
Shaman, Healer, Sage
My Shamanic Quest

▸ Prophetic Dreams and Spirit Visions
▸ The Turning Point
▸ Psychopomping Baginda
▸ Dreams Regarding Mother's Death
▸ The Sabdono Connection
▸ Renata
▸ Black Magic on Lombok Island
▸ Sujanto's Psychic Readings
  · Session One
  · Session Two
  · Session Three
  · Session Four
▸ Psychopomping Mother

Chapter Three

'The Shamanic Method'

Common Assumptions
The Detractors of Shamanism

▸ The Age of Enlightenment
▸ Cartesian Science
▸ Reductionism
▸ Catholicism

The Shamanic Revival

▸ Sigmund Freud
▸ Bronislaw Malinowski and Margaret Mead
▸ Carl-Gustav Jung
▸ The Grand Opening

The Shamanic Method
Science and Ecstasy

▸ Science and Divination
▸ Science and Gestalt

Chapter Four

'Shamanism and the Use of Entheogens'

Introduction
What is Ayahuasca?
An Ayahuasca Experience
Hypothesis
The Consciousness Theory

▸ 1) The Ayahuasca Preparation
▸ 2) The Lasting Trance
▸ 3) The Shamanic Treatments
▸ 4) Focus and Intent
▸ 5) The Strange Reception
▸ 6) The Hypnotic View
▸ 7) Hypnosis and Natural Healing
▸ 8) Medical Hypnosis
▸ Summary

The Cognitive Experience

▸ Alien Noise and Pulsation
▸ The Five Depth Levels
▸ Calling Me in Touch
▸ Freeing from Conditioning
▸ Love, Life and Relationships

Literature Review

Consciousness and Shamanism, Audio Book, 2010

http://ipublica.com/audio/en/consciousness/consciousness-and-shamanism/

Chapter Five

'A Science of Pattern'

Introduction

▸ 1) Autonomy

Published by Sirius-C Media Galaxy LLC, 2010

▸ 2) Ecstasy
▸ 3) Energy
▸ 4) Language
▸ 5) Love
▸ 6) Pleasure
▸ 7) Self-Regulation
▸ 8) Touch

The Autonomy Pattern
The Ecstasy Pattern
The Energy Pattern
The Language Pattern
The Love Pattern

▸ Culture and Pleasure
▸ Pleasure-Denial and Violence
▸ Compulsory Sex Morality
▸ Anthropological Evidence
▸ Love Osmosis
▸ Love vs. Morality
▸ Rebuilding Trust

The Pleasure Pattern
The Self-Regulation Pattern
The Touch Pattern

Eight Dynamic Patterns of Living, Audio Book, 2010

http://ipublica.com/audio/en/consciousness/eight-dynamic-patterns-of-living/

Chapter Six

'The Matriarchal Science'

Introduction
The Lunar Bull
Historical Turn
Murder of the Goddess
The Murder Culture
The Spiritual Laws of Matriarchy
Bull and Serpent

The Lunar Bull, Audio Book, 2010

http://ipublica.com/audio/en/consciousness/the-lunar-bull/

Chapter Seven

'A Scientific-Shamanic Approach to Religion'

Introduction
The Unique Self
The Secret and the Real
Body and Soul
Desire and Morality
Approaching the Divine?

Le jardin infâme, Livre Audio, 2010

http://ipublica.com/audio//fr/le-jardin-infame/

Chapter Eight

The Integrative Function of Shamanism and Channeling

Introduction
On Consciousness
On Love
On Power
On Science
On Emotions
On Peace

Notes on Consciousness, Audio Book, 2010

http://ipublica.com/audio/en/consciousness/notes-on-consciousness/

Published by Sirius-C Media Galaxy LLC, 2010

I have always said that it is dangerous to transform a child into a huge brain who has the verbal genius of a parrot. This intelligence is purely digestive because in school, only oral and anal capacities are being asked for.

– Françoise Dolto, *Séminaire de Psychanalyse d'Enfants, Tome 1, (1982)*, p. 88 (Translation mine).

NOTES

Annotations

[1] Françoise Dolto, *La Cause des Enfants (1985)*, p. 29 (Translation mine).

[2] Françoise Dolto, *Psychanalyse et Pédiatrie (1971)*, p. 63 (Translation mine).

[3] Françoise Dolto, *Séminaire de Psychanalyse d'Enfants, Tome 1 (1982)*, p. 98 (Translation mine).

[4] J. Héroard, *Journal de Jean Héroard sur l'Enfance et la Jeunesse de Louis XIII (1868)*, Lloyd DeMause (Ed.), *The History of Childhood (1974)*, p. 23 and Philippe Ariès, *Centuries of Childhood (1962)*.

[5] *Séminaire de Psychanalyse d'Enfants, Tome 1 (1982)*, p. 98 (Translation mine).

[6] As to the opposite cultural paradigm, as practiced, for example, by the permissive Trobriand culture, see Bronislaw Malinowski, The Sexual Life of Savages in North West Melanesia (1929) and *Sex and Repression in Savage Society, (1927/1985)*. See also Pierre F. Walter, *Love or Morality (2009), Natural Order (2009), Normative Psychoanalysis (2009)* as well as *The Eight Dynamic Patterns of Living, Audio Book (2009)* and *Emonics, Audio Book (2009)*.

[7] Quoting Philippe Ariès, *L'Enfant et la vie familiale sous l'Ancien Régime (1975)*, p. 145.

[8] See also Pierre F. Walter, *Normative Psychoanalysis, Monograph (2010)*.

[9] See, for example, Jeffrey Satinover, *Homosexuality and the Politics of Truth (1996)*.

[10] See, for example, Florence Rush, *The Best Kept Secret: Sexual Abuse of Children (1980)*.

Published by Sirius-C Media Galaxy LLC, 2010